性史

性史

第二卷 快感的使用

HISTOIRE DE LA SEXUALITÉ II
L'usage des plaisirs
MICHEL FOUCAULT

米歇爾·傅柯 著 林志明 譯

目次

Introduction

調整變動

　　此一系列的研究的出版比我原先預期的晚很多，而且形式完全不同。

　　以下是為何如此的原因。它們不應該是行為的歷史，也不應該是再現的歷史。這是一段有關於「性」（sexualité）[1] 的歷史：在此處，括弧有它的重要性。我要說的並不是要根據它們接續的形式，它們的演變和它們的擴展，重構一段性行為和性實踐的歷史。我的意圖也不是要分析再現這些行為的（科學的、宗教的或哲學的）理念。我首先想要停駐於此一「性」（sexualité）的意念，它是如此地日常，

又是如此地晚近：對它保持後撤的距離，迂迴繞過它如此熟悉的自明性，分析和它相連結理論及實踐脈絡。「性」（sexualité）此一詞語本身出現地相當晚，其時間乃是 19 世紀初期。這個事實既不應受到輕視，也不該被過度地詮釋。它的訊號所指出的，並不只是字彙上的重新調整；但它所標記的，明顯地，也不是這個詞語所指稱的事物突然地出現了。此一字詞的使用，其建立乃是與其他現象有所關連：種種知識領域的發展（其中包括了生殖的生物學機制，也包括行為上個別及社會性質的種種變項）；一整群的規則與常態被設立了起來，它們有部份是傳統的，有部份是新穎的，並受到宗教、司法、教學及醫學的機構性支持；相關的變化也包括個人受引導對其行為、責任、快感、情感及感覺、夢想如何給與意義和價值的方式。總而言之，這是關於觀察，在西方現代社會裡，一段「體驗」

I. 有關此字眼的翻譯原則及考量，請參考《性史》第一卷，第三部譯註 6（頁 105）及第四部譯註 1（頁 163）。

（expérience）[II] 如何受到構成，使得個人可以將自己辨識為「性」（sexualité）的主體，而後者乃是朝向非常多樣的知識領域開放，並且組構於一個規則和限制的系統之上。這個計劃因而是有關於將性當作為一種體驗的歷史——如果在此我們是將體驗作如下的理解：在一文化中，在知識的多種領域、各種規範形態和多種主體性（subjectivité）形式之間，所存有的特定相互關連（corrélation）。

以如此方式談論性，它所含帶的意思是，將我們由一個曾是相當盛行的思想圖式中解放出來：它將性當作是一個不變項，並假設說，如果它的展現在歷史上有著種種不同的獨特形式，這乃是因為各種壓抑機制的效果，而且在所有社會之中，性都是暴露於壓抑機制之下；然而這是把慾望和慾望主體放置於歷史場域之外，並且要求由禁制的普遍形式來說明性之中可以存有的歷史成份。然而，單單只是拒絕此一假設本身並不足夠。談論「性」（sexualité）作為一種獨特的歷史體驗，這也預設著我們可以持有一些分析工具，可以就其特定性格及相互關連，構成它的三個軸線：以它為對象的知識形成、規範其行為的權力系

統、以及個人可以並且必須在其中自我辨識為此一性之主體（sujets de cette sexualité）的形式。然而，就前兩點而言，我之前已進行的工作——包括針對醫學及精神醫療、或是針對懲罰的權力及紀律性質的實踐（pratiques disciplinaires）——已給了我所需要的工具；論述實作的分析允許追蹤知識的形成，又能同時逃離科學與意識形態之間的兩難；有關權力關係及其技術的分析，允許將其設想為開放的策略，同時也能逃脫於以下的二者擇一：將權力構想為宰制（domination）或是揭露為一擬象（simulacre）。

　　相對而言，個人如何受到引領將自己辨識為性的主體，其研究給我製造了更多的困難。慾望的觀念或是慾望主體的觀念，之前曾經構成了一個理論，或至少是一個普遍受到接納的理論主題。這個接納本身是奇特的：實際上，依著某些變體，可在性的古典理論（théorie classique de la sexualité）核心中找到這個主題，但也可在尋求不依賴於

II.　　關於此一字眼在傅柯著作中的演變及其翻譯考量，請參考《古典時代瘋狂史》（2016，臺北，時報）頁 16 譯註 9。

此一理論的構思方式中找到；而在 19 及 20 世紀，看來也似乎是它繼承了基督宗教的長久傳統。作為一個獨特的歷史形象（figure historique），性的體驗（expérience de la sexualité）可以良好地區隔於基督宗教中有關「肉身」的體驗（expérience de la «chair»）：這兩者似乎都受到「慾望之人」（homme de désir）原則所主宰。無論如何，如要針對 18 世紀以來，性的體驗的形成和發展作分析，不針對慾望和慾望主體進行一個歷史和批判的工作的話，此一分析將是困難的。也就是說，沒有進行一段「系譜學」（généalogie）。透過這一點，我並不是說要去作一段有關慾望、淫慾（concupiscence）或力比多（*libido*）^{III} 接續的概念歷史，而是要去分析個人是透過什麼樣的實作，被引領至注意其自身、自我解讀、自我辨識並自我告白為慾望主體，並且使得自身和自身之間運作著某種關係，而這使得他們得以在慾望中發現自身存有的真象，不論那是他們自然的或墮落的存有。簡要地說，這裡的理念是，於此一系譜學中，尋找個人如何被引領至對自己以及他人，實施一種慾望的詮釋學（herméneutique du désir），雖然他們

的性行為無疑乃是此一施行最好的時機，但一點也不是它除此便無可能的排除性領域。總之，為了了解現代個人如何體驗自己作為「性」的主體，不可或缺的是必須要先行指出西方人是以何種方式，在數世紀之中，被引領至自我辨識為慾望的主體（sujet de désir）。

　　為了分析那些經常被指稱為認知上的進步的，對我來說，一個理論性的位移看來是必要的：這引領我提問組構（articuler）知識的論述實踐（pratiques discursives）形式。對於人們經常描述為「權力」展現的分析，也需要一個理論的位移：這更是引領我提問那些組構權力的複多關係、開放策略及理性技術。現在看來，我必須進行第三個位移，以分析那被指稱為「主體」的；適合於尋找的乃是，個人將自己構成並辨識為主體時，是透過何種形式和模態的自我關係（rapport à soi）。在研究過各種真理遊

III.　原為拉丁文之「慾望」。在心理學中首先為弗洛依德使用來指稱性驅力或能量。

戲（jeux de vértité）[IV] 之間的相互關係後——以某些數量的 17 及 18 世紀經驗科學為實例——接著我研究與權力關係有關的真理遊戲，其實例為各種懲罰作為，另一個工作似乎有必要進行：在自我和自我的關係中，以及自我本身之構成為主體（constitututution de soi-même comme sujet）之中，研究其真理遊戲，並以可被稱為「慾望之人的歷史」作為參照領域及研究場域。

然而，此一系譜學的撰寫，顯然是和我原始的計畫 [V] 相去太遠。我必須作出選擇：或者是保持原已建立好的規劃，並以一個對於慾望的快速歷史考察來陪伴它。不然，便是得圍繞著上古緩慢形成的自我詮釋學（herméneutique de soi）來重組整個研究。我選擇了後者，因為思考到我終究持守的——經過這麼多年以來我有意堅持的——乃是一項事業，在其中可以指出一些元素，有助於〔建立〕一部真理的歷史（histoire de vértité）。這部歷史的主題並不是認知中有哪一些是真實的；而是各種「真理遊戲」的分析，這是有關何謂真與何謂假的遊戲，透過它們，存有（l'être）得以歷史性地自我建構為體驗（se constituer historiquement comme expérience），也就是作為可被思考者及必須思考者。是透過何種真理遊戲，人得以思考其自身，當他知覺自己為瘋人、當他視自己為病人、當他自我反省為有生命者、言說者及勞動者，當他以罪犯之名自我審判並自我處罰？是透過什麼樣的真理遊戲，人可以將自己辨識為慾望之人？對我而言，提出了這樣的問題，並且試圖針對一個離我過去熟悉的地平如此遙遠的時代進行細究，我無疑放棄了已經規劃好的綱要，但我將更加貼近長期以來我著力提出的詢問。即使這樣的進路會要求我更多年份的補充工作。就此一漫長的迂迴，當然有其風險；然而我有一個動機，而我認為在這樣的研究中會找到某些理論上的收益。

何種風險？那便是延後並擾亂了我原先的出版計劃。

IV. 依據《傅柯辭典》（Judith Revel 編著）的整理，傅柯使用「真理遊戲」這個詞語有三個相互關連的意義方向：辨別何為真偽的體制、存有歷史性地自我建構為體驗並使人有可能思考自我、主體和客體之間的相互構成。這三個主題中前二者在以下頁面中出現，最後一個主題則貫串本書各章節。

V. 1976 年《性史》第一卷出版時，封底宣布這套書之後還有五卷有待出版（此一規劃各卷詳細書名請參閱《性史》第四卷「敬告讀者」）。

我感謝那些跟隨我的工作歷程和曲折的人們——我想到法蘭西公學院（Collège de France）[VI] 課程中的聽眾們——以及那些有耐心等候其完成者——皮耶・諾拉（Pierre Nora）[VII] 尤其是其中首要。至於那些認為自我鞭策、開始又再重新開始、嘗試著、弄錯了、打掉重練，而且又能找到一步一步遲疑的手段，至於那些認為工作時持守於保留和憂慮，總之便等於是辭職者，老實說，我們顯然並不生活於同一星球。

危險也在於得要處理我很不熟悉的文件。[1] 我冒的危險是，在我不自覺之中，使它屈從於一些來自它處，不適合它們的分析形式或是提問模式；布朗（P. Brown）[VIII] 和哈竇（P. Hadot）[IX] 的著作，以及他們多次的交談和意見，給與我龐大的助力。反向而言，我也冒著另一個危險，即失去我對於要提出的問題線索，正因為致力於熟悉那些上古文本；柏克萊的德萊福斯（H. Dreyfus）和雷賓諾（P. Rabinow）[X]，以他們的反思、提問和嚴格要求，使我得以進行重新形塑理論及方法論的工作。瓦爾（F. Wahl）[XI] 給了我珍貴的建議。

在這些年裡，維恩（P. Veyne）[XII] 經常協助我。他知道以道地的歷史學家身份而言，什麼是追尋真實；但他認

VI.　　法蘭西公學院（Collège de France）為法王弗蘇瓦一世於 1530 年創立的高等教育機構，其特色是免費向大眾講學，不收取學費但也不頒發文憑。傅柯自 1970 年起於此講授「思想系統史」課程至他過世的 1984 年。

VII.　　Pierre Nora 生於 1931 年，法國著名史學家，在他主持的社會科學及史學系列中，曾出版傅柯的重要著作包括《古典時代瘋狂史》、《詞與物》、《知識考古學》、《監視與懲罰》和《性史》。

VIII.　Peter Robert Lamont Brown 生於 1935 年的愛爾蘭著名古史學家，以新的眼光創立晚期上古（Late Antiquity）的研究領域。

IX.　　Pierre Hadot（1922 –2010）法國古代哲學史家。1983 年起獲選為法蘭西公學院院士，教授希臘化及羅馬時期思想。

X.　　執教於加州柏克萊大學的 Hubert L. Dreyfus（1929-2017）及 Paul Rabinow（1944-）曾合著 *Michel Foucault: Beyond Structuralism and Hermeneutics*（《傅柯：超越結構主義及詮釋學》，在此書的 1983 年第二版中，兩位作者出版了他們於 1983 年和傅柯進行的長段訪談，主題即為正在準備出版中的《性史》二、三、四卷。

XI.　　François Wahl（1925-2014），法國作家、哲學家及重要編輯，曾主導巴特及拉岡、德希達及 Tel Quel 團體的出版。

XII.　Paul Veyne（1930-2022），法國古羅馬史學專家，於 1975 至 1998 年於法蘭西公學院教授羅馬史。2008 年他出版一本以傅柯為主題的專著（*Michel Foucault. Sa pensée, sa personne*）。

識那座迷宮，我們一但想進行真偽遊戲（jeu du vrai et du faux）的歷史時，便走入了其中；他所屬於的那一類人，今日已稀少，他們接受面對危險，而這危險是所有思想在處理真理歷史的問題時會攜帶隨行的。他對於以下這些書頁所產生的影響，實難估量。

至於推動我的動機，其實很簡單。在某些人眼中，我希望它本身便已足夠。那便是好奇心，——唯一的一種好奇心，而它是無論如何地，值得以一點頑固來實踐的：不是那種尋求同化於適合認知之事物的好奇，而是允許放開自我（se déprendre de soi-même）的那種。固執而努力地追求知識值得嗎，如果其價值只是確定可以作到為學日益，而不是以某種方式，而且是盡其所能地，使得認知者偏離迷途（égarement）？人生中有些時刻，能不能以其他方式思考（penser autrement），以及以不同的方式感知（percevoir autrement），對於繼續觀看和思維乃是不可或缺的。人們可能會和我說，把這些自己和自己之間的遊戲留在後台就好了；而且，它們最多只是一些準備工作，而當它們的效力產生之後，便可以走入幕後。然而，今日的哲學會是什

麼——我指的是作哲學的活動——如果那不是思想對自身進行批判的工作（le travail critique de la pensée sur elle-même）？而且，與其正當化我們已有的所知，它不就構成於著手求知可以作另類思維是如何可能及走得多遠？如果哲學論述想要作的是由外部對他者立法，述說其真象之所在及如何找到它，這時哲學多少有點可笑，或者它著力於以天真的實証性來教導其進程時，也是如此；但它作下面的事卻是其自身的權利，即探索在其思維中有什麼是可以改變的，而這是經由操作一個和它相陌生的知識。「嘗試」（essai）乃是哲學的活體（le corps vivant）——在這裡要將嘗試理解為，在真理遊戲中變動自我的試煉（épreuve modificatrice de soi-même），而不是為了符合傳播目的，將他者以簡化的方式襲用——如果哲學仍然持續是過去它所是者，也就是思想中的一種「修煉」（ascèse）[XIII]，一種

XIII.　此字希臘文字源 askêsis 有「練習」和「訓練」的意謂，之後其意義逐漸發展為更具宗教性格的「苦行」。

自我鍛練（excercise de soi）。

　　以下的研究和我過去其他的研究一樣，乃是「歷史」研究，這是因為它們所處理的領域，和它們所採取的參照；但它們並不是「歷史學家」的工作成果。這並不是說它們摘要或綜合了別人可能產出的成果；如果我們願意用以一種「實用」（pragmatique）的角度來看，它們乃是一種鍛練（excercice）的規則，這是長程的、摸索性質的鍛練，常常需要重來及自我修正。這是一種哲學鍛練（excercice philosophique）：它的焦點在於知曉思考自身歷史的工作，可以如何地使思想擺脫它所默默思維的事物（ce qu'elle pense silencieusement），並使得它可以用不同方式思維（penser autrement）。

　　我有理由冒這些風險嗎？這點不是要由我來說的。我只知道，將我的研究中的主題和編年參照作如此的位移，我已找到了某些理論面的益處；我可以進行兩個普遍化程序，而這使得我能將我的研究放置在一個更寬廣的地平上，同時也能將它的方法和對象更加精確化。

　　如此地由現代時期上溯，經由基督宗教，直到上古，

在我看來，我們將無法避免於提出一個問題，而它同時是非常簡單又非常一般的：為何性行為，為何和它相屬的活動及快感，會成為道德關注（préoccupation morale）的對象？為何此一倫理層面的關懷（souci éthique），至少在某些時刻，某些社會及某些團體中，相對於針對於其他領域的道德注意（attention morale）會顯得更為重要，然而那些領域對於個人或集體的生活而言，卻是具核心必要性的，比如飲食行為或是公民義務的完成？我很清楚會有一個回答會立刻在心智中浮現：那是因為它們一些根本禁制的對象，而如果踰越了這些禁制將會被視為犯下大錯。但這是把問題本身當作回答；而且，這更是未能認識到，以其強度和形式而言，性行為的倫理關懷和禁制的體系並無直接的關係；經常出現的是，道德關注正是在沒有義務和禁止之處才強烈起來。簡言之，禁制是一回事，成為道德問題（problématisation morale）是另一回事。在我看來，應該作為導引線索的問題乃是：如何、為何及在何種形式之下，性行為被構成為道德的領域？為何會有此一如此堅決的倫理關懷，雖然就其形式和強度而言是多變的？為何有此一

「問題化」（problématisation）[XIV]？終究而言，這便是一部思想史，相對於行為或再現的歷史，所應進行的任務：圈定是在何種條件之下，人（l'être humain）得以「問題化」他的所是、他的所為和他所生存其中的世界。

　　然而，提出此一非常一般性的問題，並且是在希臘－拉丁文化中提出它來，我覺得此一問題化乃是和一整組的實踐相關，而它們在我們的社會中確定有著可觀的重要性：我們可以稱它們為「存在的藝術」（arts de l'existence）。它們意謂著一些經過反思及意願性的實踐，而人們（les hommes）透過它們，不只設定了自己的行為舉止的規則，並且尋求於將自身轉化，使其獨特的存有產生變動，並使其生命成為一件作品，帶有某些美感價值，並能回應某些風格的標準。這些「存在藝術」（arts d'existence），這些「自我技藝」（techniques de soi），當它們隨著基督宗教，被整合於一種牧教者權力（pouvoir pastotral）的實施中，或是更晚之後，被整合於教育、醫學或心理學類型的實踐中時，無疑已喪失了它們部份的重要性和自主性。但這無損於必須研究或重拾這些存在美學或自我技藝的長段

歷史。長久以前，布克哈特（Burckhardt）[XV] 曾強調它們在文藝復興時期的重要性；但它們的餘存、它們的歷史和發展並不停止於此。[2] 無論如何，在我看來，上古時期性行為之問題化的研究可以視為此一普遍的「自我技藝」歷史中的一章——許多初始篇章中的一章。

這便是以下這些努力所產生的反諷：我們想要改變觀看的方式，變動我們所認識的地平，並企圖和它拉開一點間距。它們真的能引領至不同方式的思考？也許它們能允許最多只是以不同方式思考我們曾加以思考的，以一個不同角度，並在更加鮮明的光線下，感知我們已經作出的。我們自以為遠離，但其實是發現自己處於自身的垂直

XIV.　傅柯在生命晚年特別著重使用此一術語，他在 1984 年一次訪談中說明它是「論述或非論述的實踐整體，使得某一事物進入真與偽的遊戲，並將其構成為思想的對象。」（《言論寫作集》，v. 4, no. 350。）

XV.　Jacob Burckhardt（1818-1897），瑞士傑出的文化歷史學家，研究重點領域在於歐洲藝術史與人文主義，名著為《義大利文藝復興時代的文化》（1860）。

上方。旅遊使得事物重獲青春，但使得我們與自身關係老去。現在我似乎能更好地察覺是以什麼的方式，有點盲目地、並且以接續的、不同的片段，我被帶入書寫此一真理歷史的事業：分析的既非行為亦非理念、既非社會亦非其「意識形態」，而是諸種**問題化**，透過它們，存有呈現自身為可以並必須被思考的，以及諸種**實踐**，透過它們存有自我形塑。分析的考古學向度允許分析問題化的形式本身（forme même）；它的系譜學向度，〔則允許分析其〕由實踐和其變動展開的形成（formation）。由社會及醫療實踐展開的，瘋狂與疾病的問題化，劃定了一「正常化」（normalisation）的某種側影；在論述實踐中進行的生命、語言和工作的問題化，遵循著某些「認識型」的規則；由某些懲罰實踐展開的犯罪和犯罪行為的問題化，遵循著一種「紀律性」（disciplinaire）模式。而現在，我想要使其顯示的是，在上古時期，性活動和性快感如何經由自我實踐（pratiques de soi）而受到問題化，並且運用的是「存在的美學」（esthétique de l'existence）中的標準。

　　以上便是我將我的研究重新聚焦於慾望之人的系譜學

的理由，而其時代是由上古古典時期直到基督宗教的初始數世紀。我的編排順隨著簡單的紀年：第一卷《快感的使用》探討性活動（activité sexuelle）[XVI] 受到哲學家和醫生們問題化的方式，這發生於紀元前四世紀的希臘文化中；《自我的關懷》則探討紀元後兩個世紀內希臘文及拉丁文文本中的此一問題化；最後《肉身的告白》處理的則是肉身（chair）的教義和教士守則的形成。至於我將要使用的文件，它們大部是「規範性」（prescriptifs）文本；透過這個詞語，我意謂著這些文本，不論它們的形式為何（講辭、對話、論著、格言集、書信等），其主要目標是提供行為舉止的規則。我之所以探訪它們，只是為了在其中找到針對快感或激情的理論文本的照明。我將要分析的領域，構成它的文本宣稱要給出規則、意見及忠告，以使人可以用應該有的方式來行為：這些「實用的」文本，它們本身便

XVI.　在本書中傅柯系統性地將「性活動」（activité sexuelle）與「性動作」（acte sexeul）加以對立使用，請參閱本書第一章第一節有關動力學（活動）和型態學（動作）之間的對比討論。

是「實踐」的對象，因為它們之所被製作，乃是為了受到閱讀、學習、沉思、使用、面對考驗，也是因為它終究構成了日常行為舉止的骨架。這些文本要扮演的角色乃是一種操作項（opérateurs），它們使得個人得以詢問自身的行為舉止、照看它們、形塑它們以及將自身形塑為倫理主體（sujet éthique）；歸結地說，它們隸屬於一種「倫理─詩學」（étho-poétique）XVII 的功能，這裡是取用了普魯塔克作品中的一個用語。

然而，因為此慾望之人的分析所處的位置是問題化的考古學和自我實踐（pratique de soi）的系譜學的交會處，在開始前，我想要先行停駐於這兩個意念：為我所保留的「問題化」取得正當性，說明「自我實踐」的意謂，並且解釋是因為什麼樣的弔詭和困難，我受引領至替換一部由禁制出發的道德體系歷史，代之為由自我實踐出發的倫理層面問題化歷史。

XVII.　希臘文動詞 poiéō 原有「製作」的意謂，後轉為指「創作」。

問題化的諸形式

假設我們暫時接納如此籠統的概念範疇，比如「多神異教」（paganisme）、「基督宗教」（christianisme）、「道德」、「性道德」。假設我們提問「基督宗教的性道德」和「多神異教的性道德」是在那一些點上可以有明晰的對立：亂倫的禁止、男性的宰制、女性的臣服？無疑地，會被給出的，便是這些答案：人們知道這些現象的延展幅度及它們的持續性，即使其形式有其變化。更有可能的是，人們會提出別的差異點。性行為本身的價值：基督宗教會將其連結於邪惡、原罪、墮落、死亡，而上古時期則

給與它正面的意義。正當性伴侶的限制：基督宗教和希臘或羅馬社會中所發生的不同，將可接受的範圍限制於單配偶婚姻中，並且就在這樣的婚制中，又強加上生產後代的排除性目的作為原則。同性別個人之間的〔性〕關係的除格（disqualification）處理：基督宗教將這些關係嚴格地排除，希臘則反之，將其贊揚——而羅馬則是接受——至少是介於男人之間。就這三個主要的對立點，還可以加上基督宗教不同於多神異教的道德，賦與嚴格禁慾、持久的貞潔和處女身份高度的道德和精神價值。總之，就這些如此長期以來被視為如此重要的要點——性行為的性質、單偶婚制中的忠誠、同性性關係、貞操——上古的人們看來比較是漠不關心，而這其中沒有任何一點會引起他們的注意，或是對他們構成太尖銳的問題。

然而這樣的說法並不精確；而且可以容易地說明。在基督宗教早期的教義和上古的道德哲學之間，申明其中所存有的直接借用和窄緊延續性，便可加以確立：基督宗教第一份探討婚姻生活中的性實踐的重大文本——克萊蒙‧達列桑德里（Clément d'Alexandrie[XVIII]）《指導者》

（*Pédagogue*）第二部第十章——以相當數量的聖經經文參照作為支持，但也使用了一整組直接由多神異教哲學借用的原則和格言作為支撐。在其中已可看到性活動和邪惡之間的某種連結、以生殖為目的的單偶婚制規則、對同性性關係的譴責，對禁慾的讚揚。但這並不是全部：在一個更為長期的歷史尺幅上，我們可以追蹤一些主題、憂慮、要求的持續長存，它們無疑在基督宗教的倫理學、現代歐洲社會的道德上留下印記，但也已經明白地出現於希臘或希臘－羅馬思想的核心。以下是數個見證：一種恐懼的表達、一個行為模範、失格態度的形象、禁慾的一個例証。

1. 一種恐懼

得了失精症的年輕人「全身姿態都帶著老朽及年老身

XVIII. Clément d'Alexandrie，紀元 150 年生於雅典，約 215 年過世於小亞，為一博學希臘裔基督教神學家及神父，他的歷史地位在於溝通了希臘思想和基督宗教。

體所有習慣；他變得膽小、無力、遲鈍、愚蠢、消沉、駝背、無能力作任何事、膚色蒼白、白髮、陰柔化、失去胃口、失去體溫、四肢沉重、雙腳無力、極度虛弱，一言以蔽之，幾乎完全迷失。在某些人身上，此一疾病甚至引導至癱瘓；實際上，神經的力量怎能不受影響，自然被削弱了，而且是在再生的原則和生命的源頭上呢？」這個「本身便帶著恥辱」的疾病，「因為它導向萎靡不振，所以是危險的，因為它和物種的增殖相對立，所以對社會是有害的；因為就所有關係而言，它是種種無限病痛的源頭，對它必須要快速進行救治」。[3]

在這段文本中，人們可以容易地辨識出，自從 18 世紀以來就被醫學和教學法所維持的恥辱感，其對象圍繞著純粹的性耗費（dépense）——既沒有生育力亦無伴侶；有機體逐漸地衰竭、個體的死亡、他所屬種族的摧殘以及最後對人類整體所造成的傷害，以上這些，在一批喋喋不休的文獻中，乃是註定要給與那位濫用其性器官的人如此的許諾。在 19 世紀的醫學思想中，這些受激發的恐懼，似乎構成一種「自然主義的」和科學的承接者，而其承接對象乃是基督宗

教傳統，後者將快感發配於死亡與惡痛（mal）[XIX] 的領域。

　　然而，此一描述，事實上，乃是一段翻譯——以那個時代的風格所作的自由翻譯——而原文是阿瑞提（Arétée）所寫，而他是紀元 1 世紀的一位希臘醫生。此一對性行為的恐懼，是認為它如果失去規範，便有可能對個人產生最有害的效果，關於它，人們可找到同時代多位見証：比如索拉努斯（Soranus）[XX] 便認為性活動無論如何對於健康而言，較為不佳，不如純粹簡單的禁慾和童貞。更古老的時候，醫學也給出令人感到有壓力的忠告，認為性快感的使用應有謹慎和節制：避免不適時的使用，需要考慮在何種條件下進行它們，擔心它自身的狂暴及飲食作習控制上的錯誤。其中某些甚至如此說，除了「想要傷害自己」以外，不要這麼作。因而，這是個很古老的恐懼。

XIX.　法文此字同時有罪惡及痛苦之意謂，傅柯在《古典時代瘋狂史》中便開始這樣的使用。

XX.　生於以弗所的希臘醫生，約於紀元 1 世紀至紀元 2 世紀前後活動，著有留世醫學著作。

2. 行為的一套圖示

人們知道弗杭蘇瓦·德·撒耳斯（François de Sales）[XXI]
如何勸人勵行夫妻美德；他在結婚的新人面前手持一面自
然之鏡，提出大象和牠對其妻所操持的美好德性作為示範。
牠「不只是一集巨大的野獸、而是生活在大地上最有尊嚴
的，而且很明智……牠從來不更換雌性伴侶，並且溫柔地
愛憐牠的選擇，但只以三年為期和牠交配一次，一次只為
期五天，而且非常秘密地進行，從來不會被看見；但到了
第六天，牠在作其他事之前，首先會進到河裡洗淨全身，
並且在清淨自身之前，絲毫不會意圖回到象群。這不就是
最美好和最誠實的脾性嗎？」[4] 不過，文本本身也是個主
題變奏，並且這個主題是由長期傳統留傳下來的（透過阿
爾德洛梵迪〔Aldrovandi〕，傑斯納〔Gessner〕、文生·
德·波維〔Vincent de Beauvais〕及著名的《博物學者》
〔*Physiologus*〕一書）；在披林（Pline）的著作中已經有其
表述，而《虔信生活導論》（*Introduction à la vie dévote*）
一書也緊緊跟隨：「因為羞恥心的緣故，大象只在秘密中

交配……雌性的大象只接受每兩年交尾一次,而且人們說,每年中只有五天如此,不會更多;到了第六天,牠們到河中洗浴,只有在洗完澡後才會回到象群。牠們從不會有通姦行為……」[5] 當然,披林並不如弗杭蘇瓦·德·撒耳斯那樣宣稱可提供一個如此明顯教導性的圖示;但他卻是指涉一個明白可見是受到正面贊賞的行為舉止模範。這並不是說夫婦間的相互的忠誠乃是古希臘人和羅馬人中被普遍接收和接受的道德要求。但在某些哲學潮流中,這是個以堅持的方式給出的教導,比如晚期斯多葛學派便是如此;這樣的行為受到欣賞的原因也是因為它顯露出美德、靈魂的堅定不移、以及對自我的主宰。人們可以讚揚小加東(Caton le Jeune),因為當他決定結婚時,未曾和任何女人發生過關係,甚至萊里烏斯(Laelius)更進一步,他「在其漫長的一生中,未曾接近女色,他所娶的女人是他的第一也是

XXI. Saint François de Sales(1567-1622),法國神學家及天主教高層神職人員,著有許多神學著作。

唯一」。[6] 在此一相互忠誠的夫婦關係模型的定義中，我們還可以上溯得更遠，尼可克萊斯（Nicoclès），在依索克拉特（Isocrate）宣稱引述於他的論述中，展示出下面行為的在道德上和政治上的重要性，即「自從結婚之後，除了妻子之外，不會和其他女人發生性關係。」[7] 而在亞里斯多德所構思的理想城邦中，他希望人們將以下的行為當作是「喪失榮譽的行動」（而且是「以絕對和沒有例外的方式」），即丈夫與另一個女人或是妻子和別的男人發生性關係。[8] 丈夫對合法妻子所持守的性「忠誠」並不是由法律或習俗要求的；然而它卻仍是一個以嚴峻形式提出的問題，而且某些道德學家對它十分看重。

3. 一個形象

在 19 世紀的文本中，男同性戀或性倒錯者有種典型的畫象：他的手勢、衣著、精心打扮的方式、賣弄風情，也包括他臉孔的形式和其上的表情、他的解剖構造、全身外形的女性化，規律地是此一失格描述的一部份；它們同時

指涉著性角色的顛倒，以及此一對於自然的冒犯產生自然印記的原則；人們相信、人們敘說那是「自然成了性謊言的共犯」。[9] 這個形像的漫長歷史有待書寫（在其中實際的行為可能是符合的，而那是透過一種複雜的誘發和挑戰遊戲）。在此一如此生動的負面刻板形象中，人們可以讀出我們的社會數個世紀以來要整合兩個現象時所遇到的困難，而這是兩個不同的現象，其一是性角色的顛倒，另一個則是同一性別中兩位個人間的性關係。然而，包覆著負面靈光的此一形象，已經穿梭了多個世紀；在帝國時期的希臘－羅馬文學中，它已經受到有力及輪廓明確的描繪。在第四世紀無名氏所寫的《面相學》（*Physiognomonis*）書中已可看到陰柔者（*Effeminatus*）的畫像；它也存於阿普萊（Apulée）在其《變形記》[10] 中嘲弄的阿塔可提斯（Atargatis）教士們的描述之中；它存於狄安・德・普魯士（Dion de Pruse）談論王政的系列演講[11]，談論放縱的惡靈（*daimōn*）時所使用的象徵，也存於艾皮克特克（Epictète）短暫提及那些撒香水及燙頭髮的小修辭學家身上，那時他呼喚著這些躲在他廳堂深處的人群，問他們究竟是男是女。[12] 我們也可在

老塞內克（Sénèque le Rhéteur）所描繪的，圍繞他身邊的墮落青少年畫像中看到它，而他以極大的厭惡看著他們：「喜歡唱歌跳舞的不健康嗜好充滿於我們這些陰柔年輕人的靈魂；搖動頭髮、使得聲音變細，以便和女聲一樣像在撫摸人、和女人比賽姿態的柔軟、用非常猥褻的鑽研來雕琢自己，以上便是我們這些青少年的理想……一出生便萎靡不振和容易激動，他們自願地停留於此種狀態，隨時可以攻擊別人的羞恥心，但並不照顧自己的。」[13] 不過這個畫像，帶著其中不可或缺的主要特徵，還要更為古老。蘇格拉底在《費德爾篇》（Phèdre）中的首篇講辭，已經提到它了，那時他指責人們對軟弱無力的男孩的愛，而他們是在細緻的陰影中被照顧長大，全身裝飾著厚粉及首飾。[14] 阿伽松（Agathon）也是以這些徵象出現在《農事節慶祝者》（Thesmophories）[XXII] 一劇中——膚色蒼白、面頰刮淨、聲音像是女人、穿著以番紅花染色的袍子、戴著髮網——以至於他的對話者懷疑他自己是否真的是在和一位男人說話，或者在他面前的其實是位女人。[15] 如果在這中間看到的是對於少男之愛，或是我們一般所謂的男同性戀關係的譴責，

將會是不盡然精確的；但還是要承認，在其中有針對於男人之間關係某些可能的面向有著強大的負面評價效果，以及對於所有可能表現出有意地放棄陽剛角色之榮耀及印記的，有一種強有力的厭惡。男同性愛的領域在古希臘的確可以是「自由的」，至少比起現代歐洲社會來說是如此；但我們仍然看到很早便出現強烈的負面反應，及以將會延續長久的失格形式。

4. 一個克制的模範

有德性的英雄有能力棄其快感於不顧，如同那是個誘惑，而他知道不應落入其中，這樣的英雄是基督宗教中一個為人熟知的形象，正如同常見的理念會認為此一棄絕有能力打開通路，它會引領至真與愛的精神性體驗，而這是

XXII.　Thesmophories 一字原指古希臘祀奉農事女神狄米特的節慶，在此是指亞里斯多芬在紀元前 5 世紀末（約前 411 年）的一部喜劇。

性活動所排除的。但在多神異教的上古時期，同樣為人熟知的是這些節慾的運動家，他們是自身及其貪慾足夠強大的主宰，得以棄絕性的快感。一位像是阿波羅尼努斯‧德‧提恩（Appolonius de Tyane）這樣的奇術師，曾經永遠地棄絕性關係[16]，但遠在他之前，希臘就曾知曉並崇敬同樣的模範。在某些人眼中，如此極端的美德明白地標誌著他們主宰著自身，因而也標誌著他們得以具有主宰他人之權力：如此贊諾封（Xénophone）[XXIII]筆下的阿吉希拉斯（Agésilas）不只「不碰那些不會引發他任何慾望的」，但也放棄親吻他喜愛的少年；而且他刻意只在神殿或一個看得見的地方居住，「以便所有人都可以見証他的節制」。[17]然而，對於其他人而言，此一克制乃是直接和一種智慧的形式相連，並使他們可以直接接觸人性中某些優越的元素，並且給與他們進入真理之存有自身（l'être même de la vérité）的路徑；這正是《饗宴篇》（*Banquet*）中的蘇格拉底，每個人都要親近他、所有的人都愛上他、所有人都尋求獲得他的智慧──此一智慧正是顯現於並受考驗於他自己能對阿爾希比亞德（Alcibiade）撩撥人的美麗放手保持距離。[18]在性

慾的克制和通往真理的路徑兩者間有其關係，這個主題群組（thématique）那時已經強力地受到標記（marquée）。

　　不過，也不應該過度地運用這些參照。我們不能由此推論基督宗教和多神異教的性道德之間形成了延續性。有好多個主題、原則或意念的確都可以在兩者之中找到；但它們在其中沒有同樣的地位及同樣的價值。蘇格拉底並不是一位在沙漠中和誘惑相搏鬥的神父，尼可克萊斯（Nicoclès）也不是一位具有基督教信仰的丈夫；亞里斯多芬（Aristophane）在男扮女裝的阿伽松面前所發出笑聲，並不相似於很久之後醫學論述中可以找到對性倒錯進行的失格處置。更進一步，還必須記得基督宗教教會及牧教內容所突出的道德原則，其告誡不但是使人受限的，而且對所有人都有效（這並不排除因為個人的地位不同而有不同的規定，或者存在著有其自身憧憬的苦修運動）。相對地，

XXIII. 或譯色諾芬（紀元前 427 年 - 前 355 年），雅典軍事家，文史學家。曾為蘇格拉底學生，以書寫希臘歷史、蘇格拉底語錄著稱。

在上古的思想中，苦行的要求並未被組織為一個統一完整、相互融貫、既權威且又以同樣方式強加於所有人身上的道德；它們比較像是一個補充，或者和通常被接受的道德相比，就像是多出來的「奢侈品」；而且它呈現為來自「多個分散的聚焦點」；這些聚焦點源自不同的哲學或宗教運動；它們所源生的環境是多樣的團體；它們所提倡的（而不是強加的）各種風格，有的溫和，有的嚴格，各有其特定風貌；畢達哥拉斯學派的刻苦和斯多葛學派（stoïciens）的刻苦不同，而後者又和依比鳩魯（Epicure）所提倡的不同。不論我們在它們之間可以作出何種趨近，卻不可結論為基督宗教的性道德是以某種方式「預形成」於上古的思想中；必須作的設想，乃是上古道德思維很早便形成一整組有關於性方面的苦行主題——一組四維的主題——圍繞著並直接涉及身體的生命、婚姻制度、男性之間的關係、智慧的存在。而這個主題群組（thématique），透過體制、整組的告誡、極度多樣的理論參照，即使被修整多次，在時間之中仍然保持著某種持續一致性：彷彿自從上古以來，一直存有四個問題化的端點，並由它們出發，不

斷地形成性苦行的關懷，即使這是透過常是有所不同的圖示（schémas）達成的。

　　然而，必須要注意的是，這些苦行的主題並不能與社會、俗世或宗教的大型禁制能刻劃出的分隔相吻合。人們實際上可能會想說，那便是禁止最根本之處、義務最強制之處、道德發展出苦行的要求最堅持之處：可能會有這樣的案例；基督宗教或歐洲的歷史無疑能給出一些例証。[19] 但在上古時期，事情看來並不是如此發展的。這首先非常清楚地出現於這整套有關性行為的道德思維中存有的特定不對稱：一般來說，女人接受到非常嚴格的限制（除非她的地位能給她自由，比如妓女）；而且這個道德所針對的對象也不是女人；被呼喚的、正當化的或發展的，既不是她們的責任，也不是她們的義務。這是一種男人的道德：一種由男人所作並且為了男人思考、書寫及教導的道德（這些男人明顯是自由人）。因而，這乃是一種陽剛的道德，其中女人只以客體的身份出現，或者，最多便是必須要養成、教導及監控的伴侶，而這是當她們受其權力管轄時，而反之，當她們是受另一個權力（父親、丈夫、導師）管

轄時，則需要戒除。這裡顯然是此一道德思維最值得注意的要點之一：它不嘗試去界定一個對於兩性適用的行為場域和有效規則的領域──這些規則會根據必要作調整；這是男性的行為鍛鍊，根據的是男性的觀點，以為其行為賦與形式。

更進一步：它所針對的，並不是那些可能是屬於受所有人承認的禁制，並且莊嚴地記載於法典、習俗或宗教教誨之中的男人行為。受它針對的他們的行為，正乃是他們有其權利使用、處於其權力、權威及自由之下的：在那些並不受譴責的快感的實行中、在一種並無任何規則及習俗阻止男人在其中發生婚外性關係婚姻生活中、在與少男發生的關係中，而後者至少在某一限度中，是受到接受、常見甚至受到正面評價的。必須要了解的是，這些性苦行的主題，並不是一些深沉且根本的禁令的譯寫或評論，而是就權力的運用和自由的行使，於行為中產生鍛鍊及風格塑造。

這並不是說，此一組性苦行的主題只代表一種無後果的精緻，或是無關聯的思辨，並沒有任何明確的掛慮。相反地，很輕易地看出，這些性苦行的大意象中的每一個都

和一個經驗的主軸、一個具體的關係網絡有關：與身體的關係，乃是和健康問題有關，而在它後面，乃是一整個和生命與死亡有關的遊戲；與另一性別的關係，並以妻子作為最重要的伴侶，乃是處於家庭體制和它所創造的連結之中；和自己相同性別者的關係，關連到我們可以在其中選擇的伴侶，以及在社會角色和性角色之間調節的問題；最後是和真理的關係，這裡相關的問題是允許通達智慧的精神條件為何的問題。

我因此認為有必要進行一整個重新確立中軸的操作。與其尋找那些隱藏在或顯現於性苦行要求的基底禁制，必須要尋找的是，由哪一些體驗區域出發，以及是在什麼樣的形式之下，性行為受到問題化，成為憂慮關懷（souci）的對象、反思的元素、風格塑造的材料。更精確地說，應該要提問的是，為何這四個大的關係領域，在其中古代社會的自由之人，可以開展其活動而不遭遇重大的禁令，正好就是性實踐受強度問題化的地域。為何是針對身體、配偶、少男和真理，快感的實踐會產生問題？為何性活動在這些關係中產生的交涉，會成為一個焦慮、辯論和反思的

對象？為何在這些日常生活的軸線中發生的思維，會尋求
性行為的稀少化、節制、形式塑造及在快感的實行中界定
出一個嚴峻苦行的風格？性的行為，就它含帶著這些不同
的關係類型而言，曾經如何地被思考為道德體驗的領域？

道德與自我的實踐

為了回答這個問題，有必要導入一些方法論上的考量；或者，更明確地說，當我們著手研究一個「道德」的形式和轉化，必須探討我們所提出的研究對象本身。

我們了解此一字眼的曖昧性。「道德」一般是指一整套的價值和行動規則，它們被提供給個人及團體，透過的是各種給出規定的體制，可以包括家庭、教育機構、教會等。有時，這些規則和價值以非常外顯的方式表述為一套有其邏輯一致性的教義學說及一種外顯的教育。但它也可能被以一種迷漫包圍的方式傳承，遠不是形成一套有系統

的整體，而是由多個要素構成一個複雜的遊戲，其中各要素互相補償、更正、抵銷，並以此方式使得妥協及脫身之道得以存在。帶著這些保留，我們可以將這規範性的整體稱為「道德律則」（code morale）。但以「道德」這字眼，我們也可以指，就個人與個人與他們被給定的規則和價值關係而言，個人所作真正的行為：以此指稱的是他們或多或少完全遵循一個行為操守原則的方式，他們可以服從或反抗一項禁制，尊重或忽略一整組的價值；研究道德的這個面向應該斷定個人或團體是如何地、以何種變動或逾越空間，針對一個規範系統作出行為，而這系統是明白或隱含地在一個文化中給出，而他們針對它也或多或少有明確的意識。這個層次的現象，我們將之稱為「行為的道德性」。

這並不是事情的全體。一個行為舉止的規則是一回事；人們如何以行為來符合此一規則是另一回事。但人們應當以何種方式「作出行為」，又是另一回事——也就是說人們如何透過參照構成法則的規範要素來行為，以將自己建構為道德主體。有了一套給定的行動法則，並且針對一種被界定的行動類型（人們可以參照它們以決定，相對於此，

這些行動是遵守或分歧的程度），存有不同的「作出行為」的道德方式，個別的行動者有不同的方式來進行操作，而他不是單純的施行者（agent），而是此行動的道德主體。比如說有一個規範法則要求夫婦間有嚴格及對稱的婚姻忠誠，並且有一持續恒久的生殖意志；即使在此一如此嚴謹的框架中，仍將會有許許多多實踐此一嚴格德性的方式，種種「保持忠誠」的方式。這些差異可以作用在數個端點之上。

它們和我們可稱之為**倫理實質的決定**（*détermination de la substance éthique*）有關，也就是說，個人是以自己的哪一個部份來構成其道德行為的主要材質。如此，忠誠的實踐的核心可以是在完成它的行為中嚴格地遵守禁制和義務。但忠誠的核心也可以構成於慾望的主宰，存在於人們為了對抗它所進行的猛烈戰鬥，以及人們抵抗誘惑所付出的力道：因而，構成忠誠的內容，乃是此一警覺和爭鬥；在這種條件下，靈魂自相矛盾的動態，比起行動本身的施行，更加是道德實踐的材質。人們也可以使得此一實踐形成於夫婦間感情的強度、連續性、相互性，或是夫婦兩人持久連結的關係品質中。

這些差異也可以作用於**臣服模式**（*mode d'assujettissement*）上，也就個人如何建立他與規則的關係，並且自認為有義務去實現它的方式。比如說，實踐婚姻中的忠誠，可以是臣服於被強加的禁令，而原因是自認為隸屬於一個接受它的社會團體，此團體高調地聲稱如此，並且沉默地保留此一習俗；但實踐它的原因也可能是認為自己是一個精神性傳統的繼承者，而且有責任將其維持並且復興；實踐此一忠誠也可能是回應一個召喚、將自己塑立為典範、或是尋求給與個人生命一個形式，可以回應於光采、美、高貴或完美的標準。

就作用於人們自身的**倫理作為**（*travail éthique*）中的各種**精練**（*élaboration*）形式而言，也有差異的可能，不只是為了使得自身的行為符合一條給定的規則，也為了將自身轉化為其行為舉止的道德主體。如此，性方面的嚴峻苦行的實踐，是可以透過長時間的學習、背誦記憶、內化一整套系統化的格言，以及對行為舉止規律的檢核，以衡量施行這些規則的確實性；它的實踐也可以是一種對快感突然的、全面的、終極的放棄；它的實踐也可以是以持續的

鬥爭為形式，而其中的曲折發展——甚至偶而的敗戰——可以有它們的意義和價值；它也可以實踐於對慾望擾動盡可能仔細的、持續的及詳細的剖析，而這是針對此擾動的所有形式，甚至是其中最隱晦的，而慾望就隱身其中。

最後的其他差異所關連到的，我們可將之稱為道德主體的**目的論**（*téléologie*）：這是因為一項行動並不只是在其自身及其獨特性之內成為道德的，它之所以是道德的，也因為它插入於一個行為舉止的整體及它在此一整體中所佔的位置；它是此一行為舉止的一個元素及面向，在它的進展時程中，它標記了一個階段，它的持續性中的一個進展。一個道德行動（action morale）傾向於完成自己；然而，在此之外，它也瞄準著，透過此一完成，建構一道德操守（conduite morale），而它將個人帶領所至的境地，不單純只是永遠符合價值和規則的行動，也是某種存有的模式（mode d'être），而這是道德主體的特徵。就這一點而言，存有許多可能的差異：夫婦間的忠誠可以隸屬於一種道德操守，而它朝向越來越完全的自我主宰發展；它也可能是顯示出對世界突然而徹底的一種淡漠的道德操守；它可朝

向靈魂完美的平靜，對於激情的躁動完全不受影響的無感，或是朝向純潔淨化，以確保死後的拯救，幸福的永生。

總之，一個行動之所以可被稱為「道德的」（morale），不應被化約為符合規則、法律或價值的一個動作或一連串的動作。所有的道德行動的確是包括一個和真實（réel）的關係，它才得以實施，以及一個和它所參照法則的關係；但它含帶著一個和自我的關係；這關係不是簡單的「自我意識」，而是將自我構成為「道德主體」，在其中，個人將他自身的一部份圈圍出來作為此一道德實踐的客體（l'objet de cette pratique morale），定義他自己和他所跟隨的訓誡的相對位置，並固定下某一種存有模式（mode d'être），而後者已相當於他自身的道德成就；而且，為了達成它，他對自身作用，進行自我認識、自我控制、自我挑戰、自我完美、自我轉化。特定的道德行動無法成立，如果它不指涉一個統一的道德操守；道德操守無法成立，如果它不召喚自我之建構為道德主體；而道德主體，如果沒有「主體化模式」（modes de subjectivation），以及支持這些模式的「修練術」（ascétique）或「自我實踐」（pratiques de soi）則無法成立。道德行動和這些作用在自我的活動無法分離，而這些活動和價值、規則和禁制的體系一樣，在某一道德中和在其他道德中是相當不同的。

這些區別不應該只有理論上的效力。對於歷史分析，它們也帶來後果。任何人想要寫作某一「道德」（morale）的歷史，必須考量這個字眼所含括的不同的現實。「道德性」（moralités）的歷史：則需研究特定個人或團體的行動在多大程度符合或不符合由不同的作用者提供的規則及價值。「法則」（codes）的歷史：需研究在一個給定的社會或團體中作用的不同的規則及價值系統，使得它們得以彰顯的作用者或強迫機制，以及它們的多樣性、分歧或矛盾所具有的形式。最後是個人受到召喚，將自己構成為道德操守主體的方式的歷史：這樣的歷史研究各種被提供出來的模式，它們有利於建立及發展各種和自我的關係、自我反思、自我對自我的認識、檢查、解讀，以及人們針對自我操作的轉化。這便是可被稱作為「倫理」（éthique）及「修練術」（ascétique）的歷史，並可理解為道德主體化形式（subjectivation）及自我實踐的歷史，而後者的目

的在於確保前者。

　　即使，實際上所有廣義的「道德」皆包含著我前面所提到的兩個面向，也就是行為的法則和主體化的形式；即使，以上兩者從來不能完全分離，但它們會以相對的自主性來作發展，我們卻也必須接受，在某些道德中，重點是放在法則之上，包括它的系統性、豐富性、它能自我調節以適應所有可能的個案及涵蓋行為的所有領域；在這樣的道德中，要去探求的重點會落在可以彰顯法則的權威的作用者，它們強加學習及觀察、懲處違規；在這樣的條件下，主體化主要是在一種接近司法的形式中運作，在其中，道德主體參照的是一條律則，或一整組律則，而如果他不臣服於它們，就會因犯錯而受罰，甚至可能被施刑。如果把基督宗教的道德（無疑這裡的「基督宗教道德」是複數的）化約為此一模式，將會是完全不準確的；但認為 13 世紀初的刑罰系統的組織，以及它直到宗教改革前夕的發展，激發了道德經驗中非常強烈的「司法化」──嚴格意義下的非常強烈的「法典化」──這種思考方式可能不是錯的；也就是對抗它，許多宗教改革前的靈性運動和苦行運動反應興起。

反向而言，我們很可以構想一些道德，在其中強大和動態的要素必須要在主體化形式及自我的實踐這邊尋找。在這種情況中，行為法則及規則的系統可能是相當粗略的。它的準確遵從可能是相對不那麼核心必要的，如果至少和另一要求相比，即個人在與其自我的關係中，在其不同的行動、思維、或情感中，他將自己構成為道德主體；重點於是被放在自我關係的形式之上、在鍛練這些關係的程序和技術上、在那些人們可將自我當作被認識的客體的練習之上，以及在允許轉化自我的存有模式的實踐之上。處於「具有法則導向」的道德之旁，這些「具有倫理導向」的道德，在基督宗教中曾經非常地重要：兩者之間，有時是並置關係、有時是敵對和衝突關係，有時則是妥協和解。

　　然而，至少初步看來，上古希臘或希臘－羅馬有關道德的反思導向大多是朝向自我的實踐或是修練（*askesis*）XXIV 的問題，而不是朝向操守的律則化以及對允許和禁止

XXIV.　參見本書導論第一節譯註 xiii。

之嚴格界定。如果把《共和國篇》（*République*）及《法律篇》（*Lois*）當作例外，便很少能找到關於法規式原則的指涉，這樣的原則提供的是一個選單，界定何者為必須持有的行為舉止、一個負責監控其施行的單位、以及產生逾越行為時可能的處罰。即使遵守法律及習俗（*nomoi*）的必要很常受到強調，但重點比較不是在法律的內容及其施行的條件，而是使人遵從法律的態度。整體的要點是和自我的關係，能不讓自己被慾念和快感帶著走，而能在面對它們之時仍具有主宰和優勢，將其感官保持於一種平靜的狀態，對於任何激情的內在奴役能夠維持自由，達致一種能界定為完滿的自我愉悅（jouissance de soi-même）或自我對自我的完美主宰的存有模式。

由此而來的，乃是我在此一上古多神異教和基督宗教性道德研究中所作的方法面選擇：在心中維持著道德律則要素和修練要素的區分；既不忘記它們的並存、亦不忘記它們的關係、它們相對的自主性、它們可能的不同強調；考量在這些道德中，所有似能指出自我實踐的優勢地位者、人們可能對它產生的興趣、人們為發展、完滿及教導它們

所作的努力、以它們為主題所作的辯論。如此一來，我們便可轉化在上古道德哲學和基督宗教哲學之間如此經常被提出的連續性（或斷裂性）問題：與其去提問基督宗教在法則中借用了什麼樣的上古思想要素，以及它又自己加上了哪一些，以界定在一個被假設為持續不變的性事物中何者為允許及禁止，必須作的提問是，在法則的連續性、轉移或變動中，自我關係（以及和它們相關的自我實踐）是如何地受到界定、變動、重新提煉及多樣化。

　　我們並不假設法則並不重要，或是它們一直維持恒定不變。但我們可以留意到它們它們終究是圍繞著相當簡單和數目不多的原則打轉：也許人在禁止類事物中的發明並不比在快感類事物中多許多。它們的恒久持續相當強大：法則化的衍生（相關於允許或禁止的地點、伴侶、手勢）乃是相當晚近地發生於基督宗教。相對地，似乎存在著一整個繁複及豐富歷史性的場域（至少這是我在此將要探討的假設），它關乎個人以何種方式受到召喚自我辨識為性操守中的道德主體。它涉及的是去觀察，由希臘古典思想，直到基督宗教及牧教內容中有關肉身的教義，此一主體化

如何受到界定和轉化。

在此第一卷書中 [XXV]，我想作的是突出顯數個普遍的特點，它們顯示出古希臘思想的思維特徵，顯露性行為是以何種方式被反思為道德評價和選擇的領域。我將由當時常見的意念「快感的使用」（usage des plaisirs）——*chrèsis aphrodisiōn*——出發，以發掘出它所指涉的主體化模式：倫理實質（substance éthique）、臣服的類型（type d'assujettissement）的類型、鍛練自我（élaboration de soi）的形式以及道德的目的論（téléologie morale）。接下來，預計每一次都會由在希臘文化中有其存在、地位和規則的一個實踐出發（包括維持健康的飲食作息控制、同住家人的管理、愛情中的追求關係［la cour amoureuse］），我將研究醫學和哲學思想構思此「快感的使用」及它們如何表述數個鍛練主題的方式，而這些主題將會在體驗的四個大主軸上一再地出現：與身體的關係、與妻子的關係、與少男的關係、以及與真理的關係。

XXV.　由於傅柯改變了書寫計劃，在此將本書稱為《性史》第一卷。

原書註

1. 我既不是希臘研究專家，也不是拉丁研究專家。但我認為如果能下足功夫、耐心、謙卑及注意，便有可能對上古希臘及羅馬文本擁有足夠的熟悉度：我的意思是這樣的熟稔，足以根據對西方哲學無疑是具構成性的一種實踐，同時提問一個我們承認是我們的思想之源又和我們保持距離的思想之差異以及親近，雖然此一遠離是在不斷地加深中。

2. 如果相信自在布克哈特，對於這些存在藝術和美學的研究便完全被忽略了，那便會是不精確的。可以想到的是班雅明（Benjamin）對波特萊爾的研究。在最近的格林布拉特（S. Greenblat）的《文藝復興時代中的自我塑造》（*Rainaissance Self-fashioning*）書中也可找到有趣的分析。

3. 阿瑞提（Arétée），《慢性病的病癥及治療》（*Des signes et de la cure des maladies chroniques*），II，5。此書的法文版譯者何諾（L. Renaud）對於這一個段落（頁163），有如下的評論：「這裡提到的 gonorrhée 這個病和今天帶有這名稱的病（淋病）根本上不同，更有道理的方式是稱呼它為 blennorragie（粘液過量溢出）⋯⋯阿瑞提在這邊提到的真實或簡單的 gonorrhée，它的特徵是精液在性交之外非意願性的流出，其中還混有前列腺液。此一可恥的疾病經常是由手淫引發，進而成為其結果。」這段翻譯稍微地

修改了收入希臘醫學文獻集（*Corpus Medicorum Graecorum*）中文本原先的意涵。

4.　弗杭蘇瓦·德·撒耳斯（François de Sales），《虔信生活導論》（*Introduction à la vie dévote*），III，39。

5.　披林（Pline），《自然史》（*Histoire naturelle*），VIII，5，13。

6.　普魯塔克（Plutarque），《加東傳》，VII。

7.　依索克拉特（Isocrate），《尼可克萊斯》（*Nicoclès*），36。

8.　亞里斯多德（Aristote），《政治學》（*Politique*），VII，16，1 335b.

9.　多維涅（H. Dauvergne），《受苦受難者》（*Les Forçats*），1841，p. 289。

10.　阿普萊（Apulée），《變形記》，VIII，頁 26 起。

11.　地昂·德·普魯斯（Dion de Pruse），《演講錄》（*Discours*），IV，101-115。

12.　艾皮克特克（Epictète），《對話錄》（*Entretiens*），III，1。

13.　老塞內克（Sénèque le Rhéteur），《論戰集》（*Controverses*），I，前言，8。

14.　柏拉圖（Platon），《費德爾篇》（*Phèdre*），239 c-d。

15.　亞里斯多芬（Aristophane），《農事節慶祝者》（*Thesmophories*），v. 頁 130 起。

16.　費洛斯特拉特（Philostrate），《阿波羅尼努斯·德·提恩傳》（*Vie d'Appolonius de Tyane*），I，13。

17.　贊諾封（Xénophone），《阿吉希拉斯》（*Agésilas*），6。

18. 柏拉圖，《饗宴篇》（*Banquet*），217 a-219 e。

19. 我們可以認為一種和婚姻關係有關的道德的發展，更精確地說是有關在夫婦關係中配偶兩人的性行為的反思（它們在基督宗教牧教內容中將具有如此強大的重要性），乃是在中世紀前期，基督宗教婚姻模範建立之後產生的後果。此外，此一建立過程是漫長的、遲來的並且困難的。（參考杜比〔G. Duby〕，《騎士、女人及教士》（*Le Chevalier, la Femme et le Prêtre*, 1981）。

I.
La problématisation
morale des plaisirs

第一章

快感的道德問題化

在希臘文化中[I]（就像在拉丁文化中一樣），很難找到一個類似於「性」或「肉身」的意念。我的思意是：一個指涉一個單一實體的意念，而且允許集合多樣且表面上互相距離遙遠的現象，彷彿它們有同樣的性質、衍生自同一來源，或是運作著同一類型的因果關係：這些現象包括行為、但也包括感覺、形象、慾望、本能、激情。[1]

當然，希臘人有著一整個系列的字詞來指稱我們今日當作「與性相關」的不同手勢和動作。他們有一組詞彙來指稱明確特定的作為；他們有更模糊的詞語來以一般的方式指涉我們所稱的性「往來」、「結合」或「關係」：這些詞語比如 *sunousia, homilia, plēsiamos, mixis, ocheia*。但要找到一個可以將所有這些手勢、動作及作為，共同地置入其中的整體範疇卻是困難地多。希臘人往往使用一個被名詞化的形容詞：阿芙羅底其亞（*ta aphrodisia*）[2]，在拉丁文中它大致被譯為 venerea [II] 以「愛的事物」或「愛的快感」（plaisirs de l'amour）、「性關係」、「肉身的動作」（actes de la chair）、「感官上的享樂」（voluptés），我們儘可能地在法文中找到可能的對等字詞。但整組的意念有所不同，

使得此一字詞的精確翻譯令人感到困擾。我們有關「性」
（sexualité）的理念，不只涵蓋的領域更為廣大；它所針對
的現實是另一種類型；而它在我們的道德和知識中，有一個
完全不一樣的功能。相對地，在我們這邊，我們並不擁有一
個觀念可進行和阿芙羅底其亞類似的劃分及結合。如果我
不只一次地保留這字詞原來的形式，大家也許會原諒我。

　　在這一章中，對於紀元前 5 世紀到前 3 世紀初，有關
一般來說的快感和特別的意義下的性快感，我並不企圖為
相關哲學或醫學學說給出一個完整的說明，或甚至只是一
個有系統的摘要。它的作用是引導後面的研究，對象包括
在保健法（Diététique）中所發展的以身體為主題，在家政
學（Economique）中以婚姻為主題，在愛慾論（Erotique）
中以少男為主題，及在哲學中以真理為主題，有關性操守

I.　　在此「希臘文化」指的是「古希臘文化」，由於這是法文書寫中通
　　　行的用法，不再特別說明。
II.　　此一拉丁字源於維納斯（Venus），意指愛、性愛、性慾。

（conduit sexuelle）的四種主要類型的風格塑造，而我的意圖只是在其中挖掘出幾個一般性的特點，而這些特點曾作為它們的框架，因為它們在不同有關阿芙羅底其亞的思考中，都是共通的特點。我們的確可以接受，這時期的希臘人比起中世紀的基督徒和現代的歐洲人，更容易接受某些性行為；我們也很可以接受說，在這領域犯錯或行為不檢會引發較少的醜聞，承受較少的反駁與干預，更何況沒有任何一個體制——不論是牧教的或是醫學的——企圖決定在此類事物中，什麼是允許的或禁止的、正常的或反常的；我們也很可接受說古希臘人比起我們，對於所有這些問題，給與少得多的重要性。然而，接受或假設所有這些，有一點仍是不可化約的：他們仍是對於它們給與過關注；而且，曾經有過思想家、道德學家、哲學家、醫生認為城邦的法律所要求的或禁止的，一般習俗所容忍或拒絕的，並不足以適當地解決一位關心自我的人的性操守問題；他們認為，就在獲得此類快感的方式裡，存在著道德問題。

我想要在以下的頁面中決定的，正是他們所關注的面向，他們針對阿芙羅底其亞所作道德提問的一般形式。

為了達成這一點，我將會利用彼此非常不同的文本——主要出自贊諾封、柏拉圖和亞里斯多德；而我想要嘗試重構的，並非其「學說脈絡」，以給與每一個文本它特有的意義和得以和他者取得差異的價值，而是它們共同的「問題化場域」（champ de problématisation），而這也使得它們各自成為可能。這裡涉及的將是在這些一般的特徵裡，顯示出阿芙羅底其亞構成為一道德關懷的領域。在有關性道德的反思中，我預期經常會遭遇四個觀念：阿芙羅底其亞的觀念，透過它，我們可以掌握，在性行為中何者被辨識為「倫體實質」；「使用」的觀念，希臘文為 *chrēsis*，它允許掌握臣服的類型，而這些快感的施行必須聽從於它，才會是在道德上有效的；「自我主宰」的觀念，希臘文為 *enkrateia*，它界定了針對自我必須要有的態度，才能將自己構成為道德主體；最後是「節制」、「智慧」，希臘文中的 *sōphrosunē* [III]，那是道德主體得到完滿的特徵。如此，我

III.　在希臘文中此字意指「節制」或「自制」的美德。

們便能勾勒出結構著性快感之道德體驗的事物——它的本體論、義務論、修練術，以及目的論。

Aphrodisia

阿芙羅底其亞

《蘇達辭書》（*Souda*）^{IV} 中的定義，後來為赫希其烏斯（Hésychius）^V 重複使用：阿芙羅底其亞乃是阿芙羅黛蒂（Aphrodite）^{VI} 的「作品」、「動作」——*erga Aphroditēs*。無疑不需要期待這類著作能致力於非常嚴謹的概念思考。不過，事實上不論是在他們的理論思考中，或是在他們的實踐反省中，希臘人並未表現出有多著急於界定阿芙羅底其亞這個字眼所代表的意思——不論那是固定下所指稱的事物的性質，界定它的領域的外延或是建立其要素的目錄。無論如何，一點都沒有那種長長的可能動作清單，像是在悔罪規條、懺悔手冊或是病態心理學著作中可以發現的；沒有任何圖表可以用來界定合法、允許或正常，以及描寫被禁止手勢的廣大家族。也沒有任何相似於要在無害或無邪之下覺察出一種隱伏的力量的掛念——與肉身或性有關問題便有如此的特徵——而這力量不但邊界不確定，而且也帶著複多的面具。這既不是分類也不是解讀。適於結婚及生子的年齡，哪一個季節適於實行性結合，得到了仔細的規定；但從不會像是一位基督宗教的指導者，說明著要作什麼樣的手勢或加以避免，什麼樣的前戲撫摸

是允許的，要採取什麼樣的姿勢，或是在什麼樣的狀況下可以中斷動作。對於那些防備工作沒作好的人，蘇格拉底的勸告是看到美男子就要逃走，甚至要流亡一年；[3]《費德爾篇》中提到情人和自己的慾望進行長時間鬥爭；但沒有任何地方會有像基督宗教的靈修著作中提到的，要如何提防小心，才能阻止慾望偷偷地溜入靈魂之中，或是挖出隱藏的秘密痕跡。也許更奇怪的是：曾帶著一些細節建議阿芙羅底其亞食譜要素的醫生，對於動作本身可以採取的形式幾近保持沉默；對於什麼是符合或相反於自然的意志，他們說得非常少——除了有些提到「自然的」姿勢之外。

IV. 拜占庭十世紀大型百科全書，過去被歸屬為是一位名為 Soudas 或 Souidas 的作者所寫，共有以希臘文寫成的三萬個詞條。

V. Hesychius ofAlexandria 為希臘文法學家，約於紀元 5-6 世紀編寫希臘文字典。

VI. 希臘神話中是代表愛情、美麗與性愛的女神，在羅馬時期被稱作維納斯（Venus）。

羞恥心？也許：因為即使我們可以認為希臘人享有很自由的風俗；性行為的再現在書寫的作品中——即使是在情色文學中——似乎標記著相當大的保留：[4] 而這有別於他們的戲劇演出，或是人們能找到的圖像再現。[5] 無論如何，我們可以明白感覺到，贊諾封、亞里斯多德及後來的普魯塔克並未覺得就與合法妻子的性關係大施多疑及用功的忠告是件得體的事，而這點則是基督宗教的作者針對夫婦間的快感毫不吝惜地給與的；不像後來的意識指導者（directeurs de conscience），他們並未準備好解決要求與拒絕的遊戲、先前的撫摸、結合的模式，在其中感覺到的快感及適合給出的結論。

　　但在那些我們事後會認為是「緘默」或「保留」的事物中，有一個正面的理由。那是因為人們思考阿芙羅底其亞的方式，人們向它們提問的方式，乃是有另一個完全不同的導向，而那是朝向著它們的深沉本性、典型形式或是秘密力量的研究。

1.

阿芙羅底其亞乃是可以獲得某種形式的快感的動作、手勢、接觸。當聖奧古斯丁（saint Augustin）在其《懺悔錄》（*Confessions*）中回憶起他年輕時的友誼、他感情的強烈、共度時光中的快樂、談話、熱烈及歡笑，他提問是否在無邪的表面下，這一切隸屬於肉身，即此一將我們羈絆於它的「黏膠」。[6] 但是亞里斯多德在《尼各馬可倫理學》[7] 中卻提問什麼才值得被稱為「縱慾」（intempérants），而他的界定是非常仔細小心地限縮：只有身體的快感才有縱慾（*akolasia*）的問題；而在其中，必須排除視覺、聽覺和嗅覺的快感。就顏色、手勢、描繪「獲得快感」（*chairein*）不可稱為縱慾，而在劇場和音樂中如此也不是；如果因為深受水果、玫瑰花或燃香的香味吸引，仍不屬於縱慾；而且，就像《歐德米亞倫理學》中說的，[8] 對於那些深陷於凝視雕像或聆聽歌曲，以至於沒有吃東西的胃口或作愛慾望的人，也不會被責怪為縱慾，就像那些被海妖（Sirènes）〔歌聲〕所迷惑引誘的人一樣。可被稱為放縱的快感只有

和觸覺和接觸相關：和嘴吧、舌頭及喉嚨接觸（為了達成飲食的快感），以及和身體其他部位的接觸（為了達成性快感）。而且亞里斯多德更進一步地提醒，如果認為身體某些表面感覺到快感便是縱慾，那將是不公平的——比如在練習體操時感受到的按摩及灼熱，乃是高貴的快感：「因為縱慾者的身體上，並不是那遍佈全身的觸覺；只和身體的某些部份有關。」[9]

在基督宗教有關「肉身」的體驗，以及後來的「性」（sexualité）體驗中有一個具特色的跡象，那便是主體受到召喚，經常地及遠遠地懷疑存有一個沉默、柔軟力量的展現，它是可怕的，因而更需要解碼它的秘密，因為它有能力躲藏於性愛動作之外的其他形式之下。這樣的懷疑並不存在於阿芙羅底其亞的體驗中。在節制的教育和練習中，人們的確建議要懷疑聲音、形象及香味。但原因並不是因為人們對它們的依戀乃是慾望帶著面具喬裝的形式，而且其本質是性的慾望；而是因為有些音樂因其節奏就能使得靈魂變柔軟，因為有些演劇具有像毒素一樣觸動靈魂的力量，而某個香味、某個形象其性質本身就足以引發「可慾

事物的回憶」。[10] 當人們嘲笑宣稱只喜愛少男美麗靈魂的哲學家時，並沒有懷疑他們胸懷著曖昧的情感，但自己可能沒有意識，只是在等待一個單獨相處的機會，以將手伸入喜愛對象的衣袍之下。[11]

對於這些動作，其形式及變化是什麼？自然史給出了它們的描述，至少是在和動物相關的時候：亞里斯多德觀察到，在所有的動物中，交配並不相同，也不是以同樣的形式進行。[12] 在《動物學》（*Histoire des animaux*）[VII] 第六部以胎生動物為主題的部份，他描述了可觀察到的不同交配形式：它們根據器官的形式和位置、伴侶所採取的姿勢、動作所持續的時間長短而有所變化；但他也提及使發情期有其明顯特性的行為類型：野豬先準備戰鬥、[13] 大象的狂暴甚至可以摧毀主人的房舍、或是種馬們會圍一大圈把母馬們集中起來，接下來再撲向牠們的對手。[14] 與人類有關的部分，也許器官和及其功能有詳細的描述，但是關於性行為

VII.　　亞里斯多德有關動物「自然史」的著作。

及其各種變化，則接近沒有絲毫提及。這並不是說在希臘的醫學、哲學和道德中，圍繞著人類的性活動（activité），存有一個必須嚴格保持沉默的區域。事實不是人們不談這些造成快感的動作（actes）：而是當時的人探討這主題時，他們提出的問題並不是它們的外在形式，而是它們展現出的活動（activité）。比較是它們的動力學，而較少是它們的形態學。

這個動力學的界定，乃是來自一個運動，它連結阿芙羅底其亞、和它們相關的快感以及它們所引發的慾望。快感所發揮的吸引力、以及朝向它的慾望的力量、以及阿芙羅底其亞的動作本身，構成了一個堅實的整體。之後出現的肉身倫理學、有關於性（sexualité）的觀念，其根底的特徵之一，便是此一整體—至少是部份的——解離。此一解離的印記，一方面是快感的某種「省略」（在道德上降低其價值，這是透過基督宗教牧教內容中要求不在性作為中以尋求肉體享樂為目的；在理論上降低其價值，則是譯寫於在性的觀念中給與快感一個位置時產生的極端困難）；它的另一印記則是對於慾望越來越強烈的問題化（在其中

人們將看見人性墮落的原始印記或是人的存有特有的結構）。在阿芙羅底其亞的體驗中，相反地，動作、慾望及快感形成了一個整體，而其中的各元素雖然的確是可以區分的，但也是強力地相互連結在一起。它們之間的緊密連結正是此種活動的根本特質之一。自然有意地將動作的完成和一種快感相連結（其原因後詳），而此一快感引發了慾念（*epithumia*），而慾望，此一運動乃是受自然引導，朝向「產生快感」的事物而去，亞里斯多德提醒道，其中的運作原則如下：慾望永遠都是「令人愉快事物的慾望」（*hē gar epithumia tou hēdeos estin*）。[15] 的確 —— 柏拉圖常提到這一點——沒有缺乏、慾念事物的不足便不會有慾望，也因此沒有摻雜某種苦難便不會有慾望；但他在《菲利伯篇》（*Philèbe*）[VIII] 中解釋，渴望只能由產生快感事物的再現、形象或回憶激發；他的結論是慾望只存於靈魂之中，如果肉體感受到匱乏，那也是靈魂，而且只有靈魂才

VIII.　亦可稱之為「論快感」。

能經由回憶重新使得可慾事物成為在場，並因而激發慾念（*epithumia*）。[16] 在性的操守中，似乎在希臘人眼中良好地構成道德思維對象的，因而精確地說並不是（以其不同模態來思索的）動作本身、也不是（以其源起或方向作考量的）慾望，甚至也不是（以可以激發它的不同對象或作為來判斷的）快感；那毋寧是將它們三者以循環的方式連結在一起的動力（慾望引領至動作、動作和快感有關而快感引發慾望）。受到提出的倫理問題並不是：何種慾望？什麼動作？什麼樣的快感？而是，透過什麼樣的力量人們被「快感和慾望」帶著走？至少就它的一般形式而言，此一性行為倫理學所參照的存有論並非一種由匱乏與和慾望組成的存有論；它也不是由固定下動作的常態的自然所構成的存有論；而是一力量的存有論，而此一力量將動作、快感及慾望相互連結。此一動力學關係構成我們可稱之為阿芙羅底其亞倫理體驗的特殊質地（grain）。[17]

此一動力學乃是以兩大變項來作分析的。其中一個有關於量；它和由數量和頻率所轉譯出的活動程度有關。將人相互區分的，對於醫學和對於道德是一樣的，並不怎麼

是他們所朝向的對象類型，亦非他們偏愛的性實踐模式；最優先的，乃是此一施為的強度。分隔線在於是少或多：節制或無節制。當人們描繪一位人物的畫像時，很少會突顯他偏好什麼形式的性快感；[18] 相反地，要描述他的道德特徵，重要的總是在於突顯，在他與女人或少男的實踐中，他是否能証明自己有適當的分寸，像是阿吉希拉斯將節制推到極致，甚至拒絕一位他喜愛的年輕男子的擁吻，[19] 或是如同阿爾希比亞德或阿爾塞希拉斯（Arcésilas）一樣，放縱於與兩性皆有關的〔性〕快感的慾望。[20] 和這個主題相關的，在《法律篇》第一部有個著名的段落：的確柏拉圖很明白地將「符合自然」的關係，即以生殖為目的連結男人和女人，對立於「違反自然的」男人與男人及女人與女人的關係。[21] 但這個對立，即使是如此突出地以自然為觀點，柏拉圖的參照仍是更為根本的節制和放縱間的區別：違反自然及生殖原理的作為，並未被解釋為非正常自然或是一種特別形式的慾望的效果；它們只是未能保持節制的結果：「快感中的不知節制」（*akrateia hēdonēs*）才是它們的起源。[22] 當柏拉圖在《蒂邁歐篇》（*Timée*）中說

明，淫蕩不應被當作是靈魂中的一個壞的意志，而是身體的疾病，此一病痛被描寫為因為過度（excès）而產生的重大病態：精液與其是停留在骨髓及其骨架中，滿溢了出來而在整個身體中流淌；於是它就像一棵生長超過任何尺度的樹木：這樣的個人，在其大部份的人生裡，將會「因為過度的歡樂及痛苦」[23] 而變得瘋狂。性快感的不道德性總是屬於誇大、過剩及過度，這樣的理念可以在《尼各馬可倫理學》第三部中找到：對於所有共同具有的自然慾望，我們唯一可以犯的錯，亞里斯多德解釋說，乃是屬於量方面的問題：它來自於「多出」（to pleion）；自然的慾望只是在於滿足需要，「不論喝或吃什麼超過獲得飽足，便是在量上的超過（tōi plēthei）自然的要求」。即使亞里斯多德事實上也提到個人的特殊快感；人們可能犯不同類型的錯，比如不在「應該的地方」獲得快感，或是「像群眾一樣」行為，或是不「以應該的方式」獲得它。然而，亞里斯多德補充說，「放縱，便是在所有這些方式中又有超過（huperballousi），或者他們獲得了應加以避免的滿足，或者，如果這些動作是允許的，他們從其中取得比大部份人

更多的快感」。構成放縱的，便是此一領域中的過度，「而這是應該責備的事」。[24] 道德評價標記在性行為領域中的第一個分界線看來的確不是以動作的性質及其可能的變種刻劃出來的，而出發於活動及其數量面向上的程度變化。

快感實踐的另一個變項可以稱之為「角色」或「兩極性」（polarité）。和阿芙羅底其亞這個字相關的是動辭 *aphrodisiazein*；這個字詞指涉一般意義下的性活動：比如說談到動物時，會說它們到達能夠進行 *aphrodisiazein* 的年齡；[25] 它指稱完成任何一種性動作：比如安提斯田（Antisthène）在贊諾封的作品中提到，他有時想要 *aphrodisiazein*。[26] 但這個動詞有時是運用來表達它的主動性價值；在這種情況下，它特別指涉性關係中的「陽性」角色，以及由「插入」界定的「主動」功能。反之，它也可以以被動形來作使用；這時它指稱的乃是性結合中的另一角色：作為伙伴—對象的「被動」角色。這個角色，自然將保留給女人——亞里斯多德談及少女達到一定年紀，可以接受 *aphrodisiasthēnai*；[27] 這樣的動作是可以暴力的方式強加給某人，並將其化約為另一人的快感對象；[28]

這也是少男或任由其伴侶插入的男人所接受的角色——《問題集》（*Problèmes*）的作者因此提問為何有些男人在 *aphrodisiasthēnai* 中可以得到快感。[29]

人們無疑有其理由說，在希臘的字彙中，並沒有一個名詞統攝男性性特質及女性性特質中各自的特點而成為一個共同的意念。[30] 但我們必須指出，在性快感的實踐中，有人們清楚地區分兩個角色和兩個端點，就如同在生殖的功能中它們也可被清楚地區分，這是在位置上的兩個不同的值——作為主體和作為客體，作為行動者（agent）和作為收受者（patient）：就好像亞里斯多德所說，「雌性作為雌性乃是一個被動的元素，而雄性作為雄性乃是一個主動的元素」[31] 相對於此，「肉身」的體驗將被視為一個男女共享的體驗，即使它在兩者間有其不同的形式，相對於「性」將被突顯於男性性特質和女性性特質間重大的分裂，阿芙羅底其亞被思索為一個含帶兩位行為者的活動，其中每一位有其角色及功能——施行活動者和在其身上被施行活動者。

由此一角度而言，在此一倫理學中（éthique），人們可以說分隔線主要通過男人和女人之間——特別是因為許

多古代社會男性世界和女性世界之間有一強大的區分。但更具普遍性的是，它通過的那條分隔線毋寧是介於可稱之為快感場景的「主動性演出者」和「被動性演出者」之間：一方是性活動的主體（他被期待把活動以有節制的方式施行於適當時刻），另一方則是伙伴－客體，像是個配角，配合活動並作活動的受體。前者，自然就是男人，但更精確地說，這是成年及作為自由人的男人；後者，如我們知道的，包括女人，但她在其中只是作為一個更廣大整體中的一員，而人們有時指涉此一整體時，是為了指稱快感的可能客體：「女人、少男、奴隸」。在以希波克拉特的誓辭（serment d'Hippocrate）受到認識的文本中，醫師允諾在所有他進入的房子裡，禁除和任何人，包括女人、自由人或奴隸有 *erga aphrodisia*（因阿芙羅底其亞而產生的結果）。[32] 維持於其角色中，或是放棄它，作為活動的主體或作為客體、當我們是個男人，卻去到承受的那一方，或是停留在施為者的那一方，這乃是第二個大變項，另一個則是「活動的量」，它給與道德衡量有其著手處。對於一個男人而言，在阿芙羅底其亞的實踐中，過度和被動性，乃

是主要的兩種不道德形式。

2.

　　如果性活動應該是道德區分和衡量的對象，其理由並不是因為性動作本身是個罪惡；也不是因為，它身上帶著原始敗壞的印記。即使如同《饗宴篇》中的亞里斯多芬所說的，當性關係和愛的實現形式被當作和某個原初的劇變 IX 有關——人類的驕傲和諸神的懲罰——不論是其中的動作或快感，卻都沒有被當作是壞的事物；相反地，它們傾向於恢復人類曾經有過的最完滿的存有模式。[33] 一般來說，性活動被當作是自然的（自然且不可或缺），因為有生者只有透過它才能繁殖，因而物種整體才能免於滅亡，[34] 城邦、家庭、名聲、宗教信仰才能超過必然消亡的個人而綿延久遠。在他的分類中，柏拉圖將那個將我們帶領至阿芙羅底其亞的慾望放置於最自然的一群中；[35] 而亞里斯多德認為，那些為我們獲致快感的事物，有其存在原因，那是一些使身體及普遍的具身體生命（la vie du corps）感興趣的必要事物。[36] 總

之，性的活動是如此深沉地且自然地定錨於自然之中，它不能被當作是壞的，而艾菲斯的魯夫斯（Rufus d'Ephèse）[X] 也會提出這個論點。[37] 就因為如此，我們了解，阿芙羅底其亞的道德體驗和肉身的道德體驗乃是徹底地不同。

然而，即使它可以是如此自然且必要的，它仍是一個道德關懷的對象；它需要劃出界限才能確定在什麼情況和限度下它的實行乃是適合的。但是，如果它和善惡有關，那並不是因為儘管它是自然的，但仍如此，或是它的自然特性變質了；這是源自它被自然佈置的方式本身。和它有關的快感突顯了兩個特點。首先是它的性格低下：雖然我們沒忘記，對於阿里斯提比（Aristippe）[XI] 和希倫學派

IX. 在亞里斯多芬在此所講的神話中，人類本來有三個性別：男男、女女、男女。因為挑戰宙斯的權威，被切成兩半，之後急於找回「另一半」。

X. 大約出生於紀元 80 年、卒於 150 年的希臘醫生。

XI. Aristippe，希臘哲學家（約紀元前 435-356）。他曾於雅典向蘇格拉底學習，並且在紀元前 399 年於希倫（Cyrène，位於今利比亞）創立希倫學派，強調享樂主義。

（cyrénaïques）而言，「快感之間沒有差別」[38]，人們一般認為性快感就存有學角度和品質角度，具有較低下的特質，雖然仍不是惡的攜帶者：因為它是人類和動物共同擁有的（而不是作為人特有的特徵）；因為它混合著饋乏及痛苦（就這點而言，它和對立於視覺及聽覺所能給與的快感）；因為依賴著身體及其需要及因為它的朝向是要使有機體恢復其先前於需要的狀態。[39] 然而就另一角度而言，此一受到制約、受宰制且較低下的快感乃是一個極端生動的快感；就像柏拉圖在《法律篇》卷首所解釋的，自然之所以使得男人和女人之間互相吸引，乃是為了使得繁殖成為可能，因而物種綿延的生存才能受到確保。[40] 因為這目標是如此地重要，而且人類要能有後代是那麼具有核心的重要性，自然將繁殖的動作連結於一個極端強烈的快感；就像進食的必要及由此確保個體的存活，在動物是由食物和飲料的自然快感來提醒，同樣地，繁殖及留下後代的必要性，也是不斷被和性結合相連結的快感和慾望所提醒。如此，《法律篇》提出存有三種根本的慾望，而它們和食物、飲料及生殖的需要有關：這三個都是強大的、至高無上、熱烈的，

但尤其是第三個，雖然它是「最晚出現的」，卻是「我們所愛中最強烈的」。[41] 蘇格拉底在《共和國篇》中曾問他的對話者，他是否知道「比愛的快感更巨大及更強烈的快感」。[42]

然而正是此一快感自然本性中的鮮明強烈，以及它對慾望所產生的吸引力，使得性的活動溢出它被設定的界限，而在自然使阿芙羅底其亞的快感成為一個低下的、臣屬的及受制約的快感時，設定了這界限。也就是因為此一鮮明強烈的性格，人們被引領至翻轉品級高低，將這些慾望和它們的滿足擺到第一位，並給與它們一個作用於靈魂之上的絕對權力。也是因為它，人們被引領至超越需求的滿足，並且在身體已經恢復之後，仍繼續尋求快感。傾向於造反和暴動，這是性慾望「爭論風」（stasiastique）的潛力；[43]傾向於超越、過度，這是它「誇大風」（hyperbolique）的潛力。 自然在人身上放置了這個既必要但又可怕的力量，它總是準備要溢出它被設定的目標。這是為什麼，在這樣的條件下，性的活動需要作出道德上的劃分，而我們前面已看到，那比較是屬於動力學而不是形態學。如果必須像

柏拉圖所說的，為它加上三個最強大的剎車——恐懼、法律、及真實的論述 [44]——如果依亞里斯多德所說的，慾望的能力必須要服從理性，就好像兒童必必須服從教師的指揮，[45] 如果阿里斯提比（Aristippe）本人想要不斷地「利用」快感，那麼便要警覺不要被它帶著走，[46] 其中的理由並不是性活動是罪惡；這也不是因為它有可能偏離經典模範的風險；而是因為它是一種力量，一種依著它本身便會走向過度的強大力量（*energeia*）。在基督宗教的肉身教義中，快感的過度性力量，會在墮落之中發現其原則，在其中缺陷是永遠地銘刻於人性之中。對於希臘的古典思想而言，這個力量本身就潛在地傾向於過度，而道德的問題乃是知道如何面對這股力量，主宰它並確保其適當的經濟學。

　　由於性活動顯現為一種由自然設立的力量遊戲，但可能會走向濫用，這使得它接近食物及其能產生的道德問題。性道德和飲食的道德相聯結在古代文化中是一個持續的事實。我們可以找到成千個例證。當贊諾封在《回憶蘇格拉底》（*Mémorables*）書中第一部，想要展示蘇格拉底以其身教和言教，對其弟子是有用的時候，他說明的是他老師的

教誨及言行舉止，而它們便是有關於「飲用、攝食及愛之快感」。[47]《共和國篇》中的對話者，當他們談及衛士們的教育時，共同同意的是節制（*sōphrosunē*），而那必須是在酒、愛及餐食（*potoi, aphrodisia, edōdai*）之上能達成三重自制。[48]亞里斯多德也一樣，在《尼各馬可倫理學》中，他給出的三個「共通快感」乃是來自食物、飲料，而對年輕人及壯年人而言，「床上的感官享樂」，[49]對於這三種形式的快感，他辨識出同一種類型的危險，即是超過需求的過度；他在它們之間找到了一個共同的生理學原則，因為他在它們之中都找到接觸和觸覺的快感（對他而言，食物和飲料只有和舌頭、以及尤其是和喉嚨接觸後，才能產生它們特有的快感）。[50]當醫生艾里希馬克（Eryximaque）在《饗宴篇》中發言時，說明他的技藝有能力對快感的使用方式提出忠告，而那是關於餐桌上和床第中的快感：根據他，醫生才有能力說明如何享用美食但又不會生病；而對於那些實踐肉體之愛者（le Pandémien），醫生則可以教導他們可以得到愉悅又不會有任何失調。[51]

很有趣的將會是在長段歷史中探討飲食道德和性道德

之間的關係，而這可於教義學說中探索，亦可透過宗教儀禮、或是保健規則；必須要能試著看到在長時段（longue durée）之中，飲食中的規範如何能和性道德規範之間產生分離：它們各自發展出來的重要性（其中性操守在相當晚的時刻地變得比飲食行為更受到關注），以及它們各自結構的分化（某個時刻開始，對性慾的提問方式將以和食慾不同角度進行）。無論如何，在希臘古典時期的思維中，明顯地可以看出食物、飲料和性活動的道德問題化，是以相當相似的方式進行的。菜餚、酒、與女人或少男的關係構成了可相類比的倫理實質；它們使得自然的力量得以運作起來，但它們總是傾向於過度：它們各自提出了同一個問題：我們如何能夠或應該如何「使用」（chrēsthai）此一快感、慾望和動作的動力學？有關良好使用的問題。正如同亞里斯多德所說的：「所有的人，以不同的程度，由食物、酒類及愛情之中得到快感；但並不是每一個都以適合的方式來獲得它（ouch' hōs dei）。」[52]

Chrēsis

第二節

使用

如何以「應有的方式」獲得快感？要參照什麼樣的原則，才能節制、限制及控制此一活動？要如何承認這些原則的哪一種類型的有效性，以証明我們服從於它們是正當的？或者，換一個角度來說，何種臣服的模式是被含帶於此一性操守的道德問題化之中？

阿芙羅底其亞的道德思維很少傾向於建立一個系統化的法則，以固置性動作的經典形式、劃分出禁制的邊界、並且在各種實踐中佈置出一條區分線，而是制定出一種「使用」的條件和模式：希臘人稱之為快感的使用（*chrēsis aphrodisiōn*）風格。*chrēsis aphrodisiōn* 此一常用的表述方式，以一般的方式和性活動有關（比如談及一年中的何種時刻，或是一生中的何種年齡適合 *chrēsis aphrodisiōn*）。[53] 但這個詞語也相關於個人如何進行其性活動的方式、他在此類事物中的作出行為舉止的方式、他所允許或強加於自身的保健法、在其中施行性動作的情況、他在其生命中給與它的地位。[54] 這不是感受到的慾念或是作出的行為中，有哪些是允許或禁止的問題，而是在分配及控制其動作時，所具有的審慎、思索、計算的方式。在快

感的使用方面，的確是應該尊重一國的法律和習俗、敬畏
諸神，以及參照自然的意願，但人們所服從的道德規則卻
離一個可構成對一明確規定的律則的臣服相當遙遠。[55] 它
涉及的比較是一種有變化的調整，而且在其中必須考量
不同的元素：其中之一是需求及因為自然而成為必要的事
物，另一個和時間狀態、情境及機遇狀態有關的，第三個
則是個人本身的地位。使用（*chrēsis*）的決斷必須計入這
些考量。在和快感的使用有關的思維中，我們可以辨識出
有三重策略（*stratégie*）受到關懷：它們是有關需求、時
刻、地位的策略。

1.

需求的策略。我們知道戴奧真尼 [XII] 一個引起紛紛議論

XII.　Diogène de Sinope，或稱犬儒者戴奧真尼（Diogène le Cynique），
　　　上古希臘哲學家，犬儒學派最著名的代表性人物（約紀元前 413- 約
　　　323）。

的手勢：當他需要滿足性慾時，他公開地自我滿足。[56] 就像許多犬儒者的挑釁行為，這個行為也有雙重意義。挑釁來自這行為是公開進行的——在希臘這和所有的習俗相左：為何只能在夜晚進行性愛的行為，人們一般說的理由是有必要不讓人看見；在不要讓人看見這樣的關係的小心謹慎中，人們看出阿芙羅底其亞的實踐並不是一件使人身上最高貴部份得到榮耀的事物。戴奧真尼作出這個「手勢型」（gestuelle）批判，便是在針對此一不公開進行的規則。戴奧真尼‧萊爾斯（Diogène Laërce）記述說，實際上他習慣於「將所有事務作當眾進行，包括吃飯和作愛」，而且他如此論理：「如果吃飯不是罪惡，當眾吃飯也不是罪惡。」[57] 但在這個與食物的對照中，戴奧真尼的手勢還有另一層意思：既然那是自然的，阿芙羅底其亞的實踐不可能是令人感到羞恥的，它不多不少是滿足一項需求；就像犬儒者尋求能滿足他胃的最簡單食物（他據說嘗試過吃生肉），同樣地，他也在自慰中找到最能直接滿足其慾望的手段；他甚至遺憾不能以如此簡單的方式滿足其饑渴：「上天垂愛，如果摩擦肚腹便可滿足飢餓就好了。」

在此，戴奧真尼只是把快感中的使用的重大規範推到極致。他將安提斯田（Antisthène）於贊諾封的《饗宴篇》中所說明的操守化約至最極微的境地：後者說「如果我的愛慾有任何一點的擾動，我會由第一個出現的人得到滿足，我和其講話的女人給與我滿滿的愛撫，因為其他人並不樂意接近她們。所有這些愉悅在我看來是如此地強烈，因而在我投身其中時，我並不想由其中獲得最強烈的；我希望它們不要那麼強烈，因為其中有些是如此地超過其用處的界線。」[58] 安提斯田的保健法，就其原則而言，和贊諾封所述蘇格拉底給與其弟子的多個告誡和範例相比，並不遙遠（即使其實用上後果相當不同）。這是因為，如果他建議那些不那麼足夠有裝備抵禦愛慾快感的，在看到美少男時要逃開，或甚至如果有需要，便要放逐自己，無論如何，他也不會規勸他們完全的、終結的且無條件的戒絕；「靈魂」——至少贊諾封是如此呈顯蘇格拉底的教導——「只有肉體需求是如此地緊迫時才會感受到這些快感，而且它可以無傷害地受到滿足。」[59]

然而，此一以需求調節阿芙羅底其亞的使用，其目標

並不是取消快感；它所涉及的正好相反，是要維持它，並且是以激發慾望的需求來維持它；我們知道，如果不能在慾望強烈之時便滿足它，快感會轉弱：「我的朋友們」，在蘇格拉底轉述的普羅狄克斯（Prodicos）講辭中，美德如此說道，「享受吃喝而獲得快感（*hēdeia... apolausis*），但不要因此自尋煩惱（*apragmōn*）：因為它們在等待感覺到有慾望之時。」[60] 在他和俄提甸（Euthydème）的一段討論中，蘇格拉底提醒說「當我們等待並忍受這些需求，直到它們的滿足成為最可能的舒適（*hōs eni hēdista*），饑餓、口渴、愛慾（*aphrodisiōn epithumia*）、清醒是唯一的原因，造成為我們在吃、喝、作愛、休息和睡眠時有其快感。」[61] 然而，如果必須以慾望來支持快樂的感覺，卻是不應該反過來，運用非自然的快感來增加慾望：在普羅狄克斯講辭中，也同樣地說，應該是疲倦，而不是游手好閒，使人想要睡眠；而且，如果性慾出現，我們可以滿足它，也不應該創造比需求更多的慾望。需求在這個策略中，其功用是作為指導原則（principe recteur），但我們也看得很清楚，它永遠不能具有明確法則的形式，或是一個在所有

情境下可以運用在所有人身上的法律形式。它允許產生快感和需求之間動力學平衡：它避免「超速脫韁」及落入過度，以滿足需求作為內部限制：並且它避免此一自然力量開始反叛，篡奪它不應有的位置：因為它只同意對身體有必要的並且是自然所要求的，不會更多。

這個策略得以避免放縱，而放縱總而言之便是一種在需求中缺乏參照座標的行為舉止。這是為何它可以有兩種形式，而快感的道德體制必須針對它們進行戰鬥。有一種放縱可稱之為屬於「過剩」、「填滿」；[62] 它給與身體所有可能的快感，甚至是在它感到需要之前，並沒留時間給它感受「饑餓、口渴、性愛的慾望、或是醒覺」，甚至因而把快樂的感覺都加以窒息。另一種放縱可以被稱為屬於「人工性質」，而且是第一種的後果：它尋找享樂於非自然慾望的滿足：對於這樣的放縱，「為了飲食上的快樂便搜羅廚師、為了追求酒中的快樂大買昂貴酒類、在夏日追逐白雪」；這樣的放縱會為了在阿芙羅底其亞中找到新的快感，把「男人當女人」用。[63] 在這樣的觀念之下，節制無法採取遵循一法律系統，或是一種行為法則的形式；它也不能被

當作為取消快感的原則來得到其價值；它是一門藝術，一種快感的實踐，且它在「使用」快感時，是取用那些有需求作基礎者，以限制其自身：「節制」，蘇格拉底說，「使得我們得以忍受我曾提到的需要，也是唯一可以使我們得以感受值得記憶的快感者。」[64] 如果我們相信贊諾封，蘇格拉底自己在日常生活中也是如此實踐其取用：「他只有在吃飯有樂趣的時候才會進食，而他進食時，因需要產生的胃口即是他的調味劑。所有的飲料對他皆是可口的，因為他如果不口渴，就從來不喝。」[65]

2.

另一個策略攸關於決定適當的時刻，即 *kairos*。這裡出現的，是使用快感的藝術中最重要的、也是最微妙的目標之一。柏拉圖在《法律篇》中提醒：（不論是涉及個人或涉及國家，）幸福的人是在這類事物中，知道應該作什麼的人，而且是知道「何時必須作，而且正因為那是必要的」；那位反過來雖然作為「卻不知道應如何進行

（*anepistēmonōs*）」，而且「時機也不是他意願的（*ektos tōn kairōn*）」，這樣的人會有「完全不一樣的人生」。[66]

我們得牢記，此一「何時必須作」的主題，對於希臘人一直佔據著一個重要的位置，而且它不只是個道德問題，也是個科學和技術問題。醫學、治理、航行——根據一種很傳統的對照方式——這些實用知識意謂著不只知曉其中的一般原理，也有能力依照情況的演變，決定應加以介入的時刻及精確的作用方式。明智（prudence）的美德，其中一個核心的面向，正是有能力將應該進行的「時刻的政治」引領得恰到好處，這在不同的領域皆是如此——不論是涉及城邦或個人、身體或靈魂——重要的是掌握恰當的時機（*kairos*）。在快感的使用中，道德也是門「時刻」的藝術（un art du "moment"）。

這個時機的決定可以參照數個不同的尺度。比如以一整個人生作為尺度；醫生們認為太年輕便開始這些快感的實踐並不是好事：他們也認為如果將其延長到很大的歲數也可能造成傷害；在人的一生中，它有適合的時期：人們將其固定於一段時期，其特點是繁殖不只是可能的，而且

生下來的後代將是健康的、體格好、健康也好。[67] 另一個尺度是一年，包括不同的季節：下面會提到的保健法，對於性活動與氣候中包括熱與冷、濕與乾的平衡改變之間的關聯，給與很大的重要性。[68] 一天之內要選擇哪一個時候也是必要的：普魯塔克 [XIII] 的《餐桌談話》（*Propos de table*）中有一段將會處理這個問題，並提出一個看來是符合傳統的解答；由保健的理由來看，但也合於禮儀和宗教動機，他推薦要偏好在夜間進行：因為對身體來說，這是最適合的時刻，也是陰影會遮去那些不太見得人的形像，而且這時候也使得第二天早上要進行宗教活動之前可以隔有一整夜。[69] 時刻的選擇——kairos——也應該依據其他活動。如果贊諾封會以塞流士（Cyrus）[XIV] 作為節制的範例，完全不是因為他棄絕快感；而是因為他知道如何在其一生之中來分配它們，並且完全不會因為它們離開自己所關注的正途，而且也只是在先作好工作之後，而這打開了可敬的消遣娛樂之道。[70]

性倫理中的良好時刻也清楚地出現於《回憶蘇格拉底》中有關亂倫的一段。蘇格拉底不具任何曖昧地說，「禁止

父親和女兒，兒子和母親發生關係」構成了一個普世的規範，並且是被諸神所建立的：他看到的証據是踰越它的人受到了懲罰。然而，這個懲罰的內容是，雖然亂倫者作為父母有其自身的品質，他們的後代卻是不佳。那麼，為何如此？因為他們不了解「適當時刻」的原則，在不對的時間將父母輩的精卵結合，而其中一位的必然地比另一位的年老許多：當人們不再是「在花樣年華」繁殖，總是在「壞的條件下綿延後代」。[71] 贊諾封或蘇格拉底並不是說亂倫之所以必須譴責只是因為「時機不對」；但值得注意是，亂倫的罪惡和不知良好掌握時機乃是以同樣的方式顯現，並具有同樣的效果。

XIII.　Plutarque（約 46-125），為上古羅馬重要哲學家、傳記作者及道德學家。

XIV.　Cyrus，即塞流士大帝，波斯帝國創建者、阿契美尼德王朝第一位國王（紀元前 559-529 年在位）。

3.
—

　　使用快感的藝術也應隨著使用者本身作調整，並應考量他的地位。相傳為狄摩士田（Démosthène）[XV] 所著的《愛慾論》（Eroticos），也在《饗宴篇》之後提醒說：所有明智的人都知道同一位少男的性愛關係並不是「絕對地有德性或不誠實」，但「因為對象的不同便會完全不同」；因此，「對於所有不同的案例都遵循同一個道德準則是沒有道理的」。[72]

　　無疑地，在所有的社會都有同樣的特徵，即性方面行為舉止的規則會隨著年齡、性別、個人的狀態而變動，而義務及禁令也不會以完全相同的方式加諸在所有人身上。不過，如果我們只停駐在基督宗教的道德中時，此一特定化仍是在一個整體系中進行的，而此一系統依據一些普遍的原則界定了性動作的價值，並指出在什麼樣的條件它正當與否，而這依據是否已婚、是否因誓言而結合等而定；這是一種依實際狀況調整的（modulé）普世性。在上古的世界中，情況看來明顯如下：除了一些對所有人皆有效的

規範之外，性道德一直是生命模式的一部份，而這個模式本身受決定於我們所接收的地位以及我們所選擇的目的。這裡引用的仍是相傳的《愛慾論》作者狄摩士田，他和艾比克拉特（Epicrate）說話，「以便給他忠告，能使其行為獲得最高的評價」；他實際上不希望這位年輕人對自身作下的決定，「不能符合最佳的意見」，而這些忠告角色並不是提醒他什麼是行為舉止的一般原則，而是強調道德標準有正當的不同：「一位出身微寒的人士，我們不批評他，即使他犯下了不光彩的錯事」；相對地，如果他是像艾比克拉特本身一樣，「已經獲得盛名，即使是在和榮譽相關的一個點上有一點點疏忽都將使他蒙羞」。[73] 這是一個為人普遍接受的原則，即一個人越是受到矚目，當他對於他人越是擁有權威，或是他意欲如此，他越是要尋求將自己的生命打造成一個光彩奪目的作品，而其聲譽將綿延久遠，而他也越有必要，以其有意的選擇，將性操守的嚴格原則

XV.　Démosthène（紀元前 384-322），雅典政治家，並且被視為上古最偉大的演說者之一。

加諸自身。西蒙尼底（Simonide）[XVI] 給與希羅 [XVII] 的忠告便是如此，它針對的是「喝、吃、睡眠及性愛」：「這些愉悅在每個動物都是共同的，不分區別」，然而對於光榮及讚美的喜愛卻是人類才有的；這樣的喜愛才能使人忍受像是匱乏那樣的危險。[74] 一直是透過贊諾封所傳述的，阿吉希拉斯對於快感所持的態度和行為便是如此，「有許多人受到這些快感的主宰」；而他認為「一位領袖應能和一般人區分，而這不是透過他的軟弱，而是透過他的耐力。」[75]

節制非常規律地被呈現為——或至少應屬於——不是任何人，而是以特有的方式，屬於在城邦中有身份、地位及責任人士的品質。在《回憶蘇格拉底》一書中，當蘇格拉底為克里脫布爾描繪一位善良者的畫像，以便他尋求其友誼時，他將節制放置於整個品質的圖表中，而這些品質乃是一位在社會上值得尊重的人的特點：隨時願意為朋友提供服務、樂意回報所受恩情、在處理事務時是隨和的。[76] 對於阿里斯提比他這位「放縱過度」的弟子，仍然是依據贊諾封所說，蘇格拉底以向他提問的方式顯示節制的優點：

如果他要教導兩個學生，其中一位將過著平凡的生活，另一位則命定要成為領導人，在其中哪一位他要教他作為「愛慾的主人」，以使得這些慾望不會阻止他去作他應該作的事情呢？[77]《回憶蘇格拉底》更進一步地說，我們偏愛擁有不放縱自己的奴隸；更進一步，如果我們想要選擇我們的首領，「我們會選那位會成為自己肚子、酒、愛慾快感、奢侈逸樂、以及睡眠奴隸的人嗎？」[78] 柏拉圖事實上希望整個國家都擁有節制的美德；但他在此並不是意謂著所有的人都能一樣地節制；自制（sōphrosunē）為一種國家的特點，在其中應受指揮的人將會服從，而其中應領導的人能有效地領導；在兒童、婦人、奴隸那裡，以及無價值的群眾中，人們會發現各式各樣的「慾望、快感及痛苦」；「然而單純及溫和的，可受理性及正確的意見引導的慾望」，只能發現於「一小群人身上，他們有最美好的資質，並受

XVI.　Simonide（紀元前 556-467），為希臘抒情詩人。

XVII.　Hiéron 1er，西西里島錫拉庫薩的獨裁者。

過最美好的教育。」在自制的國度裡，無德群眾的激情乃是受主宰於「少數有德者的激情與智能。」[79]

在這裡我們和一種苦修的形式非常遙遠，後者傾向於使每一個人，不論是最傲慢的或最卑微的皆相同，都要臣服於一個普世的法律，能受調整的只有它的應用，而且那只能透過精細的決疑討論（casuistique）。在此是相反的，全體都是有關於調整、情境及個人的地位。共同的數個大律則——屬於城邦、宗教或自然——仍然存在，但彷彿它們是由遠處描繪出一個巨大的圈環，而在其中實用思維仍應決定適合的作為。而為了達到這一點，它並不需要一個形成法律的文本，而是一種技藝（technē）、或是一種「實踐」、一種本領（savoir-faire），而它在考量普遍原則之餘，仍能就其時刻、脈絡和根據其目的來引導行動。因此，在這種道德形式中，個人將自己構成為道德主體，並不是將其行動的規則普遍化；而透過一種態度和探求，它能個別化其行動，使它能靈活變動、甚至能透過具理性和反省性的結構給與它一種獨特的光采。

Enkrateia

第三節
自我主宰

人們經常將基督宗教道德的內在性和諸神異教道德的外部性相對立，認為後者在考量一些行動的道德性時，只參酌其真實的成就、可見和外顯的形式、它們和規則相符的程度、以及它們在公眾意見中得到的樣態或它們留給後世的回憶。但這個對立已成為傳統的成見，它的風險是錯過最核心重要事物。我們稱之為基督宗教的內在性，乃是一種特殊的〔個人〕與自我關係的模式，其中包括特定形式的注意力、懷疑、解讀、言語化、告白、自我控訴、與誘惑的鬥爭、棄絕，精神戰鬥等。被指稱為上古道德中的「外部性」也包括了一個自我修鍊的原則，但那是在一個是非常不同的形式下進行。在諸神異教和基督宗教之間，以非常緩慢的方式產生的演變，並不是規則、動作和差錯的逐漸內化；在其中發生毋寧是一種和自我關係的重新結構，以及此一關係所立基其上的實踐和技術的轉化。

　　在上古古典時期的語言中，有一個詞語被用來指稱此一形式的自我關係，快感的道德此一必要的「態度」，而且它展現於快感的良好使用：此字眼便是 *enkrateia*（自我

主宰）。事實上，相當長的時間裡，它都一直和 *sōphrosunē*（節制或自制）保持隣近的關係，可以發現它們經常受到一起使用或是擇一輪替使用，而其意含也非常接近。當贊諾封要指稱節制時，他有時使用 *sōphrosunē*，有時使用 *enkrateia*，[80] 而這是和憐憫、智慧、勇氣、正義連在一起，受他經常認同的五個美德。柏拉圖也參考了這兩個字眼的接近性：當蘇格拉底接受加里克雷斯（Calliclès）的提問，針對何謂「自我控制」（*auton heauton archein*），他的回答是這有賴於「明智及作自我的主宰（*sōphrona onta kai enkratē auton heautou*），能主宰自身中的快感和慾望（*archein tōn hēdonōn kai epithumiōn*）。」[81] 在《共和國篇》中，當他輪番思考四種根本的美德——智慧、勇氣、正義和節制（*sōphrosunē*）——他使用 *enkrateia*（自我主宰）來定義後者：「節制（*sōphrosunē*）即對某種快感及慾望給與秩序和主宰（*kosmos kai enkrateia*）。」[82]

我們可以進一步注解說，即使這兩個字眼的意義非常接近，但它們也不完全是同義詞。每個詞言指涉一個稍有不同的自我關係模式。*sōphrosunē* 的美德更多是被描寫為

一種非常普遍的狀態，它使得人們的行為舉止「對於諸神及人類皆是適合的」，也就是人們不僅是節制的，但也是虔敬的及正義的，並且也是勇敢的。[83] 相對地，*enkrateia* 的特徵比較是一種積極主動的自我主宰，它使人可以抗拒或戰鬥，進而在慾望和快感的領域能確保其主宰。根據諾爾斯（H. North），系統性地區分 *sōphrosunē* 與 *enkrateia* 首先是亞里斯多德。[84] 在《尼各馬可倫理學》中，前者的特徵是主體有意地選擇符合理性的行動原則，而那是他有能力遵守及付之實行的，如此，他的操守便維持於無感和過度之間的「中道」（juste milieu）（中道並不是和兩端保持同樣距離，因為事實上節制和後者的距離比起和前者的距離遠得多），他取用快感時懂得適可而止，而且能付諸實行；和 *sōphrosunē* 相對立的是放縱（*akolasia*），在其中人們有意地跟及刻意選擇跟隨壞的原則，即使面對最微弱的慾望也陷溺其中，並且在此一敗壞的行為中得到快感；放縱並無遺憾但也無藥可救。*enkrateia* 的對立面是 *akrasia*（意志力薄弱），它的定位軸線是鬥爭、對抗及戰鬥：它是忍受、張力、「自我禁慾」（continence）；

enkrateia 宰制著快感與慾望，但必須鬥爭才能戰勝。與「節制的」人不同，「自我禁慾者」感受到不符合理性的快感；但他不會被它們帶著走，而如果這些慾望越強大，他的成就便越大。相形比較之下，*akrasia*（意志力薄弱），和放縱不同，並不是一刻意選擇一個敗壞的原則；它可以和一些有良好法律卻無法執行的城市相比；無法克制慾望之人即使有符合理性的原則，也無法抵抗慾望而被它席捲，或者他無力將這些原則加以實行，或者他在這方面思慮不週；但這也是為何無法克制慾望之人可能被治癒，並最後達到自我的主宰。[85] 由此角度而言，*enkrateia*（主我主宰）及是 *sōphrosunē*（節制）的先決條件，也就是個人必須先對自己本身施行的修練工作及控制，如此他才能成為節制之人（*sōphrōn*）。

總而言之，在古典時期的語彙中，*enkrateia*（主我主宰）似乎是一般用於指涉自我主宰自我的動力學，而且也指涉著如此作所需要的努力。

1.

此一主宰的練習首先含帶著一個競爭及爭鬥的結構。在《法律篇》中，雅典人（L'Athénien）對克里尼亞斯（Clinias）提醒說：人之中最具勇氣資質之人，如果他沒有通過戰鬥的「考驗和訓練」也只是「他自己的一半」，人們會認為他無法成為節制之人（*sōphrōn*），「如果他沒有支撐過一定量的快感和慾望之相互抗爭（*pollais hēdonais kai epithumiais diamemachēmenos*），或是曾以理性、練習及技藝（*logos, ergon, technē*）在競賽或行動中取得勝利」。[86]詭辯學派的安提封（Antiphon）[XVIII]幾乎是使用了同樣的字眼，當他說：「如果一個人不曾慾求醜惡及邪惡，沒有探索過這些；他無法成為一個智者（*sōphrōn*）；因為這麼一來，他其實未曾戰勝（*kratein*）什麼，憑著後面這一點，才使得他可以自我肯定為有德之人（*kosmios*）。」[87]人的行為舉止要有道德性質，只有依憑對於快感持有戰鬥姿態。我們之前已看到了，阿芙羅底其亞之所以是不只是可能的，但也是可慾的，乃是因為一

力量遊戲，其源頭及目的是自然的，但它就潛在面而言，因為其自身的能量，有可能會引領至反叛及過度。對於這些力量，只有當我們有能力和它們對立、抵抗並主宰它們時，才可能有節制的適當使用。當然，之所以有必要對抗它們，這是因為它們屬於低等的慾望，是我們和動物共有的——如同饑餓和口渴；[88] 但此低下性質本身並不構成去和它們戰鬥的理由，如果那不是因為有個危險，即它們有可能席捲一切，傾向於將其宰制延伸至個人的全體，最後將他化為一個奴隸。換句話說，並不是因為它們內在天生的性質，它們原則上的格調低落，才召喚一個和自我的「爭論」態度，而是因為它們最終可能達至的支配及其控制力。道德操守，就快感而言，乃是有個權力爭鬥在底下支持。感知 *hēdonai*（快感）及 *epithumiai*（慾望）為可怕的對手，並因而將自我建構為一警覺的對抗者、對其博鬥並尋求將它們馴服，後來轉譯於一系列的表述方式，它們傳統上被

XVIII.　Antiphon（紀元前 480-410），雅典十大演說家之一，詭辯學派人物。

運用來形容節制和放縱：對抗快感與慾望、不要對它們讓步、抵擋它們的攻擊或是相反地被它們打敗[89]，將它們征服或被它們征服，[90] 有足夠的武裝或裝備來抵擋它們。[91] 這也轉譯為一些隱喻，比如必須對抗一群有武裝的對手，[92] 或是靈魂如同衛城（acropole），受到有敵意的軍隊攻擊，而它必須以堅實的駐軍來防衛自己，[93] 或是像是有群胡蜂在攻擊明智和適度的慾望，殺死及趕走它們，[94] 如果我們無法擺脫它們。也有表述為一些主題，像是慾望野性的力量，會在靈魂睡著時侵入，如果它不知事先以應有的謹慎措施加以防範。[95] 和慾望及快感間的關係被設想為一種好爭鬥的關係：而對它們，必須將自己放在對抗者的地位和角色，或是以戰鬥中的士兵為模型，或是以比賽中的格鬥者為模型。且別忘了《法律篇》中的雅典人，當他談及必須抑制三個基本的大慾望時，提到「依靠主宰競賽的繆斯和諸神（theoi agōnioi）」。[96] 精神戰鬥的漫長傳統，之後會有多樣的形式，但它在希臘古典時期的思想中已經清楚地受到表述。

2.

　　此一和敵對方戰鬥的關係，也是一個和自我對抗的關係。要作的戰鬥、要獲得的勝利、可能遭受到的敗戰，乃是在自我和自我之間發生的過程和事件。個人必須戰鬥的對手不只是在自己身上或鄰近自身。它們就是他自身的一部份。當然，我們必須考量對此一自身分離的各種理論的構作，其中有一部份必須進行戰鬥，另一部份則須被戰勝：靈魂的不同部份，在它們之間有一種品級秩序必須受到尊重？身體和靈魂受理解為來源不同的兩個現實，而其中一者必須尋求由另一者中獲得解放？朝向不同目標的力量，兩者相互對立，就像是同一挽具中的兩匹馬？然而，為了界定此一「修練術」的普遍風格，無論如何必須要把握的是，需要戰鬥的對手，即使它依其本性，和靈魂、理性或美德可以如何地距離遙遠，並不代表一個另類的力量，而它就存有論層面而言，是完全陌生的事物。基督宗教肉身倫理學的根本特徵之一，即在色慾的動態即使其形式可以是最陰險的和最秘密的，它和他者（Autre）以其狡詐和幻

覺能力而有的存在之間，存有一原則性的連結。在阿芙羅底其亞的倫理學中，戰鬥的必要性和困難，相反地，乃是因為它開展為一種自我和自我之間的爭論：和「慾望及快感」鬥爭，乃是和自我較量。

在《共和國篇》中，柏拉圖提到一個他自己使用多次的通用表述方式，認為它相當奇怪，又同時是有點可笑且狡滑：[97] 這便是說自己比自己「更強」，或是「更弱」（*kreittōn, hēttōn heautou*）。這裡實際上是有個弔詭的地方，因為宣稱自己比自己更強，就因為如此，這也同時意謂著自己比自己更弱。但對於柏拉圖而言，這個表述方式站得住腳，因為它預設著在靈魂之中有兩個分離的部份，一個是較佳的部份，另一個沒有那麼好，而所謂的自己對自己的勝利或戰敗，這乃是就前者的視角而言：「當就本性而言是較佳的那個部份控制了較不好的那個部份，我們用『比自己更強』這個表述方式來加以突顯，這是個讚美。當相反的狀況發生，因為不良教育或是交了壞朋友，比較好的部份變得比較弱，並且被敗壞的力量征服，那麼處在這種狀況下的人，會被稱為是自己的奴隸及放縱之人，而

這是個非難和指責。」[98] 此一自我和自我之間的對抗結構了個人有關慾望和快感的倫理學態度，這是在《法律篇》開頭便加以肯定的：為何每一個國家都會有指揮和立法的部門的原因是，即使是在承平時代，國家之間仍在互相戰鬥；依同樣的方式，必須設想如果「在公眾生活中，所有人對所有人都是敵人」，在私人生活中，「每個人面對自己也是他自己的敵人」；而就所有可能獲得的勝利而言，「第一個是最榮耀的」，那便是我們「對自己」獲得的勝利，反之，「最令人蒙羞的」戰敗、「最懦弱的」，「便是被自己打敗」。[99]

3.

這樣的一種對自我的「爭論態度」所朝向的結果，很自然地是用勝利的詞語來表達——《法律篇》說，這樣的勝利比角力場或競賽中的勝利更為美好。[100] 有時這勝利會用慾望的完全根除或驅逐來形容。[101] 但更多的時候，它的界定是建立一個自我主宰自我的穩定和堅實的狀態；慾望

和快感的鮮明強烈性質並未消失，但節制的主體在它們之上的主宰足夠完整，因為從不會遭暴力席捲而去。著名的蘇格拉底的考驗，即他有能力不受阿爾希比亞德誘惑，並不是顯示他已「洗淨」所有對少男的慾望：這裡顯示的是他有能力對它產生抵抗，而且是當他想要之時，並就他想要的方式。基督徒會指責這樣的一種考驗，因為這証明慾望仍被維持著，而這對他們而言是不道德的；但早他們很久之前，比翁・德・波里斯田（Bion de Boristhène）[XIX]就嘲弄了他，主張如果蘇格拉底對阿爾希比亞德產生了慾望，戒除它是愚昧的，而如果他並沒有這種感覺，那他也沒有任何值得稱讚的優點。[102] 同樣地，在亞里斯多德對於 *enkrateia*（自我主宰）的分析中，它被界定為主宰和勝利，但那也預設著慾望的存在，而它如果能支配暴烈的慾望，就更有價值。[103] 亞里斯多德定義 *sōphrosunē*（節制）本身為一種美德的狀態，並不含帶著慾望的消除，而只是要主宰它們：節制放置在兩者間，一方是放縱（*akolasia*），這時人自發地沉溺於其快感之中，另一方則是無感（*anaisthēsia*），這是非常稀少的狀況，在其中我們無法感受任何快感；節

制之人並非不再有慾望之人，而是他有慾望之時是以「溫和而有調節的方式行之，不會比應有的更多，也不會在不應該有的時刻。」[104]

　　就快感而言，美德並不是被思索為一種整全的狀態，而是一種宰制的和主宰的關係：由所使用的詞語便顯示出這點——不論是柏拉圖、贊諾封、戴奧真尼、安提封或亞里斯多德的作品中皆如此——節制是如此定義的：「支配慾望和快感」、「在它們之上施展權力」、「指揮它們」（*kratien, archein*）。阿里斯提比（Aristippe）對於快感的理論和蘇格拉底相當不同，但人們流傳他有個格言，其中轉譯出一個對於節制相當廣泛的構思方式：「更好的是，支配快感而不是任由它們征服自己；這並不是要人不要有一丁點快感」（*to kratein kai mē hēttasthai hēdonōn ariston, ou to mē chrēsthai*）。[105] 換句話說，在他對其快感的使用中，個人如要將自己構成為具有美德及節制能力的主體，

XIX.　　Bion de Boristhène，紀元前 3 世紀犬儒派哲學家，擅長諷刺。

他必須要設立一種和自我的關係，其類型是「宰制－臣服」、「指揮－順從」、「主宰－馴服」（而不是像基督宗教靈修論（spiritualité chrétienne）中的關係類型：「解明－棄絕」、「解讀－淨化」）。這便是主體在快感的道德實踐中，可被稱作「自我治理」（héautocratique）的結構。

4.

「自我治理」的形式依循著數個模型發展：一個是柏拉圖所作，馬夫和其套牲口的用具，或是由亞里斯多德所作，兒童及成人（我們的慾望官能應符合理性所給與的規範，「就好像兒童的生活應該依照其教師所給的戒律」[106]）。但有兩個其他的大圖示是它所特別運用的。其中一個是家庭生活：就像如果其中的階層品秩及一家之主的權威不能受到尊重，同住的一家人便不能有良好的秩序，同樣地，一個人可以是有節制的，條件是他能指揮其慾望就像是他能指揮其僕人。反過來，放縱可以解讀為一個未能良好治理的家室。贊諾封在其《家政學》（*Economique*）──這

其中處理的將正好是家中主人的角色、管理其配偶、祖傳資產及僕人的技藝——的開頭處，描寫秩序混亂的靈魂；它同時是一個良好治理的家庭的反例，以及壞主人們的畫像，他們不知如何管好自己，並使得其祖傳財產陷入破滅；在放縱之人的靈魂裡，也住著「惡意的」主人，「難以對付」——這裡指的是貪食、酗酒、淫亂及野心——，將應作指揮者化為奴隸，並且在年輕時揮霍無度，預備著悲慘的老年。[107] 為了界定節制的態度，另一個受到援引的是公民生活。柏拉圖廣為人知的一個主題是將慾望同化於下層人民，如果不用韁繩套牢，他們騷動著並總是在尋求暴動；[108] 然而個人和城邦嚴格的關連，支持著《共和國篇》中的思維，使得節制和其相反者可以依循著「城市治理」模型一路發展。快感的倫理學和政治結構是同種類的事物：「如果個人和城邦相似，那麼是不是必定會發生同樣的事嗎？」；一個人將會成為放縱的，如果權力結構（即 *archē*）有所缺乏，後者使得他得以征服、主宰（*kratein*）低下的力量；而如果「奴役及極度卑下」充滿了他的靈魂；此中「最誠實的」的部份將會淪落為奴，而「在最壞

和最暴怒的部份養成的一小群人，將會如女主人一樣發號施令」。[109]《共和國篇》倒數第二部中，在已經豎立了城邦的模型之後，柏拉圖承認說哲學家將不會有機會在此一世界中遭逢如此完美的國家，並在其中施行其行動；不過他加上，對於想要觀照它的人，城邦的「範式」存於天上；哲學家觀看它便能「解決他自身的治理問題」（*heauton katoikizein*）：「這個國家已在某處實現或是仍待實現，這並不重要：他依照的律則只在此處，別無其他。」[110] 個人的美德應像是一座城邦一般地結構。

5.

對於類似的爭鬥，訓練是必要的。爭論、運動性的戰鬥或戰爭的隱喻不只有用於指稱人們和慾望及快感間的關係性質，後者總是準備好反叛和動亂的力量；它也有關於允許支持這項對抗的準備。柏拉圖如此說明：如果我們是「沒有經過訓練」的（*agumnastos*），我們不能反抗它們，也不能征服他們。[111] 在此類事物中，練習乃是不可或

缺的，就好像要學得任何一項技術一樣：單靠心智上的學習（*mathēsis*）是不足夠的，必須還要依賴訓練的支持，亦即一種修練術（*askēsis*）。在此可看到蘇格拉底一項偉大的教訓；它並不否定以下的原則，即人們不會刻意地，在知曉的狀況下作出壞事；它給與此一知識一種不單只是認知原則的形式。贊諾封談及針對蘇格拉底的控訴時，仔細地區分他的和哲學家們—或「自我宣稱的哲學家們」——的教誨間的不同，對於後者來說，一旦人學習了什麼是正義和節制（*sōphrōn*），便不可能成為不義和放縱的。和蘇格拉底一樣，贊諾封反對以上的理論：如果人們不練習使用其身體，身體便不能行使它的完整功能（*ta tou sōmatos erga*）；同樣地，如果人們不練習使用其靈魂，靈魂便不能行使它的完整功能：那時人們便不能「作出應作的事，並且戒除不應作的事。」[112] 這是為何贊諾封不要人們堅持蘇格拉底須為阿爾希比亞德的惡行負責：他並不是其所受教育的受害者，而是當他於男人、女人與全體人民都大獲成功，且後者給他第一等的地位後，他的行為就和許多運動家類似：一朝得到勝利，他以為他自己可以「忽略練習」

（*amelein tēs askēseōs*）。」[113]

　　此一符合蘇格拉底原則的修練術，柏拉圖經常對它進行研究。他提到蘇格拉底向阿爾希比亞得德及卡列克里斯說明，如果他們不先學必要之事並加以練習，便別想要處理城邦之事及治理他人：「當我們一起作了足夠的練習（*askēsantes*），當我們覺得準備好了，我們才能開始談論政治。」[114] 而且他把此一練習的要求和必須關懷自己相連結：認真地訓練自己（*epimeleia heautou*），乃是有辦法照顧他人並領導他們的先決條件，其中的內容不只有認識（認識我們所無知的、認識我們是無知的、認識我們是什麼），還有實際用功地訓練自己及以自己為對象作練習與自我轉化。[115] 犬儒派的學說及實踐也給與修練（*askēsis*）一個非常重要的地位，甚至於犬儒的生命整體便像是種恒久的練習。戴奧真尼希望人們同時訓練身體和靈魂：這兩個練習中每一個「如果沒了另一個便會沒有力量，良好的健康及力量並不會比其他更不實用，因為和身體有關的也關乎靈魂」。這個雙重的訓練的目標是同時有能力在一旦匱乏出現時，不受苦惱地面對它，以及持久地抑制快感於只是需求的基

本滿足。這練習是個整體回復於自然、戰勝自我及一個有真正滿足的生命的自然經濟學（économie naturelle）：「如果沒有練習，我們什麼都作不到」，戴奧真尼說，「練習使人得以征服一切（pan eknikēsai）……把那我們加於自身的無意義痛苦放在一邊，在我們自身作符合自然的練習，我們便能也應該過著幸福的生活……對於快感的蔑視，如果我們作這練習，將給與我們許多滿足。如果那些習慣於生活在快感中的人，一旦須要改變生活就會受苦，那些練習忍受痛苦事物的人便能沒有痛苦地蔑視快感（hēdion autōn tōn hēdonōn kataphronousi）。」[116]

練習的重要性在之後的哲學傳統中將永遠不會被遺忘。它甚至會具有可觀的規模：練習種類變多、程序、目標及可能的變化得到明確的界定；它們的效力也得到討論；修練（askēsis）以多種形式（訓練、沉思、思想考驗、意識檢查、再現的監督），將會成為教學的題材，並將構成靈魂指導（direction de l'âme）的一個根本的工具。相反地，在古典時期的文本中，只能找到少量有關道德修練術具體形式的少量細節。畢達哥拉斯學派傳統無疑認可相當多的練

習：飲食控制、一日結束時對過錯的反省、在睡前進行沉思，以避免產生惡夢並迎來諸神所賜的視象：對於這些夜間的靈修準備，柏拉圖另外也在《共和國篇》中的一段中明確地提到，他在其中談及慾望的危險，因它們總是迅速地侵入靈魂。[117] 但在這些畢達哥拉斯學派的練習之外，我們——不論是在贊諾封、柏拉圖、戴奧真尼或亞里斯多德的作品中——找不到修練術作為禁慾練習的詳細說明。對於這一點無疑是有兩個理由。第一個是，這樣的練習被當作必須訓練的實踐；相對於要達成的目標，並沒有練習的獨特性：透過訓練，人們習慣於之後要持守的行為舉止。[118] 如此，贊諾封讚揚斯巴達式的教育，在其中人們透過配給食物教兒童學習忍受飢餓、只給他們一件衣服穿以學習忍受寒冷、以將他們暴露於體罰來學習忍受痛苦，也以強迫他們穿最樸實無華的衣著（安靜地走在街上、目光低垂、雙手置於大衣之內），使他們得以學習禁慾。[119] 同樣地，柏拉圖也設想要使年輕人面對勇氣的考驗，而這是將他們暴露於虛構的危險中；這是種使他們習慣於此並能邁向完美的手段，同時也能評斷他們的價值：這就像是帶領「小馬到噪音和

喧鬧之中，以觀察牠是否會害怕」，必須「在他們尚年輕時，便把我們的戰士帶到可怕的事物之間，接著再把他們丟入快感之中」；如此一來，我們便有一個考驗他們的手段「而且它會比用火煉真金更用心，以了解他們是否能抵抗誘惑、是否能在所有的情況下將莊重自持、他們是否是能作自己和他們所習得的音樂的忠誠守衛。」[120] 在《法律篇》中，他甚至夢想能有一種尚未發明的藥物：吞下此藥的人，眼前會出現各種可怕的事物；服食這藥用於鍛練勇氣：如果人們認為「在完成良好訓練之前不應被人看見」，它可以由一人單獨服用，也可以由一群人服用，甚至公開使用「於許多賓客面前」，以顯示我們有能力主宰「因為飲酒而產生的不可避免的動搖」；[121] 在此一假造但理想的模型中，宴飲可以被接受並組織為一種節制的考驗。亞里斯多德用簡短的話說明了道德學習和所學美德間的循環性：「脫離快感使得我們成為節制之人；而當我們成為如此之後，又更能脫離快感。」[122]

至於能解釋為何沒有靈魂練習的特定技藝術的另一個理由，它乃是來自下面的事實：主宰自我和主宰他人被當

作是具有同樣的形式；既然我們治理自我就好像治理家中，也和我們在城邦中扮演角色相同，因而個人美德的養成，特別是「自我主宰」，在性質上和可以超過其他公民並指導他們的養成沒有不同。同樣的學習應使人有能力擁有美德及運用權力。確保自我的指揮、施行家庭的管理、參與城邦的治理乃是同一類型的三種實踐。贊諾封的《家政學》良好地顯示，在這三種「技藝」之間，具有連續性、同構性，以及它們在個人一生中實現時的時序接續性。年輕的克里脫布爾（Critobule）肯定地說他已經可以自我主宰，不再被其慾望和快感佔去上風（而蘇格拉底提醒說它們就像是僕人，必須保持對他們的權威）；因而這時他已可結婚並和妻子一起治家；此一家庭的治理——當時的理解包括經營內部及開發領地、保持及發展祖傳資產——贊諾封多次強調說，當人們適當地致力於此，對於那想要施行其公民責任、確立其公眾權威和承接指揮工作的人而言，它將會構成一可觀的身體和道德的訓練。一般而言，對所有能作為公民的人而言，對其政治教育有用的，也會對其美德訓練有用，反之亦然：兩者攜手同行。道德的修練乃是

自由人的精英教育（*paideia*）的一部份，他將在城邦中及相對於他人有其角色要扮演；它不需要利用不同的方法；體操及忍耐能力的考驗、音樂及陽剛與蓬勃節奏的學習、狩獵及武器的實行、細心地在公開場合表現良好的姿儀，學習謙虛和敬畏（*aidōs*），使得人透過尊重他人得以尊重自己——所有這些同時是對城邦有用之人的養成，以及想要自我主宰者的道德練習。提及他所建議的人造恐懼考驗，柏拉圖在其中看到一個手段，可以在年輕人中辨別出最能「對自己和對國家有用的」人物；他們將被募集，擔任治理工作：「我們將其設立為城邦的領導和衛士的，將是自從童年以來、青年及成年，接受過所有連續的考驗，並且能在其中全身無損地（*akēratos*）通過的人」。[123] 在《法律篇》中，當雅典人想要界定他心目中的精英教育（*paideia*）時，他描述其特色為養成「美德，由童年起即開始」，掀起「熱情，想成為一位完滿成熟的公民的強烈慾望，知道如何根據正義來指揮和服從。」[124]

我們可以簡單地說，修練（*askēsis*）作為一種使個人得以將自己構成為道德主體的不可或缺的實際練習，這主

題在古典時期的希臘思想中是重要的，至少就蘇格拉底所傳下的傳統是如此。然而，此一「修練術」（ascétique）並未被組織為或思索為一個包含種種特定實作的彙編（corpus），並構成一種特定的靈魂的技藝，包括其技術、步驟及方法。一方面，它並不和美德的實踐本身區分開來；它乃是後者預先的演練。另一方面，它也使用和養成公民相同的練習：自我的主宰和他人的主宰同時養成。不久之後，此一「修練術」開始有其獨立性，或至少有其部份及相對的自主性。這其中有兩個方式：使得可以成為自我主宰的練習和為了治理他人而有必要的練習將會脫鈎；在以其特有形式存在的練習和它們以其訓練所造就的美德、穩重、節制之間，也會產生脫鈎：它們的步驟（考驗、測試、自我控制）傾向於構成一特定的技藝，比起它們所朝向的道德行為舉止的簡單演練更為複雜。這時我們將會看到，相對於形成其周邊脈絡的精英教育，也相對於作為它的目標的道德行為而言，自我的藝術將會有它自己的面貌。不過，對於古典時期的希臘思想，允許自我構成為道德主體的「修練術」，直到它的形式本身，仍是美德生活練習完

整的一部份，這樣的生活也是一位就其飽滿、正面和政治性的意義而言，「自由的」人的生活。

Liberté et vérité

第四節
自由與真理

1.

　　「告訴我，俄提甸，不論它涉及的是個人或國家，你相信自由是一個高貴且卓越的善嗎？——這是可能擁有中最美的，俄提甸回答說。——那麼那位被身體的快感所主宰的，而且，之後因而無法實踐善的人，你認為他是自由的嗎？一點也不，他回答說。」[125]

　　節制（*sōphrosunē*），此一人們透過自制的練習及快感實踐中的克制想要達致的狀態，其特點被形容為像是一種自由。如果治理慾望和快感是如此重要，如果我們對它們的使用形成了一個如此有價值的道德問題，這不是為維持或尋回一個初始的無邪；一般來說——當然，除了在畢達哥拉斯學派 [XX] 傳統之外——這不是為了保存一種純粹性（pureté），[126] 這是為了成為自由並且維持如此。我們可以

XX.　用於描述畢達哥拉斯和他的追隨者，他們持有秘教和形上學思想，並都深受數學所影響。畢達哥拉斯主義起源於紀元前 5 世紀，對柏拉圖主義有重要影響。

在此看到（如果還有需要的話），在希臘的思想中，自由不只被思考為整個城邦的獨立，而其中的公民只是個沒有個體性和內在性的元素。必須要建立和保存的自由，這當然是公民就其整體而言所擁有的自由，但這也是，就每個人而言一種個人和他自己關係的形式。城邦的組織、法律的性格、教育的形式、領袖們行為舉止的方式，明顯是對公民行為有重要影響的因素；但反向而言，理解為他們有能力作為自身主宰的個人自由，對於國家整體乃是不可或缺的。且讓我們聆聽亞里斯多德在《政治學》中所說的：「一個城邦之所以有美德，乃是因為參與其治理的公民本身是有美德的；然而，在我們的國家裡，所有的公民都參與治理。要加以考量的因此是這一點：一個人如何成為有美德之人？這是因為，即使有可能公民整體是有德的，而其中的個人卻沒有一人如此，但仍然要偏好個人的美德，因為社會整體的美德會邏輯地跟隨每位公民的美德。」[127]每一位個人對自身的態度、他面對自己的慾望所能確保的自由、他對自身所行使的主權形式，乃是城邦的幸福和良好秩序的一個組成要素。

此一個人自由，卻是不應理解為自由意志的獨立性。站在它的對立面的，和它兩極相對的，並不是自然決定論，或是一位全能者的意志：和它相對立的是一種奴役——自我受自我的奴役。相對於快感而能自由，即是不為其服務，不成為它們的奴隸。阿芙羅底其亞所具有的危險，比起恥辱更多的乃是奴役。戴奧真尼說，奴僕乃是其主人的奴隸，而無德之人則是其慾望的奴隸（*tous de phaulous tais epithumiais douleuein*）。[128] 蘇格拉底在《家政學》開篇之處 [129]，對克里脫布爾所作的勸告，便是反抗此種奴役，同樣地，在《回憶蘇格拉底》書中的有一篇對話錄是歌頌被視為自由的節制，他也如此勸說俄提甸：「你一定相信實行良善，便是成為自由，而如果你有一些主人阻止你這麼作，便是成為奴隸？——我真的是這麼想的，他說。——那麼，對你來說，放縱者乃是奴隸……——那麼對你而言，最糟的奴役是什麼？——對我而言，他說，就是在奴役狀態中有最壞的主人。——這麼一來，最糟的奴役乃是放縱者的奴役……——如果我良好地理解你，蘇格拉底，你聲稱受官能快感所奴役的人和任何美德沒有一丁點共同之

處？──是的，俄提甸，蘇格拉底說，不然放縱之人為何會更甚於最愚昧的野獸呢？」[130]

然而此一自由不只是一種非奴役，它比使個人解脫於所有內外的束縛還要多出更多；就它飽滿及正面的形式而言，它是一種人們在實施於他人的權力之中，對自我實施的權力。實際上，那位因其地位處於他人權威之下的人，不必由自身獲致其節制的原則；他只要服從別人施與他的命令和規範。這便是柏拉圖針對工匠所作的解釋：工匠之所以是卑微的，那是因為他靈魂中最美好的部份「其本性是如此地虛弱，使得他無法指揮其內在的野獸，他迎合牠們，而且只能學到奉承牠們」，然而，要作什麼才能使這樣的人能受到一個合理的，就像「治理高等的人」的原則所支配呢？唯一的辦法，就是將他置於此一高等人士的權威和權力之下：「讓他去當此位人士的奴隸吧，神聖的元素在他之中主宰著。」[131] 相對地，那位應該指揮其他人的人，應該是那位能夠對他自己施行完美權威的人：這同時是因為，以他的地位和他擁有的權力而言，他很容易便能滿足其所有的慾望，並因而陷溺其中，但這也是因為他操

守上的混亂，會對所有的人及城邦中的集體生活產生效果。為了不要過度及製造暴力，為了得以逃脫（對於他人的）殘暴君主的權威和受到（他自己的慾望）暴虐統治的靈魂這一對偶，政治權力的施行呼喚一種對自我施行的權力，以作為它自身的內在調節原則。節制，受理解為對自我實施主權的一個面向，和正義、勇氣或謹慎一樣，乃是那位要主宰他人者獲得其資格的一種美德。最具有王者氣度的人乃是自身的王者（*basilikos, basileuōn heautou*）。[132]

由此，在快感的道德中，有兩大形像得到其重要性，它們是和道德有關的範例。一方面是邪惡的暴君；他沒有能力主宰自己的激情；也因此，他總是傾向於濫用自己的權力，並且在其臣民身上施行暴力（*hubrizein*）；他為其國家帶來混亂，並且看到公民起義反抗他；暴君的性惡習，當他開始玷汙公民的小孩——少男和少女——經常被提起為推翻他並重建自由的共謀起義的初始動機：雅典的皮西斯特拉提底斯家族（Pisistratides）[XXI]便是如此，安布拉西

XXI.　Pisistratides，雅典獨裁者 Pisistrate（紀元前 6 世紀末）之家族。

（Ambracie）的佩利安德爾（Périandre）也是如此，還有許多位亞里斯多德在《政治學》第五部提到的暴君也是如此。[133] 位於對立面的，乃是正面形象的領袖，在他施行於他人的權威中，他能夠在自己身上施行最嚴格的權力。見證這一點的是贊諾封筆下的塞流士（Cyrus），他比起所有其他人更有濫用其力量的能力，但他卻能在其朝廷中展示其對情感的主宰：「如此的行為在朝廷中為下屬們創造出他們地位的正確情感，這使他們向其尊長讓步，並且在他們之間，也有了正確的尊重和禮儀。」[134] 當依索克拉特筆下的尼可克萊斯親自讚揚他的節制和婚姻忠誠時，他參照的也是他的政治地位所要求的：他如何能尋求得到他人的服從，如果他不能確保自己的慾望的臣服？[135] 亞里斯多德是以明辨為名義，建議擁有絕對權力的君主不要沉淪於任何放蕩；實際上他必須考量到有德之人對於其名譽的執著；也因此，如果將他們暴露於體罰的羞辱將是不謹慎的；因為同樣的原因，他也要避免「觸犯年輕人的羞恥心」。「他和年輕人間的親密關係應是以情感為主導的理由，而不是受他什麼都允許去作的想法主導，並且，一般而言，他能

將所有顯得像是失去尊重的，以更多的榮耀贖回。」[136] 我們可以想起這便是蘇格拉底與加里克雷斯之間辯論的問題：那些治理他人的人，他應將自身想像為「統治者或被統治者」（*archontas ē archomenous*）——既然此一自我的治理被界定為節制（*sōphrōn*）和自我主宰（*enkratēs*），也就是說「在自身內指揮著快感與慾望」？[137]

將來會有一天，最常用來說明性美德的範例將是婦人或少女，她有能力抵擋對她具有完全權力者的進攻；純真及童貞的維護、對於承諾及誓言的忠誠將會成為美德典型的考驗。這樣的形像，在上古當然並非不能見到；但男人、領袖、在他對他人的權力是可以任他隨心所慾地運用的時刻，仍然能主宰其自身慾望的主人，看來才能在希臘思想中能更好地代表節制的美德，並因其自身的特質，成為典範。

2.

透過此一主宰作為主動性自由的觀念受到肯定的，乃是節制的「陽剛」性格。就像在家中是男人在指揮，就像

在城邦中，並不是奴隸、兒童、女人在施行權力，而是男人，而且只有男人在指揮，而其中每位都需要在他自己身上突顯作為男人的品質。對自我的主宰是一種相對於自此表現出男子氣概的方式，也就是說，指揮那應受指揮的，使那些無法自我指導者受迫服從，強加理性原則於那些不持有它們的人身上；總結地說，這是一種相對於那些就本性而言是被動也應該維持如此的人，保持主動的方式。在此一由男子為男子所造的道德中，轉化自身為道德主體便在於由自我為自我建立一陽剛氣質的結構：相對於自我時是個男人，才使得人們能夠控制及主宰男人的活動，而此一活動是在性的實踐中人們針對他者施行的。在和自我的爭論結構及宰制慾望所作的鬥爭中，必須朝向的端點，乃是在其中和自我的關係將會和宰制、層級與權威的關係成為異質同構，而後面這種宰制、層級和權威關係乃是人們企圖以男子及自由人身份，建立於其下屬之上的；也就是以此「倫理學的陽剛性」為條件，人們才能根據一種「社會陽剛性」的模型，給出適合於「性的陽剛性」練習的分寸。在其男性快感的使用中，人們對於自我必須是陽剛的，

就好像在社會角色中他必須是雄性的（masculin）。就其飽滿意義而言，節制是一種男子的美德。

很明顯地，這並不是說女人便不需要是節制的，或是她們無法自我主宰（*enkrateia*），或是她們無視節制（*sōphrosunē*）的美德。但此一美德在她們身上，總是以某種方式，參照著陽剛氣質。這是機制性參照，因為她們之所以需要節制，乃是因為她們的依賴性地位，比如依賴其家庭、丈夫及繁殖功能，而它們能允許姓氏的持續、財物的傳承、城邦的續存。但這參照也是具結構性質的，因為一位女子如要成為節制者，必須在自身之中，建立起一種優越和宰制的關係，而這樣的關係本身屬於陽剛類型。在贊諾封的《家政學》中，蘇格拉底就此所說的頗有意義，那是在聽到依斯修馬克讚美他自已親手養成的妻子的優點後所說的（同時他也呼召了嚴刻的母系女神）：「以希拉（Héra）XXII 之名，這顯示你的妻子有個十分陽剛的靈魂

XXII. 古希臘神話中的天后，為奧林帕斯山眾神之中地位及權力為最高的女神，宙斯之妻，同時也是奧林帕斯十二主神之一。

（*andrikē dianoia*）。」依斯修馬克聽到了之後給的回應，
也是為了引導出他給配偶如何有好儀態又不賣弄風情的訓
誡，在其中可以解讀出女子陽剛美德中的兩個核心的元
素——個人靈魂的力量及對於男子的依賴：「我還要向你
提及她有力靈魂（*megalophrōn*）的其他特徵，並使你看到，
她一聽到我的忠告，如何迅捷地服從於我。」[138]

　　我們知道，亞里斯多德明白地反對蘇格拉底的主張，
認為美德有一個根本的一體性，因此在男子和女子身上是
相同的。但是他所描寫的女性美德卻不是屬嚴格的陰性氣
質：為他所承認的女性美德，其界定仍是參照一個根本的
美德，而它的飽滿及完成的形式出現於男子身上。對於這
一點，他所看到的理由是，在男女之間，其關係是「政治
的」：這是一種治理和被治理的關係。如果這關係要有良
好的秩序，那麼這兩者都要有同一美德的一部份：但每人
所分享的方式不一樣。作指揮的那一位——是男子——「擁
有飽滿狀態的倫理美德」，而那被統治一位——指女子——
只需要有「適合於兩位的美德的簡要版本」。如此在男子
身上，節制與勇氣乃是飽滿及完整的美德，「適於作指

揮」；至於女性的節制與勇氣，乃是「適於服從」，也就是說，在男子身上同時有它們的完滿及完成的模範，以及其實行的原則。[139]

節制就其結構面而言，根本上是陽剛的，而這會產生另一個結果，和前面的結果正好是對稱而且相反的：放縱隸屬於一種被動性，而它和陰性特質有關。放縱實際上是在面對快感的力量時，處於一種不抵抗的狀態，並處於虛弱和順從的地位；這是無法針對自我持有一種陽剛的態度，而那是使人可以比自己更強的態度。在此一方向上，沉溺於快感和慾望之人、無法自我主宰（akrasia）之人或放縱之人（akolasia），可說是個陰柔化的男人，但針對他自己比針對他人基本上更是如此。在一個類似於我們的性體驗中，陽性和陰性之間有根本斷裂使它們相互對立，男性的陰柔被視為其性角色實際或潛在的踰越。對於一個過度喜愛女性的男子，不會有人說他是女性化的，除非是就他的慾望進行一整套解碼，並且找出「隱藏的男同性戀傾向」，躲藏於他和女人之間不穩定且多樣的關係中。對於希臘人而言，主動和被動這組對立才是根本的，並標注性行為領

域為一個道德態度的領域；如果我們可以明白地理解為何一位喜歡男性之愛的男子，並不會有人懷疑他有陰柔的特質，只要他在性關係中採取主動，並且在自我主宰上也保持主動；相對地，一個男人如果不是其快感充份的主宰——不論他選擇了什麼樣的對象——便會被認為是「陰柔的」。存在於陽剛的和陰柔的男子之間的分界線，並不相合於我們在同性戀和異性戀之間建立的對立；但它也不會被化約為主動的被動的同性戀。它標記的是面對快感的不同態度；而此一陰柔氣質的傳統記號——懶散、萎靡不振、拒絕運動中稍為粗魯的活動、喜愛香水及首飾、柔弱無力……（*malakia*）[XXIII]——並不一定會被用來形容 19 世紀將會命名為「性倒錯」者，但會用在那位沉溺於吸引他的快感之人：他順從了自己的慾望，就像他順從於他人的慾望。面對一位裝模作樣的少男，戴奧真尼生了氣；但他認為這身女性化的裝扮可以顯露他喜歡女人，也可顯露他喜歡男人。[140]在希臘人眼中，構成倫理學負面性的代表，明顯地並不是兩性都喜愛；這也不是偏愛自己的性別甚於另一者；這乃是面對快感時顯得被動。

3.

作為節制之人的特點的自由－權力，如果缺乏一個和真理的關係將是無法設想的。宰制慾望及使它們服從於邏各斯（*logos*）XXIV 是同一件事：亞里斯多德說，節制者只慾求「正直的理性（*orthos logos*）所規範的」。[141] 眾所週知的是，由蘇格拉底傳統展開的長期辯論主題是，認知在一般的美德及特定的節制中的角色。贊諾封在《回憶蘇格拉底》書中，提醒人們注意蘇格拉底的主張，即科學和節制是密不可分的：對於那些提出有人可能知道應該作什麼，但卻會朝反方向去行動，蘇格拉底回應說放縱的人都同時是個無知的人，因為無論如何，人「在所有的行動之中選擇他們認為最有利的。」[142] 這些原則將會受到亞里斯多德長段的討論，但他的評論並不會關閉這個討論，而它會持

XXIII.　此希臘字眼的意謂除指「柔軟」之外，亦指向「手淫者」。

XXIV.　此希臘字眼的意義同時有「話語、論述、理性、關係」等意謂。

續到斯多葛學派及它的周邊。不過不論是否接受有可能在知道的情況中犯下錯誤，或是那些不顧其所知曉的原則仍加以行動的，被假設有什麼樣的知識模式，有一點是不受質疑的：人們不能實踐節制而沒有某一種形式的知識，這至少是其基本條件之一。我們不能將自己建構為快感使用的道德主體，而不同時將自己建構為認知的主體。

快感實踐之中和邏各斯的關係，紀元前 4 世紀的希臘哲學以三種主要的形式來加以描述。結構形式：節制意味著邏各斯被置於人之內的至高的地位，而它能使慾望順從，並有能力給與行為一種規律。放縱之人的慾望力量僭越了首腦的地位，並且施行暴政，在節制之人（sōphrōn）之內，則是理性指揮及規範，符合人類的結構：「應該作指揮的」，蘇格拉底問道，「不就是理性嗎，因為它是明智且有責任看守靈魂整體？」由此，他定義節制之人為身上不同的部份友愛而且和諧，作指揮的部份和服從的部份彼此相和，並承認由理性作指揮，而從屬的部份不會和它爭奪權威。[143] 即使柏拉圖的靈魂三元論和亞里斯多德在《尼各馬可倫理學》時期的觀念有那麼多的不同，在後面這個

文本中，仍是發現理性比慾望優位仍是節制之人的特點：
「快感的慾望是無法滿足的，而沒有理性的人之中，什麼
都會使這慾望興奮」；因此，慾望會以過度的方式滋長，
「如果我們不是溫馴且順從權威」；而這個權威便是邏各
斯的權威，而「貪欲的官能（*to epithumētikon*）」必須從
於它。[144]

　　不過節制中的邏各斯運作，也在一種工具形式之中受
到描述。實際上，一但快感的宰制確保了一種知道如何適
應需求、時刻和狀況的使用後，有種實用理性便成為必要，
因為那才能決定，如同亞里斯多德所說，「我們何事應該、
我們如何應該，我們何時應該。」[145] 柏拉圖強調下面事物
的重要性，而且對個人和城邦都一致，即「外於適當的情
境（*ektos tōn kairōn*）和沒有知識（*anepistēmonōs*）便不要
使用快感。」[146] 在一個相當接近的精神中，贊諾封指出節
制之人也是辯証法之人──嫻熟於指揮和討論，有能力成
為最好──因為，如同《回憶蘇格拉底》中蘇格拉底所解
釋的，「只有節制之人才有能力衡量事物中哪一個是最好
的，以實用和理論的方式來將其種類分級，並且選擇良好

的，戒絕敗壞的。」[147]

　　最後，在柏拉圖的作品中，邏各斯於節制中的運用以第三種形式出現：自我對自我的存有學認識。這是一個蘇格拉底式的主題：有必要認識自我才能實踐美德、主宰慾望。但是就此一自我認識的形式而言，要由像是《費德爾篇》這樣的偉大文本加以詳細解說，它敘說的是靈魂旅行及愛的誕生。這裡無疑是古典文學中，第一個有關後世演變為「精神爭鬥」（le combat spirituel）的事物的第一次描述。在其中可以找到靈魂和自我鬥爭及對抗其慾望的暴力的一整套劇本──而這遠離無動於衷、忍耐的偉績或阿爾希比亞德於《饗宴篇》中說蘇格拉底知道如何實現戒慾；這些不同的元素在未來的靈性修練史中會有一個漫長命運：佔據靈魂的騷動，而它連這些騷動的名字都不知道、使得靈魂無法休息的憂慮、神秘的沸騰、痛苦和快樂相隨又相混合、席捲整個人存在的動態、對立力量間的爭鬥、補償及最終的平靜。然而，此一敘事顯示出人的靈魂事實上是既人性又神聖的，而在其中，與真理的關係扮演了一個根本的角色。事實上，靈魂因為觀照了「天外的現實」，並

在地上的美之中看見了它的反影，為愛之狂熱所充滿，陷入無法自持的狀況，不再能控制自己；但也因為它的回憶帶著它「朝向美的現實」，因為它「接受了它，同時陪伴著智慧，並於其神聖的基座上立起」，它能自我把握，並能控制身體的慾望，尋找解脫於任何會使它變得沉重，並且阻止它重新找回之前所看到真理的束縛。[148] 靈魂與真理的關係奠立了愛慾的動態、力量及強度，而且這同時也協助它擺脫所有的身體快感，允許它成為真正的愛。

我們現在了解：即使是在人的存在中有其層級結構的形式之下，在明辨力的實踐形式之下，或是在靈魂認識其本身的存有，與真（vrai）的關係都構成節制中的一個根本的元素。對於快感有分寸的使用、對它們暴力的宰制，它都是必要的。但是要看清楚，此一和真的關係從來不會採取自我解碼及慾望詮釋學的形式。它和節制主體的存有形式具有構成式關係；這不等於主體有對自身說真話的義務，它從不會將靈魂打開為一個可能的認識領域，而慾望在其中難以察覺的痕跡應被閱讀和詮釋。與真理的關係乃是結構性的、工具性的及具存有論性質的條件，允許將個人建

立為節制的主體並過著節制的人生；它不是一個知識論的條件，允許個人以其作為慾望主體的獨特性來認識自我，並使如此發掘出的慾望得以被純淨化。

4.

然而，此一與真理的關係，作為節制主體的構成性元素，並不導向如同基督宗教靈性修養中的慾望詮釋學，而是打開一個存在美學。它必須被理解為一種生活的方式，其中的道德價值不在於是否符合行為法則、或是符合於一個純淨化的作用，而是在於快感的使用中、對它們的分配中、在我們遵守的一些界限中、在符合我們尊重的層級秩序中的某些形式，或者毋寧說某些一般性的形式性原則。透過邏各斯、理性以及和真理的關係，如此的人生參與維持或再製一個存有學的秩序；另一方面，在那些能夠觀照它的人或能保持它的記憶的人的眼中，它接收了美的耀眼光采。對於此一節制的存在，其中的尺度乃是在真理之中得到基礎，它同時是一個存有學結構的尊重和可見之美的

側影，贊諾封、柏拉圖和亞里斯多德經常使我們得以獲得它的一些概觀。下面的例子是《高爾吉亞篇》中蘇格拉底描寫它的方式，那時他為沉默不語的加里克雷斯回答他自己提出的問題：「每一個事物的特有品質，比如傢俱、身體、靈魂、任何一種動物，並不是偶然來到的它身上的：它來自適應於此一事物本質的某一秩序、正確、技藝（*taxis, orthotēs, technē*）。這是真的嗎？就我來說，我肯定它。——如此一來，每一個事物的效能（*vertu*）來自一個因秩序而有的安排及理想稟性？我會支持這一點。——這麼一來，和此一事物的本性相合的佈置之美（*kosmos tis*），因其存在，便使得此事物成為善？我相信如此。——如此一來，一個在其之中有符合它的秩序的靈魂，會比其中沒有此一秩序的靈魂更有價值？這是必然的。——然而，一個有秩序的靈魂是一個秩序井然的靈魂？無疑如此。——那麼一個秩序井然的靈魂是節制且明智的？必然如此。——因而，一個節制的靈魂是善的……以上便是我所肯定的及認為是確定的。如果這是真的，那麼我認為我們之中的每一個人，為了得到幸福，應該追求節制並且不斷練習它（*diōkteon kai askēteon*）。」[149]

此一文本連結了節制和靈魂之美，而後者之中的安排佈置符合其本性，像是它的回聲，《共和國篇》指出相反的情況，即靈魂及身體之光采是如何地與快感的過度與暴烈不相容：「如果有個人同時在其靈魂中具有美的性格（*kala ēthē*），並在外表有和他性格相合及相適應的線條，因為它們參與了同一個模型，那麼這不就是對於可以看到的人最美的景象嗎？──是最最美的。──然而，最美的，也就是最可愛的（*erasmiōtaton*）嗎？無法反駁……但是，你和我說，快感的濫用和節制相符合嗎？──怎能如此，既然它不會比痛苦更少擾亂靈魂──那麼符合一般的美德嗎？──不。──那麼和暴力及放縱呢（*hubris, akolasia*）？──比起其他事物更是如此。那麼你可舉出一個比愛的快感更巨大及更強烈的快感嗎？──不，沒有比它更激烈的。──相反地，符合理性的愛（*ho orthos erōs*）是一個明智的，遵循秩序的且美好的愛？──必然如此。──因此，合於理性的愛不應任由它接近瘋狂及任何觸及放縱的事物。」[150]

我們也可以回想贊諾封對塞流士的朝廷所作的理想描寫，透過每個人對自己完美的主宰，此一朝廷展現出美的景象；君王顯現出明白的自我主宰及克制，而圍繞著它們，根據其不同的位階，散發到所有人之中的有分寸的合節行為、對自己及他人的尊重、靈魂及身體的細心控制、手勢的節約，到如此的地步，沒有任何一個無意願或暴烈的動作會出現來破壞這個美的佈置，而它似乎是在每個人心都存在的：「人們從來不會聽到有人在憤怒或愉悅中叫喊、敞開喉嚨大笑，反而在看到他們時會說，他們的模特兒是美神。」[151] 個人作為道德主體，完成於一個造形，其中有其精確分寸的行為舉止，為眾人明白可見，並且值得長久的記憶。

以上只是一個簡要的速寫，目的是作為引論；對象是

某些一般的特徵，以鉤勒出希臘古典思想中，性實踐受到思維並被構成為道德領域的方式。此一領域的要素——「倫理學實質」——乃是由阿芙羅底其亞形成，它指的是自然所意願的動作、並相連於一強烈的快感，而其中有一股總是有可能會將其帶領至過度和反叛的力量。規範此一活動的原則，其「臣服的模式」，並不是為一普遍的立法所界定，決定什麼是被接受什麼是被禁止的動作；那毋寧是透過一套本領（savoir-faire），那是一個根據多種變數（需要、時刻、地位）規範使用模態的藝術。個人應在他自己身上施加的工作，有必要的修練，其形式是一種必須進行的戰鬥、一場必須得到的勝利，它建立於自我對自我的控制，而其模型是家庭的或政治的權力。最後，到達此一自我主宰的存有模式，其特徵是一種積極的自由，並和真理的結構性、工具性及存有學性質關係不可分離。

現在我們將會看到：此一道德思維針對身體、婚姻、少男之愛曾發展出一些鍛練的主題，而它們和之後可以發現的規範及禁制並非沒有相似性。但就在此一表面的持續性之下，必須把握到，道德主體將不會以同樣的方式構成。

在基督宗教之性行為道德中，倫理學實質不會被界定為阿芙羅底其亞，而是一個慾望的領域，它隱藏在心之奧秘中；這實質的另一構成元素則為一整組的動作，以其形式和條件受到細心地界定；臣服採取的形式將不會是一個本領，而是對於法律的認識，以及對牧教權威（autorité pastorale）的服從，在陽剛性質的活動的練習之中自我對自我的完美控制，因此比較不是其中道德主體的特性，那毋寧存在於一種對自我的棄絕，以及一種要在童貞之中尋找其模範的純潔。由此，我們可以理解以下這兩種實踐在基督宗教道德中的重要性，它們是同時是對立又互補的：性動作越來越精細的符碼化，以及慾望詮釋學及自我解碼方法的發展。

我們可以概括地說，上古有關快感的道德思維其朝向既不是行動的符碼化，也不是主體詮釋學，而是朝向態度的風格化和存在美學。風格化，因為性活動的稀少化呈現為開放性質的要求：我們可以容易地觀察到：給與飲食作息控制囑咐的醫生、要求丈夫尊重其妻子的道德學家、或是那些對於少男之愛給與良好行為的建議者，針對性動作或實踐之類的事物，對於什麼是應作的，什麼是不應作的，

都不說得太明確。其理由並不是作者們的羞恥心或有所保留，而是因為問題不在這裡；性節制乃是自由的施行，而其採取形式乃在於自我主宰；而後者顯現於主體在其陽剛活動的實行中行為和自持的方式，存在他和他人關係中的與自我的關係。這種態度，比起人們所作的動作或隱藏的慾望，更能使得價值判斷有其著手之處。道德價值也是一種美感價值和真理價值，因為是以滿足真實需求為目標，而從來不忘記我們真實上是什麼，人們才能給他的行為舉止足以確保其盛名的形式，並且值得得到記憶。

現在必須要去看的是，將會得到一種大大地超越希臘文化的歷史命運的一些性鍛練的重要主題，在紀元前第 4 世紀的思想中是如何形成和發展的。我的出發點將不會是有關快感或美德的一般理論；而是以存在且受到承認的實踐作為支持，透過這些實踐人尋求為其行為賦與形式：飲食作息控制的實踐、家室治理的實踐、愛之行為中的追求實踐；我嘗試要說明的是，這三種實踐如何在醫學或哲學中受到思維，以及這些思維並不為性的行為提出明確符碼，而毋寧是提出多樣的「風格化」方式：保健法中的風格化，

那是個人與其身體日常關係的技藝，家政學中的風格化，
是作為一家之主，男人如何行為舉止的技藝，在愛慾論中
則是男人和少男在愛的關係中有相互性的行為的技藝。[152]

1.　萊士基（E. Leski），「上古生殖學說」（Die Zeugungslehre der Antike），《科學與文學學院論文集》（*Abhandlungen der Akademie des Wissenschaften und Literatur*），XIX，Mayence，1950，頁 1 248。

2.　參考多弗（K. J. Dover），「古典希臘對性行為的態度」（Classical Greek Attitudes to Sexual Behaviour），《阿瑞圖薩（海洋女神）》（*Arethusa*），6，第 1 號，1973，頁 59；同作者，《希臘俗民道德》（*Greek Popular Morality*），1974，頁 205，及《希臘的同性戀》（*Homosexualité grecque*），頁 83-84。

3.　贊諾封，《回憶蘇格拉底》（*Mémorables*），I，3，13。

4.　多弗注意到在古典時期中對此一保留有一逐漸加以重視的過程：《希臘俗民道德》，頁 206-207。

5.　參考多弗，《希臘的同性戀》，頁 17 及其後。

6.　聖奧古斯丁（saint Augustin），《懺悔錄》（*Confessions*），IV，8、9、10 章。

7.　亞里斯多德，《尼各馬可倫理學》（*Ethique à Nicomaque*），III，10，1 118 a-b（R.-A. Gauthier 及 J.-Y. Jolit 譯本）。

8. 作者同上，《歐德米亞倫理學》（*Ethique à Eudème*），III，2，8-9，1 230b。

9. 《尼各馬可倫理學》，前引書。亦參考，傳亞里斯多德，《問題集》，XXVIII，2。然而，必須要注意，在許多希臘文本中，目光及眼睛在慾望或愛的誕生中被認為具有重要性：這不是因為目光本身的快感是無節制的；而是因為它形成了一個可以達致靈魂的開口。針對此一主題，參考贊諾封，《回憶蘇格拉底》，I，3，12-13。至於親吻，雖然它帶有危險（參考贊諾封，同上），但作為肉體快感和靈魂的交流，它被視為有很高的價值。事實上，應該要對「快感之身體」（corps de plaisir）及其轉化進行一歷史研究。

10. 關於音樂的危險，可參考柏拉圖，《共和國篇》，III，398 e（呂底亞調式（harmonies lydiennes）被認為特別對男人有害，但對女人也是如此）。有關氣味及視覺形象的在記憶中的角色，參考亞里斯多德，《尼各馬可倫理學》，III，10，1 118 a。

11. 在很晚之後，此類的責怪仍見於傳為路西安（Lucien）所著的《諸種愛》（*Amours*），53。

12. 亞里斯多德，《動物學》（*Histoire des animaux*），V，2，539 b。

13. 同上，VI，18，571 b。

14. 同上，VI，18，571 b 及 572 b。

15. 亞里斯多德，《動物的部份》（*Parties des animaux*），660 b。

16. 柏拉圖，《菲利柏篇》，44 e 起。

17. 必須要注意到將快感與慾望強烈相連的表述方式出現的頻繁，而這顯示阿芙羅底其亞道德的問題重點乃是在於控制由慾望及與動作相關的快感所構成的動態整體。*epithumiai-hēdonai* 構成的對偶經常

出現於柏拉圖的作品，如《高爾吉亞篇》（*Gorgias*），484 d、491 d；《饗宴篇》，196 c；《費德爾篇》，237 d；《共和國篇》，IV，430 e、431 c 及 d；IX，571 b；《法律篇》，I，647 e；IV，714 a；VI，782 e；VII 802 e；864 b；X，8 886 b，等。亦可參考亞里斯多德，《尼各馬可倫理學》，VII，4，1 148 a。頻繁出現的也包括提及快感作為說服、引誘、戰勝的力量的表述；比如贊諾封，《回憶蘇格拉底》，I，2，23；I，4，14；I，8；IV，5，3 等。

18. 有時為了述事的需要，會提到某位男子對少男特殊的喜好。比如贊諾封在《安那巴思》（*Anabase*）書中，即曾提到某位艾皮斯田（Episthènes）（VII，4）。但當他描繪門儂（Ménon）（II，6）的負面畫像時，並未責備他有此類愛好，而是責備他把此種快感作壞的使用：太早得到指揮權；或是自己仍在年輕時，便愛上一位年齡過大的男生。

19. 贊諾封，《阿吉希拉斯》（*Agésilas*），V。

20. 有關阿爾塞希拉斯，參考戴奧真尼・萊爾斯（Diogène Laërce），《哲學家傳記》（*Vie des Philosophes*），IV，6。普魯塔克（Plutarque）如此地註記喜波里德（Hypéride）深陷於阿芙羅底其亞，《十演說家傳》（*Vie des dix orateurs*），849 d。

21. 柏拉圖，《法律篇》，I，636 c。

22. 狄安・德・普魯士（Dion de Pruse）便是以同樣的方式以過度縱慾來解釋少男之愛的出現（《演講集》〔*Discours*〕，VII，150）。

23. 柏拉圖，《蒂邁歐篇》（*Timée*），86 c-e。

24. 亞里斯多德，《尼各馬可倫理學》，III，11，1 118 b。必須注意到亞里斯多德多次關注某些人可能尋找「可恥快感」的問題（《尼各馬可倫理學》，VII，5，1 148 b；X，3，1 173 b）。有關於慾望、其

自然對象及其種種變化的問題，參考柏拉圖，《共和國篇》，IV，437 d-c。

25. 亞里斯多德，《動物學》，VIII，1，581 a。柏拉圖在《共和國篇》中談到病患不遵循生活作息規範，反而繼續吃、喝及 *aphrodisiazein*。

26. 贊諾封，《饗宴篇》，IV，38。傳亞里斯多德（Pseudo-Aristote），《論不孕》（*Sur la stérilité*），V，636 b。

27. 亞里斯多德，《動物學》，IX，5，637 a；VII，I，581 b。

28. 贊諾封，《希羅篇》（*Hiéron*），III，4。

29. 傳亞里斯多德（Pseudo-Aristote），《問題集》（*Problèmes*），IV，26。

30. 曼紐里（P. Manuli），《希波克拉特文獻中女性生理學與病理學》（*Fisiologia e patologia del femminile negli scritti hippocratici*），收錄於 *Hippocratica*，1980，頁 393 起。

31. 亞里斯多德，《論動物的生殖》（*De la génération des animaux*），I，21，729 b。

32. 希波克拉特（Hippocrate），《誓辭》（*Le Serment*），收於《作品集》（*Oeuvres*），Loeb，I，頁 300。

33. 柏拉圖，《饗宴篇》，189 d-193 d。關於一段無性生殖的神話時期，參考《政治學》271 a - 272 b。

34. 亞里斯多德，《論動物的生殖》，II，1，731 b；參考其《論靈魂》（*De l'âme*），II，4，415 a-b。

35. 柏拉圖，《共和國篇》，VIII，559 c。

36. 亞里斯多德，《尼各馬可倫理學》，VII，4，2，1 147 b。

37. 艾菲斯的魯夫斯（Rufus d'Ephèse），《作品集》（*Oeuvres*），Daremberg 版，頁 318。

38. 戴奧真尼・萊爾斯（Diogène Laërce），《哲學家傳記》（*Vie des Philosophes*），II，8。

39. 關於此種和動物之間共同形成的快感共同體，參考贊諾封，《希羅篇》，VII；關於肉體快感的混合性格，參考柏拉圖，《共和國篇》，IX，583 b 起；《菲利柏篇》，44 起；關於快感伴隨著恢復身體先前狀態，柏拉圖，《蒂邁歐篇》，64 d-65 a；亞里斯多德，《尼各馬可倫理學》，VII，4，2，1147 b。

40. 柏拉圖，《法律篇》，I，636 c。

41. 同上，VI，783 a-b。

42. 柏拉圖，《共和國篇》，III，403 a。

43. 關於快感的誇大風格（*huperbolē, huperballein*），可參考的例証比如柏拉圖，《共和國篇》，402 e；《蒂邁歐篇》，86 b；亞里斯多德，《尼各馬可倫理學》，III，11，1 118 b；VII，4，1 148 a；VII，7，1 150 a；VII，7，1 150 b。關於反叛（*epanastasis, stasiazein*），柏拉圖，《共和國篇》，IV，442 d；IV，444 b；IX，586 e；《費德爾篇》，237 d。

44. 柏拉圖，《法律篇》，VI，783 a。

45. 亞里斯多德，《尼各馬可倫理學》，III，12，1 119 b。

46. 戴奧真尼・萊爾斯，《哲學家傳記》，VI，8

47. 贊諾封，《回憶蘇格拉底》，I，3，15。

48. 柏拉圖，《共和國篇》，III，389 d-e；亦參考同書 IX，580 e。

49. 亞里斯多德，《尼各馬可倫理學》，III，11，1，1 118 b。

50. 同上，III，10，9，1 118 a。

51. 柏拉圖，《饗宴篇》，187 e。

52. 亞里斯多德，《尼各馬可倫理學》，VII，14，7，1 154 a。

53. 亞里斯多德，《動物學》，VII，1，581 b；《論動物的生殖》，II，7，747 a。

54. 柏拉圖（《共和國篇》，V，451）談到女人及小孩的正確「擁有及實踐」（ktēsis te kai chreia）；這裡涉及的因而是人們和他們可以有的整體關連及關係形式。波利比（Polibe）談到 chreia aphrodisiōn，其中衣著及食物的奢華成為王室後代的習慣特色，但也造成不滿並引發革命（《歷史》（Histoires），VI，7）。

55. 亞里斯多德，《修辭學》（Rhétorique）（I，9）定義節制為使我們得以指揮我們自己行為之事物，於肉體快感，「應遵循法律（nomos）」。有關於 nomos 的觀念，參考羅密依（J. de Romilly），《希臘思想中的法律理念》（L'idée de loi dans la pensée grecque）。

56. 戴奧真尼·萊爾斯，《哲學家傳記》，VI，2，46。也請參看狄安·德·普魯士，《演講集》，VI，17-20，以及加里（Galien），《受影響之處》（Des lieux affectés），VI，2，69。

57. 戴奧真尼·萊爾斯，《哲學家傳記》，VI，2，69。

58. 贊諾封，《饗宴篇》，IV，38。

59. 贊諾封，《回憶蘇格拉底》，I，3，14。

60. 同上，II，1，33。

61. 同上，IV，5，9。

62. 參考柏拉圖，《高爾吉亞篇》，492 a-b、494 c，507 e；《共和國篇》，VIII，561 b。

63. 贊諾封，《回憶蘇格拉底》，II，1，30。

64. 同上，IV，5，9。

65. 同上，I，3，5。

66. 柏拉圖，《法律篇》，I，636 d-e。就時機的觀念及其在希臘道德學中的重要性，可參考歐本克（P. Aubenque），《亞里斯多德思想中的明辨力》（*La Prudence chez Aristote*），Paris，1963，頁95 起。

67. 這個年紀被訂定得相當晚；對於亞里斯多德而言，精液到二十一歲仍然豐足。但男性可等到更晚的年紀以期獲得美好的後代：「在二十一歲之後，女性適合生育，但男性仍需要再發展」（《動物學》，VII，1，582 a）。

68. 所有這些會在下一章發展。

69. 普魯塔克，《餐桌談話》（*Propos de table*），III，6。

70. 贊諾封，《塞流士的教育》（*Cyropédie*），VIII，1，32。

71. 贊諾封，《回憶蘇格拉底》，IV，4，21-23。

72. 柏拉圖，《饗宴篇》，180 c-181 a；傳狄摩士田（Pseudo-Démosthène），《愛慾論》（*Eroticos*），4。

73. 同上。

74. 贊諾封，《希羅篇》，VII。

75. 同上，《阿吉希拉斯》，V。

76. 贊諾封，《回憶蘇格拉底》，II，6，1-5。

77. 同上，II，1，1-4。

78. 同上，I，5，1。

79. 柏拉圖，《共和國篇》，IV，431 c-d。

80. 贊諾封，《塞流士的教育》，VIII，1，30。有關於節制（*sōphrosunē*）的觀念及其演變，請參考諾爾斯（H. North），《節制》（*Sōphrosunē*）；這位作者強調 *sōphrosunē* 及 *enkrateia* 這兩個字在贊諾封作品中的鄰近性（頁 123-132）。

81. 柏拉圖，《高爾吉亞篇》，491 d。

82. 柏拉圖，《共和國篇》，IV，430 b。亞里斯多德在《尼各馬可倫理學》（VII，I，6，1 145 b）中提醒說一般認為節制者（*sōphrōn*）乃是自制者（*enkratēs*）及有忍受力者（*karterikos*）。

83. 柏拉圖，《高爾吉亞篇》，507 a-b。亦請參考《法律篇》，III，697 b。此處提出「當節制進駐靈魂時，它被視為其中首要且最珍貴之善」。

84. 可參考諾爾斯（H. North），《節制》（*Sōphrosunē*），前引文，頁 202-203。

85. 亞里斯多德，《尼各馬可倫理學》，III，11 及 12，1 118 b-1 119 a 及 VII，7，849，1 150 a-1 152 a。

86. 柏拉圖，《法律篇》，I，647 e。

87. 安提封（Antiphon），收於史托貝（Stobée），《作品集錦》（*Florilège*），V，33。這是安提封《作品集》（*Oeuvres*）中的第 16 號片簡（C.U.F 版）。

88. 贊諾封，《希羅篇》，VII。亞里斯多德，《尼各馬可倫理學》，III，10，8，1 117 b。

89. 如此我們可看到一整群的字眼，比如 *agein, ageisthai*（帶領、被帶領）；柏拉圖，《普羅達哥拉斯篇》（*Protagoras*），335 a；《共和國篇》，IV，431 e；亞里斯多德，《尼各馬可倫理學》，VII，7，3 150 a。*Kolazein*（圍堵）：《高爾吉亞篇》，491 e，《共和國篇》，VIII，559 b；IX，571 b。*Antieinein*（對立）：《尼各馬可倫理學》，VII，2，4 146 a；VII，7，5 及 6，1 150 b。*Emphrassein*（產生障礙）：安提封，《片簡》第 15 號。*Antechein*（抵抗）：《尼各馬可倫理學》，VII，7，4 及 6 150 a 與 b。

90. *Nikan*（征服）：柏拉圖，《費德爾篇》，238 c；《法律篇》，I，634 b；VIII，634 b；亞里斯多德，《尼各馬可倫理學》，VII，7，1 150 a；VII，9，1 150 a；安提封，《片簡》第 15 號。*Kratein*（宰制）：柏拉圖，《普羅達哥拉斯篇》（*Protagoras*），335 c；《費德爾篇》，237 e-238 a；《共和國篇》，IV，431 a-c；《法律篇》，I，840 c；贊諾封，《回憶蘇格拉底》，I，2，24；安提封，《片簡》第 15 及 16 號；亞里斯多德，《尼各馬可倫理學》，VII，4 c，1 148 a；VII，5，1 149 a。*Hēttasthai*（被征服）：《普羅達哥拉斯篇》（*Protagoras*），352 e；《費德爾篇》，233 c；《法律篇》，VIII，840 c；《書信集》（*Lettre*），VII，351 a；《尼各馬可倫理學》，VII，6，1 149 b；VII，7，4，1 150 a；VII，7，6，1 150 b；依索克拉特，《尼可克萊斯》，39。

91. 贊諾封，《回憶蘇格拉底》，I，3，14。

92. 贊諾封，《家政學》，I，23。

93. 柏拉圖，《共和國篇》，VIII，560 b。

94. 同上，IX，572 d-573 b。

95. 同上，IX，571 d。

96. 柏拉圖，《法律篇》，IV，783 a-b。

97. 柏拉圖，《費德爾篇》，232 a；《共和國篇》，IV，430 c；《法律篇》，I，626 e，633 e；VIII，840 c；《書信集》，VI，373 a。

98. 柏拉圖，《共和國篇》，IV，431 a。

99. 柏拉圖，《法律篇》，I，626 d-e。

100. 同上，《法律篇》，VIII，840 c。

101. 柏拉圖，《共和國篇》，IX，571 b。在《尼各馬可倫理學》中，涉及到「請快感離開」的問題，就好像特洛依的老人想請海倫作的（II，9，1109 b）。

102. 戴奧真尼‧萊爾斯，《哲學家傳記》，IV，7，49。

103. 亞里斯多德，《尼各馬可倫理學》，VII，2，1146 a。

104. 同上，III，11，1119 a。

105. 戴奧真尼‧萊爾斯，《哲學家傳記》，II，8，75。

106. 亞里斯多德，《尼各馬可倫理學》，VII，2，1119 b。也可參照柏拉圖，《共和國篇》，IX，590 e。

107. 贊諾封，《家政學》（Economique），I，22-23。

108. 柏拉圖，《法律篇》，III，689 a-b：「在靈魂中受苦及享樂的部份乃是城邦中的低下平民及群眾。」

109. 柏拉圖，《共和國篇》，IX，577 d。

110. 同上，IX，592 b。

111. 柏拉圖，《法律篇》，I，647 d。

112. 贊諾封，《回憶蘇格拉底》，I，2，19。

113. 同上，I，2，24。

114. 柏拉圖，《高爾吉亞篇》，527 d。

115. 關於練習和自我關懷間的關係，請參考《阿爾希比亞德》（Alcibiade），123 d。

116. 戴奧真尼·萊爾斯，《哲學家傳記》，VI，2，70。

117. 柏拉圖，《共和國篇》，IX，571 C-572 b 起。

118. 參考柏拉圖，《法律篇》，I，643 b：「任何一個人要在任何一項事物中取得卓越者，必須由小時候開始即努力學習（melētan）它，並且在所有和它相關的事物中取得娛悅及專注。」

119. 贊諾封，《拉卡蒂芒共和國》（République des Lacédémoniens），2 及 3。

120. 柏拉圖，《共和國篇》，III，413 d 起。

121. 柏拉圖，《法律篇》，I，647 e-648 c。

122. 亞里斯多德，《尼各馬可倫理學》，II，2，1104 a。

123. 柏拉圖，《共和國篇》，III，413 e。

124. 柏拉圖，《法律篇》，I，643 e。

125. 贊諾封，《回憶蘇格拉底》，IV，5，2-3。

126. 明顯地這裡不是說純粹這個主題在希臘古典時期和快感的道德中缺席；它在畢達哥拉斯學派中佔一個可觀的地位；它對於柏拉圖也非常重要。但一般而言，相關於慾望和肉體的快感，有關道德操守

問題，特別是被思考為一個宰制的問題。純粹性的倫理學及其相關的實踐，其上昇及發展，將是一個長期的歷史問題。

127. 亞里斯多德，《政治學》，VII，14，1 332 a。

128. 戴奧真尼‧萊爾斯，《哲學家傳記》，VI，2，66。面對快感的奴隸狀態是一個常被使用的表述方式。贊諾封，《家政學》（*Economique*），I，1，22；《回憶蘇格拉底》，IV，5。柏拉圖，《共和國篇》，IX，577 d。

129. 贊諾封，《家政學》（*Economique*），I，1，17 起。

130. 同上，《回憶蘇格拉底》，IV，5，2-11。

131. 柏拉圖，《共和國篇》，IX，590 c。

132. 同上，IX，580 c。

133. 亞里斯多德，《政治學》，V，10。

134. 贊諾封，《塞流士的教育》，VIII，1，30-34。

135. 依索克拉特，《尼可克萊斯》，37-39。

136. 亞里斯多德，《政治學》，V，11，1 315 a。

137. 柏拉圖，《高爾吉亞篇》，491 d。

138. 贊諾封，《家政學》（*Economique*），X，1。

139. 亞里斯多德，《政治學》，I，13，1 260 a。

140. 戴奧真尼‧萊爾斯，《哲學家傳記》，VI，2，54。

141. 亞里斯多德，《尼各馬可倫理學》，III，12，1 119 b。

142. 贊諾封，《回憶蘇格拉底》，III，9，4。

143. 柏拉圖，《共和國篇》，IV，431 e-432 b。

144. 亞里斯多德，《尼各馬可倫理學》，III，12，1 119 b。

145. 同上。

146. 柏拉圖，《法律篇》，V，636 d-e。

147. 贊諾封，《回憶蘇格拉底》，IV，5，11。

148. 柏拉圖，《費德爾篇》，254 b。

149. 柏拉圖，《高爾吉亞篇》，506 d-507 d。

150. 同上，《共和國篇》，III，402 d-403 b。

151. 贊諾封，《塞流士的教育》，VIII，1，33。

152. 亨利·裘利（Henry Joly）著作《柏拉圖逆轉》（*Le Renversement platonicien*）給出此一題材的例証，使得我們可以分析在希臘思想中，實踐的領域和哲學思維之間的關係。

II. Diététique

第二章

保健法

希臘人對於性行為的道德思維並不尋求正當化了禁制，而是風格化一種自由：這是「自由」人在其活動中所施行的。由此，在初步的觀察中，可能有被當作是弔詭的地方：希臘人在其實踐中，曾經實踐、接受、正面化男人和少男間的關係，然而他們的哲學家卻對此一主題構思及設立了一種戒慾的道德。他們完全接受一個已婚的男人可以尋找婚姻之外的性快感，但是他們的道德學家卻設想一種婚姻生活的原則，在其中丈夫只能和自己的配偶發生關係。他們從來沒有設想快感本身是個罪惡或是它屬於一個過錯的自然印記，不過他們的醫生卻對性活動和健康的關係感到憂慮，而且他們發展出一整套有關其實行之危險的思維。

讓我們由最後這一點開始吧。首先要注意的是此一思維根本上並不是性活動各種病理學效果的分析；它也不尋求將此一行為組織為一個領域，在其中可以區別出正常的行為和非正常及病態的實踐。這些主題無疑並不是完全缺席。但有關阿芙羅底其亞、健康、生與死之間的關係，提問的一般性主題並不建立於此。此一思維主要的關切，乃是以考量照顧自己身體的某種方式來界定快感的使用──

有利的條件、有用的實行、必要的減少。在此的關注，更多是「保健面向」而不是「治療面向」：這是飲食作息控制方面的事物，目標是良好安排一項被承認為對健康重要的活動。性行為的醫學問題化，其形成比較不是來自排除致病形式的用心，而是出發於一個意志，即使用可能的最好方式將其整合於健康管理與身體的生命。

Du régime en général

第一節
一般的飲食作息控制

為了闡明希臘人對於飲食作息控制（régime）所賦與的重要性，他們給與「保健法」（diététique）的一般意義，以及他們由醫學角度來解讀其實踐的方式，我們可以參照兩個起源敘事：其中一個出現於希波克拉特文集（collection hippocratique）[I]，另一個來自柏拉圖。

《古代醫學》（*L'Ancienne Médecine*）的作者，遠遠不是把飲食作息控制當作是醫學技藝的附屬實踐——或者當作是其應用之一，或者當作是其延伸之一——相反地，他把醫學當作是發生自對飲食作息的首要性及根本性關注。[1]對他而言，人類是透過飲食方法的斷裂而離開動物生活；在一開始，人實際上食用的食物和動物相似：未準備過的生肉、生菜。這種攝食方式對於最強壯的人可以使他們更結實，但對比較脆弱就是嚴峻的：簡單地說，人是老死或是年輕時就過世了。人那時便尋找一種更適應「其本

I. Hippocrate de Kos 或 Hippocrate（約紀元前 460-377），希臘醫生及哲學家，被視為希臘醫學之父。傅柯提到的《希波克拉特文集》收集約 60 多部醫書，傳統上將之歸屬於希波克拉特著作。

性」（à leur nature）的飲食方式：而這樣的飲食方式仍是當前生活方式的特點。然而，透過這種比較溫和的飲食模式，疾病變得不那麼立即具有致命性；人們那時察覺到，健康人的食物不適合病人；他們需要另一種飲食。於是醫學以作為病人特有的「保健法」形成了，而且是由提問適合他們的飲食法作為出發。在這個起源敘事中，保健法顯得是一切的起源；醫學由它發生，而且是作為它的特定應用之一。

柏拉圖——對於保健的實作保持相當的懷疑，或至少就他擔心的過度而言，而這是因為之後會提到的政治及道德的理由——的想法相反，他認為對於飲食作息控制的關注來自由醫學實踐的調整變動：[2] 在一開始的時候，醫藥神阿斯克里皮歐斯（Asclèpios）[II] 曾經教導人類如何以強效的藥物及有效的手術來治療疾病及傷口。根據柏拉圖，荷馬曾經作過見証，在其敘事中，曼萊拉斯（Ménélas）和優里皮爾（Eurypyle）在特洛依城牆下接受治療：人們把傷者血吸出來，在其傷口上倒上一些緩和劑，讓他們飲用夾雜著麵粉及乳酪碎屑的酒。[3] 很久之後，當人們遠離粗獷卻健康的古代生活，人才會尋求「一步一步地」照看疾病，並對

那些健康不佳的人施以長程的飲食作息控制來支持他們，而他們之所以不健康，正是因為不以應有的方式生活，因而成為長期病痛的受害者。在此一誕生紀事中，保健法顯得像是一種軟弱時期的醫學；它的對象是那些生活得不好，而且又想要加以延長的人。不過我們可以明白看到，如果說，對於柏拉圖而言，即使保健法不是一個原初的技藝，這不代表飲食控制（ *diaitē* ）就不重要；在阿斯克里皮歐斯或是其初期的繼承者的年代，人們之所以不關注保健法，那是因為人類真正跟隨的「飲食作息法」，他們取得營養及進行體能活動的方式，和自然是相符合的。[4] 在這樣的觀點中，保健法乃是醫學的曲折發展；但它之所以成為治療技藝的延伸，乃是始自原本飲食作息作為一種生活方式和自然分開那天；而且如果它總是構成了醫學必要的陪伴，那是因為如果不矯正使病人真正生病的生活類型，人們便不知如何照料他了。[5]

II.　　古希臘宗教及神話中的醫神。

無論如何，不論是把保健知識當作是一門原始的技藝，或是把它當作是後來才派生的事物，很清楚的是，「保健」本身，即飲食作息控制，乃是一個具根本性的範疇，透過它可以思考人的行為舉止；它顯示出人生活方式的特徵，並允許就行為舉止設定一整套規則；一種將行為問題化的模式，它考量的是必須保存的自然，而那是需要符合的事物。飲食作息控制乃是一整套的生活技藝。

1.

　　受過適切思維的飲食作息控制，其應該涵蓋的領域乃是由一個清單作出界定，隨著時間推移，這份清單有了大致經典的價值。在《病徵學》（*Epidémies*）[III] 第四部可以找到這樣的一份清單；它包括「體能活動（*ponoi*）、食物（*sitia*）、飲料（*pota*）、睡眠（*hupnoi*）、性關係（*aphrodisia*）」——所有這些事物都必須「有分寸地」（*mesurées*）取用。[6] 保健法思維後來對此目錄作了進一步發展。在體能活動中，區分出那些是自然的（行走、散

步）、那些是暴烈的（奔跑、角力）；人們也設定哪些是適合施行的、以何種強度、考量一天內的時辰、一年內的時節、主體的年齡、他所吃的食物。在體能活動之上，可以附上洗浴，洗熱水或較不熱的，而這也是根據季節、年齡，已進行和正要進行的活動或餐飲。飲食作息的控制——尤其是飲食——必須考量人們攝取的質和量、身體的一般狀況、氣候、人們所進行的活動。排放——清瀉及嘔吐——被用來矯正飲食的實踐及其過度。睡眠也是有許多面向，而作息控制可以加以變化：花在上面的時間、選擇的時刻、床的品質、包括它的硬度和溫暖程度。飲食作息因而必須考量一個人（或至少是一位自由人）的生理生活的許多元素：而這包括他的一整天，由起床到就寢。飲食作息控制一進到細節，外表看來就像一份真正的行程表：由狄奧克里斯（Dioclès）[IV] 所提議的飲食作息控制便是如此，它由

III.　由於此書談的主要是病徵，而不是今日此字意謂的傳染病，故有此譯名。

IV.　紀元前 4 世紀的希臘醫師，被稱為「新希波克拉特」。

一個時刻接一個時刻所構成，平常的一天由睡醒開始直到晚餐及入睡，中間經過最初的體能活動、洗浴、按摩身體及頭部、散步、私人活動及體操、午餐、午睡、接著重新散步及體操、抹油及按摩、晚餐。順延著時間的推移，針對人的每項活動，飲食作息控制將他和身體的關係問題化，並發展出一種生活方式，其中的形式、選擇、變項是由對身體的關懷所決定的。但這裡考量也不是只有身體。

2.

就其作用的不同領域，飲食作息控制都建立出一項應有的分寸：「一隻豬也明白」，柏拉圖對話錄《敵對者》（*Rivaux*）[7]中有位與談者說，「和其身體相關的」，什麼是有用的，乃是「屬於正確分寸的」，而不是量大或量小。然而，這個分寸，不能只以身體方面來理解，也要由道德方面來理解。在保健法的發展中無疑曾扮演重要角色的畢達哥拉斯學派，就強力地突顯出對身體的照顧和保持靈魂純淨及和諧之間的關聯性。如果說他們為了身體淨化就教

於醫學，靈魂的淨化則就教於音樂，他們也認為音樂對有機體的平衡能產生有益的效果。[8] 他們為自己設立的多種飲食禁忌有其文化和宗教意義；而他們對於濫用的批判，不論是就食物、飲料、體能活動和性活動而言，都同時是有作為道德規範和有效的健康建議的價值。[9]

即使是在嚴格的畢達哥拉斯學派脈絡之外，飲食作息控制也是志願地界定於這個雙重區域之內：一方面是為了良好的健康，另一方則是為了靈魂的良好狀態。這是因為它們兩者會互相牽引，但也是因為決心遵循一套理性並有分寸的飲食作息控制，以及為了達成它所下的工夫，本身便顯示出不可或缺的道德堅定性。贊諾封筆下的蘇格拉底明白地突出了此一連結，當時他建議年輕人要經由體操規律地運用身體。他在其中看到許多優點，可以確保他們在戰爭中知道如何自我防衛，作為士兵，也能避免懦弱的名聲，更好地服務其祖國，得到高額的酬勞（並得以為後代留下財富及地位）；他並期待它能給他保護，抵抗疾病及身體的虛弱。但他也強調此一體操的好處會出現在大家最不期待之處：那便是在思想之中，因為一個健康敗壞的身

體，也會帶來遺忘、喪志、壞脾氣、瘋狂，甚至使得已經獲得的認知由靈魂中被驅逐出去。[10]

但這也是因為身體飲食作息控制的嚴格性需要能跟隨它的決心，而這召喚著不可或缺的道德堅定性。在柏拉圖眼中，這裡才是這些嘗試使身體獲得力量、美及健康的實踐真正有道理的地方：蘇格拉底在《共和國篇》第九部中說，有理智的人不只「不會再沉淪於獸性且不合理的快感」；不只他不會脫離「此一方向的關注」；他還作得更多：「如果他不應由此成為節制之人，他將不會重視他的健康，也不會認為成為強壯、健康及俊美是件重要的事。」和身體有關的飲食作息控制必須配合生存的一般美學，而在其中身體的平衡乃是靈魂擁有正確層級秩序的條件之一：「它將在他的身體中建立和諧，目的是維持靈魂中的協調」──這使得他能以真正音樂家（mousikos）的方式作出行為舉止。[11] 和身體有關的飲食作息控制因而不應以自身為目的過度強烈地發展。

在「保健法」的實踐中，人們很自然地看到一種可能

危險。因為如果這種飲食控制的目標是避免過度，在人們給與它的重要性和人們留給它的自主性中，卻是有可能產生誇大。一般來說，此一風險以兩種方式受到察覺。有一種危險可稱之為「田徑運動員式」的誇大；它來自反覆的練習，結果造成身體的過度發展，反而靈魂陷入沉睡於過度強大的筋肉之中：柏拉圖數次責備田徑運動員的這種過度促進，而且他宣布在他希望的理想城邦中不希望有任何年輕人如此。[12] 不過還有另一種危險可被稱為「體弱多病型」的過度：這裡涉及的是在任何時刻，只要稍有病痛，使一直注意自己的身體、健康。根據柏拉圖，此種過度的最佳例証是保健法傳說中的創建者之一，體操教練何若底柯斯（Hérodicos）：整天憂心不要違反他加諸於自身的飲食作息控制規則，即使是其中最小的一條，他多年來幾乎是「拖著」一個瀕臨死亡的生命。對於這樣的態度，柏拉圖作出兩條責備。它是游手好閒者的作為，而他們對城邦是沒有用處的；他們可以和那些嚴肅的工匠相比擬，他們以頭痛為藉口，不去包紮自己的頭，因為他們沒有任何時間可以損失於健康的微小照顧。但那也是另一種人的作

為，他們為了不喪失生命，嘗試各種辦法來延緩自然所設下的終結點。飲食作息控制帶著這樣的——既是道德的但也是政治的——危險，那便是給與身體誇大的照顧（*perittē epimeleia tou sōmatos*）。[13] 阿斯克里皮歐斯只用一些藥水及切除術來作治療乃是政治上的賢人：他知道在一個治理良好的國家中，沒有人會有那麼多的閒工夫一生都作病人，並接受他人照料。[14]

3.

　　對於過度控制飲食作息的缺乏信任顯示出保健法的終極目標，並不是要將生命盡可能地延長，或是要使它能作出最大的表現，而是要在被設定的限度內使它成為幸福和有用的。它也不應該一次就固定下生存的所有條件。一個飲食作息控制不會是好的，如果它只能允許在一個地方生活，只吃一類型的食物，無法有任何改變的可能。飲食作息控制的用處就在於它可以給與個人面對不同情境的可能性。這是為何柏拉圖認為運動員的飲食作息控制是如此

地嚴格，以至於不能在偏離它時不產生「嚴重且暴烈的疾病」，他將它對立於他希望看到的戰士在這方面的控制；他們應該像是狗一樣總是警醒著；當他們出發作戰時，應能夠「經常變換飲水及食物」，並且能夠曝露「於輪替的炎熱陽光和冬季嚴寒」，但總能維持「不可改變的健康」。[15] 柏拉圖的戰士們無疑是有特定的責任。但更一般性的飲食作息控制仍遵循同一原則。在希波克拉特文集中的《飲食作息控制》（*Régime*）一書作者，特別注意到要指出他的囑咐不是只針對一些享有特權的無活動者，而是針對最大數量的人群，即那些「工作、移動、航行、曝露於陽光及寒冷的人」。[16] 有時會看到有人將這個段落詮釋為它特別有興趣於積極和專業人士的生活方式。但尤其要注意到的是其中關注於——和其他地方一樣，此關注的性質既是道德的也是醫學的——使個人有足夠的準備，得以面對多樣的情況。我們不能，我們也不應要求此一飲食作息控制能夠迴避命定之事或改變自然的走向。我們可以期待於它的，乃是它能使人不以盲目的方式反應來到其面前的不可預見之事。保健法是個策略性的藝術，意指它應能允許人以有理性，

因而也是有用的方式回應各種情況。

在它針對身體和其活動所實施的警覺中，它要求個人有兩種相當特別的注意力。其中之一是要求他有一種可稱之為「系列性的」注意力，一種有關前後序列的注意力：活動不是單純只因為它們自身而是好的或壞的；它們的價值有一部份為之前或之後來到的事物所決定，而且同一事物（某一種食物、體能活動類型、泡熱水或冷水澡）會受到建議或反之會根據之後將會有的或已經有的其他活動（相接連的實踐其效果應相互補償，而其相互的對比不應過度劇烈）。飲食作息控制的施行也要求著另一種「和情況相關的」警覺，那是種同時非常尖銳又非常廣泛的注意力，針對的是外部世界，其中的各種元素、各種感覺：明顯包括氣候、季節、一天中的時刻、潮濕或乾燥的程度、冷熱的程度、風的情況、屬於區域特有的性質、城市的位置。希波克拉特派的飲食作息控制給出的指示有相對細節性，但應能使那些熟悉它的人，依照所有這些變數來調節其生活方式。飲食作息控制不應被視為一個普遍且到處一致的規則目錄；它毋寧是一個指導手冊，以便能針對人們面對

的多樣情境作出反應；它是部使人能根據情況作出適應而
調整其行為的專論。

4.

　　保健法終究是一種存在的技術，其意義是它不只是傳
遞醫生囑咐給一個將其被動地施行的個人。即便不進入將
醫學和體操相對立的歷史中，那涉及的是其各自決定飲食
作息控制的能力，還是要記得保健法並不是被設想為對他
人知識完全不加質疑的遵循；它應該是個人經過對自我及
身體反省之後所作的實踐。為了跟隨一個適當的飲食作息
控制，的確是應聆聽有知識者的話語；但這個關係應該採
取說服的形式。身體的保健法，如果要是有理性的，並要
能適應情況和時刻作調整，應該是屬於思想、反省和審慎
的事務。醫藥或是手術作用於承受它的身體，飲食作息控
制的訴求對象則是靈魂，對它進行原則的教導。如此，在
《法律篇》[17]中，柏拉圖區分了兩種醫生：一種是專治奴隸
的醫生（他們自己大多隸屬於奴役狀態），他們自我侷限

於開處方而不作解釋；另一種是出生於自由人階級，並專治自由人；他們不會只滿足於開處方，他們會作交談並由病患或其友人處獲得資訊；他們以論證來教育、勸說、說服病患，而當他被說服之後，便自然會接受由他來指引人生。由知識型的醫生處，自由人不只要接收狹義的治癒手段，更要在此之外，得到有益於其整體存在的一套合理架構。[18] 在《回憶蘇格拉底》書中有段簡短的段落，將飲食作息控制明白地顯示為一種和自我關係中具體而主動的作為。我們看到蘇格拉底在此努力地要使其弟子「可以有能力自我滿足」於其自有的地位。為了達成此一目的，他囑咐他們（向他本人或另一位老師）學習一位賢明且有產之人（homme de bien）應該知曉之事，但這將僅侷限於對他有用之事，而不包括其他：學習幾何、天文、算數中必要知曉的。但他也要求他們「照料自身的健康」。而此一「照料」實際上除了應該受到所接收到的知識支持，也應發展出一個對自我警醒的注意力：觀察自我，並且再加上一個重要的書寫和記錄的協助：「每個人自我觀察，並且記下何種食物、飲料、體能活動對他是適合的，應如何使用它

們才能維持最完美的健康。」對於身體良好的經營管理，如果要成為一門存在的技藝，應透過主體針對自我所作的書寫；經由後者，他能夠獲得自律，並自覺地選擇什麼對他好什麼對他不好：「如果你們作這樣的觀察」，蘇格拉底對其弟子說，「你們將很難找到一位醫生，他比起你們自己更能區辨出什麼是有益你們健康的事物。」[19]

　　總之，飲食作息控制的實踐作為一種生活的技藝，和只是一套目的僅在避免生病和達成治癒的預防措施，相去甚遠。這是將自我構成為主體的一整組方法，而此一主體對其身體有準確的、必要的和足夠的關懷。此一關懷遍行於整體日常生活；它使得存在中主要的或經常性的活動成為同時是健康上和道德上的關鍵問題；它在身體及圍繞它的元素之間界定出一個策略；其目標是使個人能裝備著一個合於理性的行為舉止。在這個生命的合理及自然的經營管理中，當時人們同意給與阿芙羅底其亞什麼樣的地位呢？

La diète des plaisirs

第二節
快感的保健法

有兩本保健法專論流傳至今，它們收入希波克拉特文集，成為其中的一部份。其中一本比較古老，也比要簡短：這是 *Peri diatēs hugiainēs*，《健康的飲食作息》（*Régime salubre*）；在很長的一段時間裡，它被當作是《論人之本性》（*De la nature de l'homme*）這本專論的最後章節；[20] 第二本 *Peri diaitēs*（《論飲食作息》）則是其中比較詳盡的一部。在此之外，歐里巴斯（Oribase）[V] 在其《醫典叢書》[21] 之中收入了一部狄奧克里斯（Dioclès）以衛生保健為主題的文本，其中以非常詳細的方式，給出了日常生活的規則；對於這同一位狄奧克里斯——他生活於紀元前第 4 世紀——人們把一份非常簡短的文本歸屬給他，而此文本被收錄在保羅・戴琴（Paul d'Egine）[VI] 的著作集中。[22] 作者在此文本中指示如何自我辨識疾病的初期徵象，以及季節保健的一些普遍規則。

V.　約生於 325 年至 403 年的羅馬醫生，曾為朱利安皇帝御醫。

VI.　7 世紀拜占庭醫生，生卒年代為 620-630 至 680-690 之間。

《健康的飲食作息》並沒有任何地方提到有關阿芙羅底其亞的問題，《論飲食作息》倒是就這一點提出了一系列的叮嚀和規定。這本著作的第一部份呈現為對飲食作息控制應有的主導性一般原則的反思。實際上，作者強調在當前有許多前行者，其中有一些前輩對特定的重點能給出好的忠告，但沒有一位對於他要處理的題材能展現出一個完整的說明；這是因為，「為了對於人的保健法能正確地寫作」，必須要能「認識及探查清楚」人的一般本性，比如說他原初的構成（*hē ex archē sustasis*）、應該在他的身體中作主宰的原則（*to epicrateon en tōi sōmati*）。[23] 作者指出飲食作息控制最根本的兩個要素是飲食及體能活動；後者產生耗費，而食物及飲料的角色便是加以補償。

　　文本的第二部份開展保健的實踐，採取的角度是探討進入飲食作息控制元素的特質和效力。在討論完區域——高或低、乾或濕、面對的風向——之後，便逐一地檢視食物（大麥或小麥、就其磨粉的精細度來區分、揉麵粉的時刻、摻入的水量；根據來源作區分的肉類；以物種來分別討論的水果與蔬菜）、沐浴（熱水、冷水、飯前或飯後）、

嘔吐、睡眠、練習活動（自然的，比如視力、聽力、人聲、思考或散步；劇烈的類似快跑或長跑，手部運動、地板角力、使用球的、使用手的、在沙地上或身上塗油）。在此一飲食作息控制的元素列舉中，性愛活動（*lagneiē*）的位置只是被列於沐浴和抹油，以及嘔吐之間；它被提到只是因為它的三個效果。其中有兩個是和質性有關：因為體能活動（*ponos*）的劇烈性而發熱、排出潮濕元素；因為體能活動使得肌肉溶解反而產生的溼潤。第三個效果是數量的：排出會使人變瘦。「性交使人變瘦、濕潤及發熱；它因為體能活動及分泌潮濕而產生熱；因為排出而使人變瘦，它並產生溼潤，那是因為（肌肉）溶解後遺留於身體中的，而此一溶解由體能活動產生。」[24]

在此一《論飲食作息控制》的第三部之中，倒是可以發現有關阿芙羅底其亞的一些規定。這第三部在其開頭的頁面呈現為一份大型健康時程表，一部有關季節和相適合的飲食作息的永久曆書。然而作者強調不可能給出一個一般性的公式以固定體能活動與飲食之間的精確平衡；他突出有必要考量事物、個人、區域、時刻間的不同；[25] 時程表

因此不可讀作一份必要方法的集合，而是一些策略性原則，必須知道如何調整以適應各種情況。總之，文本的第二部考慮的比較是飲食作息元素本身，而且是根據它們的品質，而這就其內在的性質而言（阿芙羅底其亞正是在這裡被提及），第三部之開頭，則特別是在處理情境中的變項。

　　一年當然是分為四季。但四季本身又再細分為比較短的時段，有的數週甚至數天。因每個季節特有的性質逐漸演變，因此，再進一步說，生硬地改變飲食作息的方式總是危險的：類似於過度，突然的改變易產生有害的效果；「一點一點慢慢改變（*to kata mikron*）乃是一個穩固的規則，尤其是由一個事物變換到另一個事物」。結果是「在每個季節都要作小幅地（*kata mikron*）改變飲食作息控制中的組成。」[26] 如此一來冬季的飲食作息還要再根據季節本身的狀況細分為一個為期 44 日的時段，由昴宿七星（Pléiades）落下直到冬至，接下來是完全對等時期，跟隨著 15 日逐漸暖和的時節。春天開始於一段由 32 日構成的時段，它始自火角（Arcturus）昇起與燕子到來，直到春分；由此起，季節再細分為以 8 日為單位，共有 6 個時期。接下來是夏天，

共分為兩段：由昴宿七星昇起至夏至，接下來是直到秋分的一段時期。由此到昴宿七星落下，人們必須在 48 天期間，準備「冬令飲食作息」。

　　作者並未為這每一個小的區段，給出一個完整的飲食作息控制計劃。以或多或少的細節，他所界定的，比較是一個整體性的策略，並以一年每個時刻的特質作調整。此一策略遵循的是對立、抵抗和至少是補償的原則：季節的寒冷應由一個增熱的飲食作息作出平衡，以免身體過度冷卻；相對地，強大的熱氣則呼喚柔軟和清涼的飲食作息。但它也應遵循一個模仿及相似的原則：在一個溫和及逐漸演變的季節裡，應遵守的飲食作息是溫和及漸進的；在一個植物發芽生長季節裡，人也應作同樣的事，準備其身體的成長發育；同樣地，在冬天的嚴厲中，樹木變得堅硬，擴展其韌性；人也一樣，不懼嚴寒，「勇敢地」暴露於其中，便能獲得剛健。[27]

　　是在此一總括的脈絡之下，阿夫羅底其亞的使用獲得處理，並考量到它們可以產生的冷熱、乾溼效果，即根據文本第二部中的一般公式。和它們相關的建議置身於飲食

規定和體能活動或排出相關的忠告。冬天的季節，細說是由昴宿七星落下到春分的，正因為季節本身是冷而溼的，其中的飲食作習應該是乾燥且增熱的：因此肉類的烹調方式應是燒烤而不是水煮、麵包以小麥製成、乾且小量的蔬菜、不怎麼沖淡的酒，但量要小；大量的體能活動，而且包含各種類（跑步、角力、散步）；在跑步訓練後洗冷水澡──因為訓練總是增加體熱──，而其他體能活動之後則洗熱水澡；性關係的頻率增加，特別是有年歲者更應如此，因為他們的身體傾向於冷卻：溼性的體質每月催吐三次；乾性體質則每月兩次。[28]春天的時候，空氣變得更加乾熱，並且要準備身體的成長，人們應該吃同樣份量的燒烤和水煮的肉類、吸收潮溼的蔬菜、作泡澡、減少性關係數量及催吐；每月只嘔吐兩次，之後頻率還要下降，使得身體可以保持「純粹的肉」。昴宿七星昇起之後，夏天到臨，飲食作習特別要抵抗的是乾燥：飲用清淡、色白及沖淡的酒類；吃大麥製的蛋糕、水煮或生食的蔬菜，如果這些不會有增熱的風險；戒絕催吐並將性活動減至最少（*toisi de aphrodisioisin hōs hēkista*）；減少體能活動、避免使得身體

變乾的跑步、在陽光下的行走同樣要避免、而角力應在沙場中進行。[29] 當火角上昇及秋分接近，飲食作息要變得更柔和及更溼潤；但就性行為方面的控制並無特別的陳述。

狄奧克里斯的《論飲食作息控制》比起希波克拉特的同類型著作，發展得比較沒有那麼詳細。但它在日常生活中的每日時程運用方面說得很詳細，並且佔有文本的一大部份：由起床後立刻要作的擦揉，以減少身體的僵硬，直到睡眠時身體在床上適合的姿勢（「不要太直躺、也不要強力彎曲」，尤其不要躺在背上），一天所有的主要時刻都受到檢視，包括適合它們的沐浴、擦揉、塗油、排出、散步、食物。[30] 性快感及其變動的問題則只以季節變換的角度來考慮，並且是在提及數個一般性平衡原則之後：「對於健康而言，很重要的一點是我們身體的力量不會因為另一個力量而降低。」然而作者侷限於提出簡短的一般性評述：首先，任何一個人都不應「經常及持續媾合」；它比較適合「寒涼、潮濕、黑膽汁、脹氣體質的人」，而比較不適合清瘦的人；而且在人的一生中有些時期它是有害的，比如年老的人或是處在「由孩提過渡到青少年時期

的人」。[31] 至於那份被稱為狄奧克里斯致安提岡國王（Roi Antigone）的書信，顯然是比較晚期的文本，在其中他對性快感所提的安排，就大線條來說，和希波克拉特所提的極度接近：冬至是人最適合流出的時節，性的作為不必受限。在昴宿七星上昇的時節中，這時身體為苦膽汁所主宰，行使性愛動作便需要許多節制。到了夏至的時候甚至應該要完全棄絕，因為此時黑膽汁在身體中佔了上風；包括所有的嘔吐，都必須完全戒絕，直到秋分。[32]

　　在此一和快感有關的飲食作息控制中，有許多值得注意的特點。首先，和體能活動、尤其是食物比較，性關係的問題地位有限。有關食物的問題，考量到它們本身的品質、在什麼情況下取用（一年中的什麼季節、有機體的特定狀態），對於保健法思維而言，比起性活動更加重要。另一方面，必須注意到，飲食作息控制的關懷從來不會和動作的形式本身有關：不會談論形式關係類型、也不談論「自然的」姿勢或是不應有的作為、無關手淫、也毫不談論之後會如此重要的性交中斷或避孕方法問題。[33] 阿芙羅底其亞是以其整體來受到考量，作為一種活動重要的不是它

可採取什麼樣的多種型態；人們要問的只是它是否應該發生、以多少的頻率，處於什麼樣的脈絡。問題化的操作根本上是以數量和情況為角度。

更進一步地說，此一數量並不是以決定精確的數字方式受到考量。人們一直是停留在一種大體估量的狀況中：「更大量地」（*pleon*）取用快感，或是更小量地（*elasson*）、或是儘量地少（*hōs hēkista*）。這並不是說，在這問題上使用太精細的注意力是無用的，而是不可能事先地為所有人決定此一活動的節奏，因為它和身體及其所處環境之間的品質有關（乾、熱、溼、冷）。如果說，性動作實際上屬於飲食作息的一部份，而且受要求「節制」，那是因為它們產生──透過身體的運動和精液的排出──增熱、變冷、乾燥和溼潤的效果。它們升高或下降使身體得到平衡的不同元素的水平；它們也改變了此一平衡以及這些元素和外部世界互動間的關係：變乾、或變熱，而這對一個溼而冷的身體可能是好的，但如果季節和氣候本身是熱與乾的就沒那麼好。飲食作息控制不必設定數量及決定節奏：在我們只能決定就其整體狀態的關係之內，它要交涉的是成為

必要的質的變動和調整。我們在討論過程中可以註記的是，
相傳為其作者的亞里斯多德，在《問題集》一書中似乎是
唯一一位由此一質地生理學（在其中女人有是冷及溼的體
質而男人是熱及乾的體質）中抽引出一個最為眾所週知的原
理，而其結果是性關係的高峰季節對於兩性是不同的：女性
特別是在夏天才會傾向於交歡，而男人則是冬季。[34]

　　如此，保健法問題化性實踐時，不是將它當作一整組
的動作（un ensemble d'actes），並根據它們各自的形式和
價值作出分別，而是當作一種「活動」（activité），人們
對於它必須以不同的時段為標準，任其發展或加以減緩。
在此，我們可將飲食作息控制貼近於可在基督宗教牧教內
容中發現的某些調節規範。為了限制性活動，其中使用的
某些標準也將是時態性。但這些標準將不只是更精準；它
們運作的方式完全不同；它們將決定那些時刻裡，實行是
允許的，而其他時刻則不行；而這些嚴格的分配之固置將
根據不同的變項：禮拜儀式的年曆、月經週期、懷孕期及
生產之後的時期。[35] 在上古醫學的飲食作息控制中，相對
地，其變項是漸進型的；與其根據允許與禁止的二元形式

來作組織，它們建議的是一種在多或少之間的擺盪。性活動並不被認為是一種根據它在時態限制內的位置而被認定是合法或非法的實踐；它被設想為一種活動，處於個人和世界、體質、氣候、身體與季節的質地的交會點，會產生或多或少旳害處，因此必須遵循一種或多或少的緊縮安排。這是一種要求反省及明辨力的實踐。因此不能一視同仁地為所有人固置性快感的「開工日」；而要作出它其適當時機和頻率的最佳計算。

Risques et dangers

第三節
風險與危險

阿芙羅底其亞的飲食作息控制，帶著剋制其實踐的必要，並不建立於性動作本身依其本質是敗壞的這樣的預設上。它們完全不是依原則要使其失格的對象。針對它們所提出的是使用的問題，一個必須根據身體情況和外在情況靈活調整的使用。不過，必須求助於仔細的飲食作息控制，並給與性實踐一個警醒的注意力，其正當性來自兩系列的理由，在其中針對此一活動，顯現出某種不安。

1.

第一系列的理由有關於性活動對個人身體產生的後果。人們無疑會接受，對於某些人的體質，性活動毋寧是有益的：比如那些受大量黏液所苦的人，這活動可以使流體排出，而那些流體在敗壞後便會生成黏液，或是那些消化不良的，他們的身體日趨衰竭，肚子冷而乾澀；[36] 相對地，對於其他人——其軀體和頭部充滿了體液——它的效果比較是有害的。[37]

雖然有此中性的原則及具雙重性的脈絡，性活動持續

是可疑的對象。戴奧真尼・萊爾斯（Diogène Laërce）[VII]轉述一句畢達哥拉斯的警句，在其中一般的季節規則直接連結於一種恒長稀少化的要求，以及對其固有害處的肯定：「冬季應該沉湎於阿芙羅底其亞，但夏天不行；春季和秋季則應非常節制：不過就任何季節來說，它都是令人痛苦及有害於健康的。」戴奧真尼並且引用畢達哥拉斯對有人問他什麼時候作愛最好這問題的答案：「當我們要變得虛弱時。」[38] 然而畢達哥拉斯學派並不是唯一展現出如此不信任態度者，事實差得遠了；「越少作越好」的規則、對「最少害處」的追求，也在單純以醫學或衛生為目標的文本中受到提及：狄奧克里斯的《保健法》提議建立一些條件，在其中快感的使用將會激發「最少的損害」（hēkista enochlei）；[39] 相傳為《問題集》作者的亞里斯多德則在其中將性動作和植物的拔除相比擬，而這總是有害於根部，此書因而建議只有在非常迫切的需要之下才發生關係。[40] 透過一部應該決定何時實踐快感是有用、何時是有害的保健法，我們可以看到呼之欲出的是一般傾向是種限縮管理。

此一懷疑顯現於以下的觀念，即許多器官，包括最重

要的一部份，會受到性活動影響，並且可能因為其濫用而受苦。亞里斯多德指出頭腦會是第一個感覺到性動作後果的器官，因為它是整個身體中，「最冷的元素」；由有機體中取走一股「純粹及自然的熱力」，精液的射出導引出一種廣泛的冷卻效果。[41] 對於最受過度快感影響的器官排行中，戴奧真尼放上膀胱、腎、肺、眼睛、骨髓。[42] 依據《問題集》一書，眼睛和腰部會最受傷害，或者因為它們比其他器官對此動作供獻最多，或者因為過度的發熱會在其中產生液體化。[43]

　　這些和器官的多樣連結解釋為何人們認為性活動不遵循不可或缺的儉約規則便會產生病理學上的結果。必須要注意的是，我們找不到有任何地方提到——至少對男人是如此[44]——完全戒慾會產生紛亂。發生自性生活安排不佳的疾病大多是來自過度而產生疾病。比如布希波克拉特在《疾病論》一書中定義的著名「癆病」（phtisie

VII.　　紀元第 3 世紀詩人、編纂者及傳記作家，以希臘文寫作。

dorsale），其描述在西方醫學中有長期相同的病源學分析；這疾病尤其攻擊「剛結婚的年輕人」，以及「性關係旺盛者」（*philolagnoi*），它的源頭在骨髓（之後我們會看到，這裡被認為是身體中精液所在之處）；它會給人一種由脊柱向下的發麻感覺；精液在睡眠中自行流入尿液和糞便之中；主體變得無法生育。如果病痛加上呼吸困難及頭痛，甚至可能致命。飲食作息調節為柔軟的飲食及排出可能治癒，但必須一整年戒絕飲酒、體能活動及阿芙羅底其亞。[45]《病徵學》書中也舉出了濫用快感引發重症的例子：一位阿部德爾（Abdère）的居民，因為性關係和飲酒引起發燒，一開始並伴隨著噁心、心痛、口渴感覺、黑尿、舌頭生苔；痊癒共花費 24 日，其中有多次復發及發燒；[46] 相對地，一位梅利貝（Mélibée）的年輕人，在長期濫飲和縱慾之後，由呼吸及內臟的功能混亂開始，經過一段 24 日的病痛，最後死於完全的瘋狂。[47]

相反地，雖然運動員的飲食作息經常為人指責為過度誇大，它仍被提出來作為戒除性事能產生良善效果的範例。柏拉圖在《法律篇》中提及一位奧林匹亞競賽中的獲

勝者依索斯‧德‧塔倫特（Issos de Trente）：他如此雄心勃勃，「以節制全力掌控其靈魂、技術及力量」，只要他投注於訓練時，「人們說，他決不會接近女人也不接近少男」。同樣的傳統也作用於克里松（Crison）、阿斯提洛斯（Astylos）、狄奧龐匹（Diopompe）。[48] 在此實踐的原則中，無疑交會著數個主題：其一是儀性式的禁慾，而它在競賽或戰鬥中一樣，構成一個成功的條件；另一個是運動員必須在他自己身上獲得的道德勝利，如果他想要成為能夠且值得確保他在他人之上的優越性；但這也是對其身體必要的節約，如此才能保留他所有的力量，而性動作將會使它浪費於身外。女人需要性關係，如此她們機體必要的排出才能規律地產生，相對地，至少就某些案例而言，男人可以保留其精液；他們嚴格的戒慾，遠不會傷害他們，在他之內保留完整的力量，使它累積、集中，最後將其帶領至一個無可匹敵的地步。

在此一飲食作息的關注中駐留著一個弔詭之處，因為人們在其中一方面尋找一個活動公正的分配，而此活動本身並不能被視為是罪惡的，但也尋求一個受限制的安排，

在其中「較少」看來幾乎總是比「較多」有更好的評價。
如果身體形成了一個精力充沛，有生殖能力的物質，將它
取出並發射於體外的動作，其效果也可能是危險的，即使
就原則而言，它是符合自然的；整個身體，包括其最重要
的器官或是最脆弱的器官，在此消耗之中有付出高額代價
的風險，雖然那消耗是自然所希望；此一物質，它就其力
量而言，尋求逃離，但保留它可以是一個給與身體最強烈
能量的手段。

2.

對於後代的關懷，也是在快感的使用中，必須保持警
醒的動機來源。這是因為，如果可以接受自然組織了兩性
的結合，以確保個人有其後代，物種得以續存，而且如果
也接受，因為同樣的原因，自然將性關係連結於一個如此
強烈的快感，人們承認這樣的子孫是脆弱的，至少就其品
質和價值而言。對於個人而言，以偶然的方式取用快感乃
是危險的；而如果他的繁殖是依靠偶然、不計方式，那麼

他的家庭的未來會陷入危險。柏拉圖在《法律篇》嚴正地強調，為了此一父母及整個城邦都感到興趣的目的所必須採取的小心謹慎。結婚時，兩位配偶之間有第一次性愛動作之時，必須小心謹慎：有關起始動作為所有傳統承認的價值和危險可能出現其中：這天及這夜，必須避免此事上的任何錯誤：「因為開始是一位神明，它一但下凡人間，可以拯救所有的事物，如果每一位信徒獻給祂適合的榮耀。」但在婚姻生活的每一天及全部，都需要小心翼翼：實際上沒有人知道「在那一夜或那一天」，神明會協助孕育；而且，也需要「在一整年中及一生的時間中」，但特別是在其中特別適合生殖的時刻裡，「注意不要有意地去作有害健康的事，更不要有任何放縱及不公正，因為這會穿透並印入孩子的靈魂與身體」；人們冒的風險是「生下無論如何是可悲的人物」。[49]

人們擔心的危險，以及由之而來人們建議的謹慎措施集中於三大問題。首先是父母親的年紀。在男人這方，被認定為可生產出最美好的後代的年紀相對較晚：根據柏拉圖，那是介於 30 到 35 歲之間，而對於適婚的女人，他則

訂定為 16 至 20 歲之間。[50] 對於亞里斯多德而言，同樣的年齡間隔也是不可或缺的；他認為這對後裔的生氣蓬勃是必要的；他計算出以此間距，夫妻會同時到達孕育力下降的年齡，而這時生產後代並不適合；更進一步，在此一生命時段所生出的小孩，還有一個好處，也就是當他成熟可以接棒的時候，正好是其父母將要凋零的年紀；「這是為何應當把少女結婚訂定在接近 18 歲，而男人則為 37 歲或較少一些；在此一時間界限之內，而且身體的生命力正在高峰，兩性的結合將會發生。」[51]

另一個重要的問題乃是父母的「保健」：避免過度是當然，也要小心謹防在酒醉的狀況下繁衍下一代，而且也要實行一個普遍且恒長持續的飲食作息控制。贊諾封稱讚呂庫古（Lycurgue）[VIII] 的立法，其中有些措施是為了確保後代的良好狀況，必須透過其生命力旺盛的父母：命定要成為母親的少女不應飲酒，或是只能飲用摻水的酒；她們食用的麵包和肉類有精確的適當數量；她們應當像男人一樣作體能活動；呂庫古甚至設立「如同男人之間的，女人之間的賽跑和力氣考驗，因為他深信，如果兩性都生命

力旺盛，他們便會生下強壯的後代。」[52] 亞里斯多德一直堅持不要有像運動員那樣的，以及過於勉強的飲食作習控制；他較喜歡的是適合公民，且可確保對其活動是必要的（*euexia politikē*）健康況態：「體質應在疲憊中訓練，但那不是以暴力的工作訓練，也不應只是為了單一一種工作形式，如同運動員的體質，而是為了適合自由人的各種活動。」 對於女人，他希望能有一種飲食作息控制可以給與她們同一類型的品質。[53]

至於一年或是一季之內是那一個時刻，最有利於獲得美好的後代，這個問題被認為涉及一整組複雜的元素；在柏拉圖作品中，負責監控家庭是否在他們被允許且必須生育的十年中的檢查員，她們的注意應是放在這樣的事物上，雖也包括其他。[54] 亞里斯多德快速地提及他同時代的醫生及精通自然的人士可能會就此主題傳授的知識。他認為，夫婦兩人應該熟知全部的課程：「醫生們實際上提供了適切

VIII.　斯巴達神話性質的立法者，可能活躍於紀元前 9 世紀或 8 世紀初。

的指示，說明何時身體的狀況是有利於繁衍後代」（通常來說是冬季）；至於「自然科學家」，他們「表明偏向好北風而不是南風」。[55]

透過這些不可或缺的細心照料，我們可以看到生育的實踐，如果我們希望排除所有威脅它的危險，並確保它受到期待的成功，要求巨大的注意力，或用更好的方式說，一個完整的道德態度。柏拉圖堅持夫婦兩人需要在心目中記住（*dianoeisthai*），他們必須給與城邦「最美和可能中最好的小孩」。對於此一任務，他們必須強烈地思考，並依據以下原則，即人「當他們反省並全神貫注於他們所作之事」，會成功於其事業，而「如果他們不運用其心智是他們對此加以渺視。」，他們失敗，結果，「丈夫應注意（*prosechetō ton noun*）其妻子及生育，同樣地妻子也一樣，特別是在第一胎出生前的時期裡」。[56]就此主題，我們可以提出相傳亞里斯多德在《問題集》中所下的註解：如果說人類的小孩經常和他們的父母不相似，那是因為後者——在性愛動作的當下——其靈魂有多種的騷動，而不是只專心想著他們當下正在作的事情。[57]很久之後，在肉身的世界

裡，這會是一個使得性愛動作成為正當的一個必要規則，即以一個精確的意圖來支持它，而那便是生育。在這裡，要使性關係可以不是一種致命的過錯，這樣的一種意圖並不是必要的。不過，要使它達成其目標，以及使得個人能由其小孩獲得餘生並有貢獻於城邦，靈魂必須作出許多努力：長久關注於如何推開危險，而那些危險圍繞於快感的使用，並威脅著自然給與它們的目標。[58]

L'acte, la dépense, la mort

第四節
動作、耗費、死亡

然而，如果快感的使用在個人和其自己的身體的關係中，以及他的生活作息的界定中構成了一個問題，其原因也不單純只是人們懷疑此一使用乃是某些疾病的來源，或是人們擔心它對後代產生的後果。性動作確定地並不是希臘人眼中的罪惡；對他們來說，那並不是倫理學上失格的對象。但文本見証了針對於此一活動本身的憂慮。此一憂慮圍繞著三個焦點打轉：動作的形式本身、它所產生的代價、和它相關的死亡。在希臘的思想中只看到給與性動作正面價值將是個錯誤。醫學和哲學思維將它描寫為，因為暴烈而威脅著應當在自身之上實施的控制和自主；因為會耗竭個人應保存及維持的力量而有侵蝕性，而且它在確保物種的餘存之際，也突出了個人的必死性。如果對快感的實行飲食作息控制是那麼重要，那不只是因為過度可能會產生疾病；那是因為性活動一般而言和人的自我主宰、力量和生命有關。給與此一活動飲食作息控制的稀少化及風格化形式，乃是保障了對未來苦痛的對抗；那也是將自己養成、鍛練、感受為一位個人，有能力控制其暴力，使它只在可接受的範圍內發揮，並將自身的能量原則維持良好，

以及在預見後代的出生時接受自己的死亡。在肉體上所作的，阿芙羅底其亞飲食作息控制乃是一種針對健康採取的預防措施；它同時也是一種存在的修練（askēsis）。

1. 動作的暴烈

　　柏拉圖在《菲利柏篇》中描寫快感的效果，並將其大量地和苦痛混合時，想到是阿芙羅底其亞：此快感「使得身體整個攣縮了起來、肌肉收縮到有時甚至是驚跳起來，使其人出現所有可能的各種顏色、手勢、喘息，產生出總體過度的興奮，也像失去理智的人一般叫喊……而患者（patient）會說他快樂到因此死去，而旁人也是這麼地說他，於是他不斷地以同樣地強度來持續，以至於他更不克制、更不節制（akolastoteros, aphronesteros）」。[59]

　　希波克拉特被認為是肯定性歡愉形式像是小型癲癇的來源。至少奧魯－哲爾（Aulu-Gelle）[IX]記述如下：「以下便是神妙的希波克拉特對於性關係（coitus venereus）所給

的意見。他把它當作是那被稱為癲癇（comitiale）的可怕病症的一部份。人們說他如此說過：『性的結合是一種小型的癲癇（tēn sunousian einai mikran epilepsian）』。」[60] 這個說法其實來自狄摩克里特（Démocrite）[X]。希波克拉特的專論《論生育》（De la génération），在書開頭的地方為性行動作了一個詳細的描述，但它實屬另一個傳統，那是由狄奧真尼‧德波隆尼（Diogène d'Apollonie）[XI] 留下的傳統：這個傳統所憑據的模型（也受克萊蒙‧達列桑德里〔Clément d'Alexandrie〕所證實），並不是癲癇病痛那樣的病理學，而是機械論的，和一個被加熱並起泡沫的液體有關：「某些人」，《指導者》（Pédagogue）一書記述說，「假設有生者的精液乃是血的泡沫，這是它的實質。在擁

IX　約紀元 123-130 年出生於羅馬、逝於紀元 180 年，曾為行政官、文法家及編纂者。

X.　生卒年約為紀元前 460-370 年，被視為物質主義派的希臘哲學家，認為宇宙是由原子及虛空所構成。

XI.　紀元前 5 世紀的希臘哲學家。

抱中強烈振動的血液，為男性自然的體熱所加熱，形成了泡沫，並且在輸精的管道中溢開。根據狄奧真尼・德波隆尼，這樣的現像可以解釋阿芙羅底其亞這個命名。」[61] 在就此一般性的液體、振動、熱能及溢開的液體主題，希波克拉特文集中的《論生育》一書給出的描述是整體圍繞著可命名為「射精圖示」（schéma éjaculatoire）而組織的；此一圖示也原封不動地由男人轉移到女人身上；而它也被用來以對抗和爭鬥為角度解讀男性角色和女性角色之間的關係。

性動作由其起源開始，便被分析為一個暴烈的機械動作，最後導至精液的逸出。[62] 首先性器官的摩擦及身體全體所接收到的運動，產生了全體的加熱作用；它和身體中的振動加在一起，結果是使得散佈於全身的體液變得有更高的流動性，最後它開始「產生泡沫」（aphrein），「就像所有被擾動的液體會產生泡沫」。在這個時候，生成了「分離」（apokrisis）的現象；在此一產生泡沫的體液中，最精力充沛的，「最強和最黏稠」（to ischurotaton kai piotaton）的部份被帶至腦部及脊柱的骨髓中，並順著它流至腰部。就在此時，熱的泡沫轉移到腎臟，由那兒，透過

睪丸直到陰莖，它在一陣暴烈的騷動（*tarachē*）中被排出身體。在開始的時候，當出現性結合及「性器的摩擦」時，這個過程是意願性，也可能以完全非意願性的方式進行。這是在夢遺的狀況中出現的，《論生育》的作者提到這一點：當工作或其他的行動在睡前產生了身體發熱，體液會自發地產生泡沫：它「的行為就像是性交中的樣子」；射精產生了，伴隨著夢中的影像，而這無疑是順著那經常為人提及的原理，即夢境或是至少有些夢乃是身體當時狀況的譯寫。[63]

在男人和女人的性動作之間，希波克拉特學派的描述建立起一個整體的同構性（isomorphisme）。過程是相同的，但有點不同的是，女人這裡加熱的開端是由子宮開始，它在性交的過程中受到男人性器的刺激：「女人的性器官在性交中受到摩擦，子宮也在搖動，我會說女人像是在發癢，而這為她帶來快感及身體其他部位的發熱。女人也會由身體射出分泌物，有時是在子宮裡，有時是射在外面。」[64] 同樣的物質及同樣的形成過程（因為加熱和由血中生成的精液及分離）；同樣的機制及同樣以射出作終結。不過作者仍是突出了一些不同之處，它們和動作的性質無

關，但會涉及其暴烈性，以及陪伴它的快感的強度和時間長度。在動作之中，女人的快感比男人弱許多，因為在後者這邊，體液的排出是以突然及更高的暴烈性來進行。在女人這裡，快感是由動作的開端便開始了，並且在整個性交的過程都持續著。在整個關係中，她的快感持續地依賴著男人；這快感只有當「男人放開女人」時才會結束；如果她比男人早達到高潮，快感也不會因而消失；它只是以另一種方式被感受。[65]

在男人和女人構形相同的動作中，希波克拉特學派文本提出一個同時是因果也是敵對的關係：它可說是一場戰鬥，男性在其中扮演了發起者的角色，並且應該保持最後的勝利。為了解釋男人的快感對於女人的快感所產生的效力，文本借助於——就像希波克拉特文集其他的段落一樣，但它們無疑是更古老的——水和火兩個元素，以及冷與熱相互的效果；男性液體有時扮演刺激物的角色，有時扮演清涼劑的角色；至於女性的元素，它永遠是熱的，有時為火焰所代表，有時被液體代表。如果女人的快感「在精液落入子宮時」變得強烈起來，那就像是當酒被倒在其上，

火焰會突然增高；如果，相反地，男人的射精會終結女人的快感，那就像是把清涼的液體倒在很熱的水上：沸騰馬上便會停止。[66] 如此兩種相似的行動，運用可相類比的物質，但品質相反，在性結合中對立衝突：力量和力量相抗、冷水對抗沸騰、酒精倒在於火焰之上。但無論如何，男性的力量決定、支配、挑動、主宰。是它決定了快感的開始和結束。也是它透過確保它們的良好運作，保障了女性器官的健康：「如果女人與男人有性關係，她們身體會較好，不然的話，其健康便不好。這是因為子宮在性交中會變得濕潤而不會乾澀；然而，當它是乾澀的時候，它會猛烈地及超過應有限度地收縮；而這麼猛烈地收縮，會使身體受苦。另一方面，性交可以使得血液變熱及更加潤溼，這使得月經的通道更順暢；然而，當經血無法流動，女人的身體變得生起病來」。[67] 男人的插入及精液的吸收乃是女人的身體平衡其品質的起源，以及她的體液必要流動的鑰匙。

透過此一「射精圖示」，人們感知──包括兩性的──整體性活動，明白顯示陽剛的模型接近排除性的支配。女性的動作並不嚴格地是互補的；它比較是個化身，但其形

式像是個較弱化的版本，而且在健康上和快感方面都依賴著前者。在將注意力焦點集中在此一射出的時刻——發泡液體的拔除，被當作是動作的根本核心——人們在性活動的中心放置了一個過程，它的特點是其暴烈、幾乎無法阻擋的機制，以及脫離主宰的力量；但人們在快感的使用中，也提出一個重要的難題，那是有關經濟和耗費的問題。

2. 耗費

性的動作由身體之中奪去一個有能力傳遞生命的物質，但它之所以能傳遞生命乃是因為它本身和個人的存在是相連結的，而且它也帶著後者的一部份。在排出自己的精液時，生命體不只是在排放過多的體液：他損失了對自身存在價值高昂的元素。

就精液的珍貴性格，所有的作者給出的解釋有所不同。《論生育》引証了精液的兩種起源觀念。根據其中之一，它由頭部而來：在腦中形成，在骨髓中下降，直到身體的下方。依照狄奧真尼・萊爾斯的說法，這便是畢達哥拉斯

學派所構想的一般原理：精液在其中被視為像是「一滴腦漿，其中包含著熱氣」：由此一腦部物質的片段，之後便形成了整個身體，包括「神經、肌膚、骨頭、頭髮」；由包容在它之中的熱氣，生出了胎兒的靈魂及感覺。[68] 對於頭部在形成精液的優越地位，希波利克拉特的文本也加以附和，提出耳朵有切口的男人——如果他們還保留了發生性關係及射精的能力——他的精液數量不多、微弱且不具孕育力：「因為最大一部份的精液來自頭部，順著耳朵去到骨髓；而這條通道在切傷結疤之後，硬化了。」[69] 但這個給與頭部的重要性，在《論生育》這本專論中並沒有排它性，因為另一個一般性原理中說精液是來自全身的：男人的精液「來自在身體存有的所有體液」，而這歸功於「靜脈及神經，它們由全身而來，之後集中於性器」，[70] 它們的形成「來自身體全部，包括其中堅實的部份、柔軟的部份，以及所有的體液」，包括其四種類型 [XII]，[71] 女人也同樣，「由

XII. 古希臘醫學理論認為人體是由血液、黏液、黃膽汁和黑膽汁四種體液構成。

全身出發作射出」；[72] 如果少男及少女在青少年時期之前，無法發射精液，是因為在這個年紀，血管如此細和窄緊，以至於它們「阻礙精液流動」。[73] 無論如何，發自整個身體，而且大部份來自頭部，精液被認為是一種分開、隔離、集中體液中「最強的」（*to ischurotaton*）部份的程序的結果。[74] 這個力量顯示於精液黏稠及具泡沫的質地，以及它脫離時的狂暴性；它也轉譯於性交後總是會感受到的虛弱，不論被排出的量有多小。[75]

事實上，精液的來源一直是醫學和哲學上的討論主題。然而——無論是提出了什麼樣的解釋——這解釋應該能說明使得精液為何能傳承生命，並且使得另一個有生命者可以出生；精液中的物質是由什麼地方獲得它的力量，如果那不是由精液已抵達的個人身上的生命本原？它所給與的存在，它應該是借用並剝離自它獲得其根源的生命體。就所有的精液射出而言，都會有某些事物是來自個人最珍貴的元素，但已脫離此個人而去。《蒂邁歐篇》中的造物者因此便將精液深置於人身上構成身體與靈魂、死亡與永生的鏈接之處。此一鏈接之處，便是髓質（其在頭顱及圓形

的部份，庇護著不死的靈魂，而它拉長及脊背的部份，則保護著會死的靈魂）：「透過生命的連結，靈魂和身體鏈接在一起，這些連結附著於髓質以使得生命必有終結的物種可以牢固豎立」。[76] 透過背部的兩條大流管，由此分流出身體所需要的溼潤，並將此溼潤密閉於體內；精液也由此分流而出，它由性器官脫離以使得另一位個人得以出生。生命體及後嗣有同一個單一生命本原。

亞里斯多德的分析和柏拉圖及希波克拉特的分析都非常不同。不同之處在於位置、也在於機制。可是在他的書寫中仍可發現同樣的原理，即珍貴之物的減少。在《論動物的生殖》（*De la génération des animaux*）一書中，精液被解釋為營養的賸餘（*perittōma*）：最後的成品，以小量濃縮，而且就像有機體由食物中取得的生長元素一樣有用。對於亞里斯多德而言，實際上飲食帶給身體的，其終極的消化提供了一個物質，其中有一部份流向整個身體的各部份，使得它們可以每天難以察覺地長大，另一部份則等待著被排出，而當它到了子宮中，這排出使得它可以形成胚胎。[77] 於是，個人的生長和其生殖受到同一種元素的支

持，而他們在同一物質中有其原理：生長的元素和精液乃是食物消化的同源相似結果（doublets），而此一消化維持了個人的生命，也允許另一人出生。我們了解，在這情況下，對於身體而言，精液的排出構成了一個重要的事件：它由身體中拔出了一個珍貴的物質，因為它是一段有機體長程工作的最後成果，而在它之中集中了一些元素，依其性質，可以「去到身體的所有各部份」，而如果沒有被拿除，是有可能使它增長。我們了解為何這此一排出——在一個人不再有需要更新其有機體以使得它生長的年紀，是完全有可能的——在年幼時並未發生，因為在那時節食物中所有的資源都被用來生長；在這個年紀，「所有的耗費都是預先進行的」，亞里斯多德如此說道；我們也了解年老時，精液的製造減緩：「有機體消化不足」。[78] 在個人的一生中——由有必要生長的幼年一直到有困難於直立的老年——突顯著界於生殖能力和生長或維持生活的此一互補的關係。

主張精液來自有機體的全部，或是它的源頭乃是身體和靈魂相互連結之處，或它是在食物的長時間內部消化的

終點處形成，將它排出的性動作，對於生命體都構成代價高昂的耗費（dépense）。快感的確可以陪伴著它，如同自然所意願的，如此人們才會想要得到後代。但它對他自己仍然是構成了一個嚴峻的震撼，棄置了包含著一個存有者的一部份。亞里斯多德便如此解釋在性關係之後「明顯的」精疲力竭；[79]《問題集》一書的作者便是如此地解釋年輕人對和他發生性關係的第一位女人所感到的噁心；[80] 以這麼少的數量──依比例而言，人的比其動物的仍是比較多一點──生命體喪失了對他自己的生存而言是重要的一整群元素。[81] 我們了解為何性快感使用中的浮濫有可能在某些個案中，如同希波克里特所描述的背部癲癇個案，引領至死亡。

3. 死亡與永生

醫學與哲學思維之所以將性活動與死亡相連結，不單純只是害怕過度的耗費。它們也相連結於繁殖的原理本身，這思維也把生殖之目的設立為緩衝有生者之消失，並且給

與物種全體每一個體不能獲得的永恆。如果動物在性關係中結合，如果此一關係給了他們後代，這是為了物種——如同《法律篇》所說的——可以陪伴時間的無盡前行；這便是它逃離死亡的方式：「留下孩子們的孩子們」，但仍然維持一致，它「透過生殖參與永生」。[82] 對於亞里斯多德和柏拉圖一樣，性愛動作位於必有死期的個人生命——而且它將此生命中最珍貴的一部份力量抽取出來——和以物種續存為具體形式的永生交會點。在這兩個生命之間，為了將兩者結合，並且以它的方式，使得前者參與後者，性關係構成了（又是柏拉圖所說的）一個人工物（*mēchanē*），而它可以確保個人有其本人的「再生」（*apoblastēma*）。

在柏拉圖的思維中，此一同時是人工又是自然的連結，支持它的乃是所有可能滅亡的自然自我延續及成為永生的慾求。[83] 這樣慾求，《饗宴篇》中的蒂娥提美（Diotime）說存於野獸之中，牠們為想要繁殖的渴望所補捉，「因為這些愛的傾向而生病」，願意「甚至犧牲自己的生命來拯救其後代的生命」。[84] 在人類之中也有一些人不願在死後沒有留下任何聲譽或是「斷絕名姓」；[85] 為了達成這一點，

他必須結婚並在最好的條件下誕生出後代。然而這同樣的慾求，在某些喜愛少男的人身上，激發的是熱情不是在身體上授精，而是在靈魂中播種，並生出那本身便是美的事物。[86] 亞里斯多德年輕時的一些文本中，比如《論靈魂》[87] 這部專著，性活動與死亡及永生的關係仍是以有點「柏拉圖風格」的形式來表述，即一種想要參與永恒的慾求；在比較晚年的文本，比如《論生殖與腐化》（*De la génération et de la corruption*）[88] 或是《論動物的生殖》中，他採取的思維形式是存有者在自然秩序中的分別及佈置，而其根據的是一整套的存有論原理，涉及存有者、非存有者及最佳者。提出依最後因來解釋為何有動物的生殖及不同性別的存在，《論動物的生殖》的第二部援引數個支配多樣存有者與存有之間關係的根本原理，也就是說某些事物是永恒且神聖的，而其他是可存在也可不存在的；美及神聖永遠都是最佳者，而那些不是永恒者可參與最佳或最差者；存有比非存有更佳、有生命比沒有生命更佳、活動比不活動更佳。最後在指出臣服於流變者不可能是永恒的，只能盡力而為之後，他的結論是存在著動物的生殖，而牠們作為

個體被排除於永恒之外，作為物種卻可以是永恒的：「個別地一個一個看，」動物「不可能是永生的，因為存有者的現實駐存於特殊；而如果牠成為永生，牠將是永恒的。然而以個別物種而言，牠可以達到如此。」[89]

性活動因而是處於一個由死亡與生命、時間、流變與永恒構成的廣大視角中。它之成為必要乃是因為個人之必死，但也因為以某種方式他得以逃離死亡。的確，這些哲學思辨在快感的使用及其飲食作息控制中並不是直接地在場。但我們可以注意到柏拉圖在提到它時的莊嚴鄭重，那時他談的是和婚姻有關的「說服式」立法——這個立法應最為優先，因為它有關「城邦誕生的本原」：「人們應在 30 歲至 35 歲之間結婚，因為想到人類透過一個自然的秉賦可以參與永生的一部份，而此慾求是內在於所有關係下的所有人。因為想要獲得名聲及死後不要不留名姓的雄心便來自此一慾求。然而，人類的種族和全體時間有一個自然的親近性，而它會在時延中陪伴它而且將會一直陪伴它；它之所以得以永生便來自於此，生下孩子們的孩子們，如此他受惠於它的統一性的恒常總是如此一致，透過生殖它

參與永生。」[90] 對於此一長篇思考，《法律篇》的與談者們很清楚那並不是立法者的習慣。但雅典人指出這類事物，就像是在醫學中的情況；當後者面對的是有理性及自由的人時，不能只是作規定；它必須解釋、給出理由、進行說服，如此病患才會以應有方式規範他的生活模式。給與這樣的有關個人及物種、時間與永恒、生與死的解釋，會使得公民們的接受「帶有贊同之情，並且因為這樣的贊同之情，更加溫順」，他們接受的是規範其對象是他們的性活動及婚姻、他們有節制的生活中的合理飲食作息控制。[91]

希臘的醫學和哲學曾針對阿芙羅底其亞提問，並提問如果我們要有一個對自己身體正確的關懷，對它應該有的使用。此一問題化並不引導至，在這些行動中，在其形式中及其可能的變化類種中，區分那些是可以接受的，那些

是有害的或「非正常的」。但將它們整體性地、全盤性地當作一個活動的展現，它為自己設定的目標是固定下一些原則，而它們允許個人考量情況，在其中確保一個有用的強度及正確的分配。然而，在此一經濟中清晰的限縮傾向，見証了一個有關此一性活動的憂慮。憂慮的對象是濫用最終的效果；憂慮的對象也是並尤其是動作本身，而它總是以一種男性的、射精的、「陣發性的」的圖示而受到感知，而此圖示便單獨地劃定出整個性活動的特徵。於是我們了解到性活動及它的稀少化的形式所受到重視，不只是因為它對身體產生的負面效應，也在於它本身是什麼及它的本性：不受意志管控的暴烈、使得力量極度衰弱的耗費、和個人未來的死亡相連繫的生殖。性動作使人憂慮，不是因為它是罪惡，而是因為它產生騷亂，並且威脅個人和他自己的關係及他之建構自身為道德主體：如果沒有分寸並作應有的安排，它本身帶有非意願性力量的爆發、能量的弱化及無光榮後代的死亡。

我們可以注意到這三個有關生殖的大主題並不是上古文化所獨有的：我們經常可以在它處找到此一憂慮的展現，

它將性動作等同於射出精液的「陽剛」形式、將它連結於暴烈、耗竭與死亡。由高羅佩（Van Gulik）^{XIII} 收集的中國古代文獻似乎指出同樣的主題群組的存在：害怕不可抑制且代價高昂的動作、恐懼它對身體及健康的有害效果、將與女性的關係呈現為一種對戰關係、關注如何透過良好規範的性活動得到有品質的後代。[92] 然而，對於此一憂慮，中國古代房中術以一個非常不同於古典希臘的任何可找出的模式來作回應；面對動作的暴烈性的恐懼和害怕喪失精液召喚出主動有意的保留不泄；和另一個性別的面對面遭遇被接受為和對方所持有一種生命力本原的接觸，而對它加以吸收、內化可以採得其益處：於是性活動如果良好施行，不只會排除所有的危險，而且會有得到強化生存及回春手段的功效。在此狀況下，鍛練及練習的對象是動作本身、它的各個展開階段、支持它的力量作用、最後則是和它相

XIII. 生於 1910 年、卒於 1967 年，荷蘭漢學家、東方學家、外交官、翻譯家、小說家。

連結的快感；它的結束的省略或無定期的延後允許給與它整體最高程度的極樂及在生命中最強的效力。在此一「愛慾技藝」（art érotique）中，其倫理目標受到強力的標注，而它尋求的是對一個受到主宰、反省、多重化及延長的性活動，以最大程度加強它的正面效益，而時間——它結束動作、使身體老化並導向死亡——因而被消除了力量。

在基督宗教關於肉身的教義中，我們也可容易地找到相當鄰近的憂慮主題：動作不由自主的暴烈性、它和罪惡鄰近的關係以及它在生與死的互動中的位置。但是在慾望和性動作不可抑止的力量中，聖奧古斯丁將會看到墮落主要的汙點之一（此一不自主的動態在人的身體中複製了人起身對抗神的反叛）；牧教內容將會在一個精確的日程表上，依動作細節形態，固定下應該遵守的簡省規則；最後，有關婚姻的教義則給與生殖的目的雙重的角色，一方面是確保神之子民的餘存甚至是其繁衍增殖，另外也是個人會有可能不透過此一活動將其靈魂獻給永恒的死亡。在此可看到一個本身帶有負面價值的活動，透過動作、時刻、意圖的法律—道德符碼化而得到正當性；它被列入雙重的制

度中，包括教士的和婚姻的制度。教會儀式的時間和正當
生殖的時間使它可以得到赦罪。

　　在希臘人的思想中，相同的憂慮主題（暴烈、耗費及
死亡）在思維中採取的形式，其目標並不是行動的符碼化，
或創立一套愛慾技藝，而是設立一種生命的技術（technique
de vie）。這個技術並不企圖剝奪動作身上本原的自然性；
它也不提議增加快感的效果；它尋求的是以最接近自然的
方式來佈置它們。它尋求鍛練的對象並不是像在愛慾技藝
中那樣，動作的施行過程；也不是像之後在基督宗教中那
樣，尋求制度上正當性的條件；它更大程度是和自我的關
係，將活動「以整體為單位」，如何能有主宰它、限制它、
適當地分配它的能力；它涉及的「技藝」（technē）是如何
將自己構成為一個自己行為舉止主人的主體，也就是說讓
自己成為──像是面對疾病的醫生、身處礁石的駕船者，
或是以城邦為主題的政治人 [93] ──自己能幹且謹慎的嚮導，
善於推測適當的分寸和時機。如此我們可以了解為何阿芙
羅底其亞的飲食作息控制必要性受到這麼多的強調，但對
於濫用可能帶來的混亂卻給出如此少的細節，或是在要作

什麼和不要作什麼這方面談得這麼不精確。因為它是所有快感中最暴烈的、因為它比大部份的身體活動要付出更高的代價、因為它隸屬於生與死之間的互動，它構成了一個依倫理方式形成主體的特佳領域：這樣的主體，其特點應是能夠主宰自身之中難以控制的力量、保持其能量於一種可以自由使用的狀態、並使其生命成為一件將會在其過客般的人生之後餘存的作品。快感的身體性飲食作息控制，以及它所強加的儉省，乃是一整套自我技藝的一部份。

1. 希波克拉特，《古代醫學》（*L'Ancienne Médecine*），III。

2. 柏拉圖，《共和國篇》，III，405 e-408 d。

3. 事實上，柏拉圖給出的說明並不精確符合《依里亞德》中的敘事
   （*Iliade*，XI，624 及 833）。

4. 柏拉圖，《共和國篇》，III，407 c。

5. 有關於飲食作息控制在疾病治療上的必要性，也參看《蒂邁歐篇》，
   89 d。

6. 希波克拉特，《病徵學》（*Epidémies*），VI，6，1。有關此一上
   古文本的不同詮釋，參看希波克拉特，《作品集》（*Oeuvres*），
   Littré 譯本，第五卷，頁 323-324。

7. 傳伯拉圖著，《敵對者》（*Rivaux*），134 a-d。

8. 參考裘利（R. Joly），「出版說明」（Notice）於希波克拉特，《論
   飲食作息控制》（*Du régime*）（C. U. F.），頁 XI。

9. 「……對於肉體的疾病有些具療效的曲調，其演唱可使患者重新站
   起來。其他可使人忘記痛苦、平靜其憤怒、驅逐無秩序的慾望。現
   在談他的飲食作息控制：午餐吃蜂蜜、晚餐吃薄餅、蔬菜、少吃肉

類……如此身患者身體狀況將會保持一致，整齊清楚，不會一下子健康，一下子患病，而其靈魂由其目光中顯露的總是同樣的性格（to homonion ēthos）。」波爾費爾（Porphyre），《畢達哥拉斯傳》（Vie de Pythagore），頁 34。畢達哥拉斯應也有給過運動員的飲食控制建議（同上，頁 15）。

10. 贊諾封，《回憶蘇格拉底》，III，12。

11. 柏拉圖，《共和國篇》，IX，591 c-d。

12. 同上，III，404 a。亞里斯多德也批評運動員飲食作息控制及某些訓練中的過度，《政治學》，VIII，16，1 335 b；及 VIII，4，1 338 b-1 339 a。

13. 柏拉圖，《共和國篇》，III，406 a-407 b。

14. 同上，407 c-e。在《蒂邁歐篇》中，柏拉圖強調每個有生命的存有，其生命長度是由命運訂定的（89 b-c）。

15. 柏拉圖，《共和國篇》，III，404 a-b。

16. 希波克拉特，《論飲食作息控制》（Du régime），III，69，1；參考裴利之註解於 C. U. F. 版本，頁 71。

17. 柏拉圖，《法律篇》，IV，720 b-e。

18. 參考柏拉圖，《蒂邁歐篇》，頁 89，其中總結了以上有關飲食作息控制的段落：「以上針對有生者的全部及肉體部份，如何治理它或是任由它來治理，已經說得足夠了。」

19. 贊諾封，《回憶蘇格拉底》，IV，7。

20. 參考瓊斯（W.H.S. Jones），「導論」，於希波克拉特，《作品集》（Oeuvres），第四卷（Loeb classical Library）。

21. 歐里巴斯（Oribase），《醫典叢書》（*Collection médicale*），第三卷，頁 168-182。

22. 保羅・戴琴（Paul d'Egine），《外科》（*Chirurgie*），R. Briau 譯本。有關上古時期的保健法，參考史密斯（W.D. Smith），「古典保健理論的發展」（The Development of Classical Dietetic Theory），*Hippocratica*（1980），頁 439-448。

23. 希波克拉特，《論飲食作息控制》（*Du Régime*），I，2，1。

24. 同上，II，58，2。

25. 同上，III，67，1-2。

26. 同上，III，68，10。類似方向的論點，參考希波克拉特，《論人之本性》（*De la nature de l'homme*），9，《格言》（*Aphorismes*），51。同樣的主題亦出現於傳為亞里斯多德著，《問題集》，XXVIII，1；及狄奧克里斯，《論飲食作息》（*Régime*），歐里巴斯編，III，頁 181。

27. 希波克拉特，《論飲食作息控制》（*Du Régime*），III，68，6 及 9。

28. 同上，III，68，5。

29. 同上，III，68，11。

30. 歐里巴斯，《醫典叢書》，III，頁 168-178。

31. 同上，頁 181。

32. 保羅・戴琴，《外科》。此一性行為飲食作息控制的季節性節奏曾長期為人接受。在帝國時期仍可於塞爾斯（Celse）作品中看到。

33. 不過要註記的是狄奧克里斯的作品（歐里巴斯，III，頁 177）中提

到，仰睡的方式會招致夢遺。

34. 傳亞里斯多德，《問題集》，IV，26 及 29（參考希波克拉特，《論飲食作息控制》，I，24，1）。

35. 關於這一點，必須參照弗朗德罕（J.-L. Flandrin），《親吻時刻》（*Un temps pour embrasser*），1983，此書根據 7 世紀的文獻資料，顯示出受允許及受禁止時刻劃分的重要性，以及此一節奏性的多樣形式。我們可看到此一時間分配和希臘保健法中依情況而行的策略是如何地不同。

36. 希波克拉特，《論飲食作息控制》，III，80，2。

37. 同上，III，73 及 2。

38. 戴奧真尼·萊爾斯，《哲學家傳記》，VIII，1，9。

39. 歐里巴斯，《醫典叢書》，第三卷，頁 181。

40. 傳亞里斯多德，《問題集》，IV，9，877 b。

41. 亞里斯多德，《論動物的生殖》，V，3，783 b。

42. 歐里巴斯，《醫典叢書》，第三卷，頁 181。

43. 傳亞里斯多德，《問題集》，IV，2，876 a-b。

44. 相反地，我們在更後面會看到性的結合，對於女性而言被認為是個有助於健康的因素。《問題集》的作者倒是注意到對於生命力強大且營養良好的男性，如果沒有性活動，會有膽病發作的問題（IV，30）。

45. 希波克拉特，《諸疾病》（*Des maladies*），51。

46. 希波克拉特，《病徵學》，III，17，cas 10。

47. 同上，III，18，cas 16。

48.　柏拉圖，《法律篇》，VIII，840 a。

49.　同上，VI，775 e。

50.　同上，IV，721 a-b 及 VI，785 b。柏拉圖在《共和國篇》（V，460 e）將男人性「合法的」生殖期設定在 25 至 55 歲之間，而女性則設定於 20 至 40 歲之間。

51.　亞里斯多德，《政治學》，VII，16，1 335 a。有關雅典的結婚年齡問題，參考萊西（W. K. Lacey），《古典希臘的家庭》（*The Family in Classical Greece*），1968，頁 106-107 及頁 162。

52.　贊諾封，《拉卡蒂芒共和國》，I，4。在《法律篇》中，柏拉圖強調父母在受孕時如是酒醉狀態，將是有害的（VI，775 c-d）。

53.　亞里斯多德，《政治學》，VII，16，1 335 b。贊諾封認為，斯巴達人為了產下健壯的後代，新婚夫婦不應太經常會面：「在這種情況下，年輕夫婦會更加慾求對方，而生下的小孩，比起兩人都已滿足而厭倦對方，會更加健壯」（《拉卡蒂芒共和國》，I，5）。

54.　柏拉圖，《法律篇》，VI，784 a-b。

55.　亞里斯多德，《政治學》，VII，16，1 335 a。

56.　柏拉圖，《法律篇》，VI，783 e。

57.　傳亞里斯多德，《問題集》，X，10。

58.　柏拉圖在《法律篇》中提出，為了協助小孩的道德養成，懷孕婦女的生活應避免過強的快樂或痛苦（VII，792 d e）。

59.　柏拉圖，《菲利柏篇》，47 b。

60.　奧魯－哲爾（Aulu-Gelle），《雅典之夜》（*Nuits attiques*），XIX，2。

61. 克萊蒙‧達列桑德里（Clément d'Alexandrie），《指導者》（*Pédagogue*），I，6，48。參考裴利，「出版說明」，於希波克拉特，《作品集》，第十一卷，C. U. F.。

62. 希波克拉特，《論生育》（*De la génération*），I，1-3。

63. 同上，I，3。

64. 同上，IV，1。

65. 同上，IV，1。

66. 同上，IV，2。

67. 同上，IV，3。

68. 戴奧真尼‧萊爾斯，《哲學家傳記》，VIII，1，28。

69. 希波克拉特，《論生育》，II，2。

70. 同上，I，1。

71. 同上，III，1。

72. 同上，IV，1。

73. 同上，II，3。

74. 同上，I，1及2。

75. 同上，I，1。

76. 柏拉圖，《蒂邁歐篇》，73 b。

77. 亞里斯多德，《論動物的生殖》（*De la génération des animaux*），724a-725 b。

78. 同上，725 b。

79.　同上，725 b。亦請參考，傳亞里斯多德，《問題集》，IV，22，879 a。

80.　傳亞里斯多德，《問題集》，IV，11，877 b。

81.　同上，IV，4 及 22。

82.　柏拉圖，《法律篇》，IV，721 c。

83.　柏拉圖，《饗宴篇》，206 e。

84.　同上，207 a-b。

85.　柏拉圖，《法律篇》，IV，721 b-c。

86.　同上，《饗宴篇》，209 b。

87.　亞里斯多德，《論靈魂》，II，4，415 a-b。

88.　亞里斯多德，《論生殖與腐化》（De la génération et de la corruption），336 b。

89.　同上，《論動物的生殖》，II，1，731 b-732 a。

90.　柏拉圖，《法律篇》，IV，721 b-c。

91.　同上，723 a。

92.　高羅佩（R. Van Gulik），《中國古代房內考》。

93.　這三種「治理的技藝」（arts de gouverner）經常被並列在一起，作為同時需要知識和就情況而作的明辨判斷（prudence）的技藝；它們被並列也是因為都是和指揮能力相連的知識。當和個人尋求有助其「行為舉止」的原理和權威時，人們經常會參照它們。

III.
Économique

第三章

家政學

La sagesse du mariage

第一節
婚姻的智慧

在希臘的思想中，夫婦之間的性關係之「成為問題」，是如何、在什麼形式之下、由那個點出發？為了什麼理由人們會對它產生關懷？尤其是查問丈夫的行為，反思其必要的節制，而且在此一如此強烈地突出「自由男人」主宰的社會中，使它成為一個道德的關注？表面上，完全沒有，或者，無論如何，非常地少。在相傳是狄摩士田（Démosthène）[I] 所寫的《反奈娥拉》（*Contre Nééra*）[II] 訴狀最後，作者表述了某種後來成名的格言：「我們找高級妓女（courtisanes）是為了快感；娶妾是為了照料日常生活；娶妻則是為了生下合法的後代，並且有一位忠誠的家宅守護者。」[1]

這樣的格言可說是嚴格的角色分配，在它之下我們和

I. 牛卒於紀元前 384-322 年，雅典民主派政治家。

II. Nééra，一位科林斯（Corinthe）有奴隸身份的妓女，出生於紀元前 400 年左右。她在贖身獲得自由後於雅典生活。在紀元前 340 年發生一起針對她的控訴：理由是她身為奴隸及外國人，不應和雅典公民一起生活。她的女兒 Phanô 也被控訴無權利卻和一位雅典公民結婚。

高羅佩筆下的中國古代夫婦行樂技藝相去甚遠：在後者之中，緊密相連的包括婦女服從的規範、她的遵從、犧牲精神、對目標是儘量能增加伴侶（至少是男方）快感的性愛行為的建議、獲最佳後代的條件的意見。[2] 那是因為，在這多婚制社會裡，妻子處於一種競爭的情境，她在其中的地位和她能給與快感的才能是直接相關的；有關性行為的提問以及它可能的完善形式乃是對家庭存在的反思的一部份；快感的靈巧踐履及夫婦生活的平衡都是同一個整體的不同部份。《反奈娥拉》中的格言也離我們可在基督教教義和傳教士守則所能發現的非常遙遠，但其理由卻是完全不同；在這個嚴格單婚制的情境下，男人除了他和其合法妻子所應有的快感，是被禁止在其外尋求其他形式的快感；此一快感本身也設下數量可觀的問題，因為性關係的目的不應是肉體上的滿足而是生殖；圍繞這一核心主題群組，發展出一整套非常緊密的提問，而其對象是有夫婦關係中快感的地位。在這種情況中，問題化（problématisation）並不源自多婚制，而是單婚制中的義務；它並不尋求連結夫婦關係的品質和快感的強度及伴侶的多樣性，卻是相反地，

儘量將單一夫婦關係中的堅定和快感的尋求相分離。[3]

《反奈娥拉》似乎是立足於一個完全不同的系統。一方面，此一系統運用的原則只有一位合法的正室；但另一方面，它很清晰地將快感的領域放置於婚姻關係之外。在此系統中，婚姻和性關係只有在生殖功能中相遇，而性關係如果產生和快感有關的問題，也只有在婚姻之外。結果是，除了使丈夫獲得合法及美滿的後代之外，人們看不出性關係在婚姻生活中會產生什麼問題。於是，在希臘思想中可以很邏輯地找到有關不孕症及其原因的技術性和醫學性提問，[4]相關於獲得健康小孩，[5]以及如何生下男孩而不是女孩的保健和衛生知識，什麼是最佳的夫婦組合的政治及社會思維，[6]最後則是於後代在何種條件下可以被視為是合法的，並享有公民的地位（這是《反奈娥拉》討論的主要問題）。

考量到古典時期雅典夫婦的地位，以及兩者之間的義務，我們看不出來夫妻間的性關係的問題化或採取其他形式，或是與其他問題相扣連。加諸於夫婦的婚姻制度中何者是允許何者是禁止的界定，就性實踐這方面而言，是

相當簡單的，而且是相當明白地不對稱，這使得要以法律規範作補充顯得並無必要。一方面，作為妻子的女人，因其法律和社會地位而受到束縛；她們所有的性活動必須存在夫婦關係的內部，而她們的丈夫應該是她們獨一無二的〔性〕伴侶。她們處於他的力量之下；她應為他生下小孩，而這些孩子將會是其繼承人及公民。在發生通姦的案例中，懲罰既是私人的，也是公眾的（一位被以通姦定罪的女人不再有權利出現於公開祭神的儀式中；如狄摩士田所說的，法律「希望女人感覺到足夠強大的恐懼，而願意保持正直（*sōphronein*）、不犯下任何過錯（*meden hamartanein*）、成為家庭忠誠的守護者」；它警告她們，「如果不能遵從此一義務，她們就同時會被排除於其丈夫的家宅及城邦的祭典之外」。[7] 一位結了婚的女子，她的家庭和公民地位在她身上加諸的一套行為規則，那便是性實踐只能是嚴格侷限於夫婦之間。並不是美德對女人無用，遠不是如此；而是她們的正直（*sōphrosunē*）是在於扮演的角色是保証她們依意願及理性，知道尊重她們所被加諸的規則。

　　至於丈夫，他對其妻子也有一些義務（梭倫 III 立下的

一條法律要求如果她是「繼承人」，人夫一個月至少和其妻子有三次性關係）。[8] 不過只和其合法妻子發生性關係，無論如何都不是他的義務。的確對所有的男人來說，不論他是結婚與否，都應尊敬一位結了婚的女子（或是一位仍處於父親管轄下的少女）；但這是因為她屬於另一人的管轄；並不是他自己的地位約束了他，而是他要進犯的少女或女人的地位；他的過錯根本上是針對女人擁有管轄權的男人；這是為何，作為雅典人，他的處罰會較不嚴重，如果他一時被慾望的貪婪沖昏了頭而犯下強姦，或是他有意及狡猾地誘惑；就像里西雅斯[IV]在《反依拉多斯田》（*Contre Eratosthène*）[V] 中說的，誘惑者「腐蝕靈魂，使得他人的妻子內在更是心屬於他而不是她的丈夫；他們成了

III. Solon（約紀元前 630-560），雅典政治家、憲法立法者及詩人。

IV. Lysias（約紀元前 445-380），古希臘講辭作家，名列十大雅典演說家。

V. 里西雅斯最著名的講辭之一，在其中他控訴獨裁者依拉多斯田各種罪惡，包括殺害自己的兄弟。

家室的主人，而我們不知道小孩屬於誰。」⁹強姦者只是奪取了女子的身體；誘惑者奪取的則是丈夫的權力。說到底，結了婚的男人，被禁止的只是同時再有另一段婚姻；因為結下的姻緣，他並不會有任何性關係受到禁止；他可以有婚外情、可以常去逛妓院，可以是一位少男的戀人——這還不計入他的奴隸，在家中受他享有的男人或女人。就性的角度而言，婚姻並不束縛一位男子。

在法律上的結果是，通姦並不只是因為夫婦中一個人的行為造成婚姻關係的斷裂；它如要構成犯法只能是一位結了婚的女人和不是自己丈夫的男人發生關係；只有女人的婚姻地位才能界定一個關係為通姦，從來不是男人的婚姻地位。在道德方面，我們理解為何對於希臘人不存在「相互忠誠」這個範疇，後者是在更晚之後才在婚姻生活中導入某種具有道德價值、法律效力、宗教元素的「性權利」（droit sexuel）。一個雙重的性專有權，使得夫婦兩人都是排除性的伴侶，這時並不受婚姻關係所要求。如果婦人屬於男人，男人只屬於他自己。雙重的性忠誠，作為一種平等分享的義務、許諾和情感，並不構成婚姻生活必要的

保障或最高的表達。我們可以結論說，如果性快感產生了它們的問題，而婚姻生活也產生了它的問題，這兩種問題化並不交會。無論如何，因為以上我們看到的原因，婚姻應不會就性快感的倫理產生問題：伴侶中的一位的情況——妻子——其限制的界定是來自其地位、法律及習俗，而且它們是受到刑罰或懲處所保障；而伴侶中的另一位的情況——丈夫——他的婚姻地位並不為他加諸任何明確的規則，除了指出他應期待獲得合法後代的規則。

然而，我們不能停留於此。在此一時代，的確婚姻和婚姻中的夫婦間的性關係並沒有構成一個強烈的提問焦點；在和其妻子的關係中思考性行為的關懷比起在和自己身體的關係中，或未來我們將會看到的，在和少男的關係中，思考此一問題，的確是看起來比較不重要的。不過如果認為事情如此一來便是簡單的，那便會是不精確的，比如說女性——作為妻子——的行為因為以過度專橫的方式被固定下來，便不需要再作思維，還有男性——作為丈夫——的行為過度自由，也不需要對其提問。首先，我們可以看到許多表達出性方面嫉妒感情的見証；妻子們責備丈夫到

別處尋歡作樂，而歐非列多士（Euphilétos）水性楊花的妻子反對他和一位年紀小的女奴隸過度親熱。[10] 以一種普遍的方式，公眾意見期待一位結了婚的男人，在其性行為上產生某些轉變；為人接受的是，在年輕人尚未結婚之前（常見的情況是男人在三十多歲前不會結婚），人們會很樂意接受強烈和多樣的快感，但在結婚之後，將其限制將會是好的，雖然婚姻並不明確地加諸任何精確的限制。然而在這些常見的行為和態度之外，另外也存在著和婚姻生活需要更為嚴峻的一群思維主題。道德學家——至少其中的某一些人——以清楚的方式讓人了解以下的原則，即一個結了婚的男人，以其良好的道德，不應覺得自己可以自由地尋歡作樂，彷彿他之前並非如此。我們將會聽到尼可萊斯，在依索克拉特以他的名義所作的論述中，聲稱不只他以正義治理其臣民，而且自從結婚之後，他也只和自己的妻子發生過性關係。而亞里斯多德在其《政治學》規範說「丈夫和另一位女人，或是妻子和另一位男人」發生關係，將會被視為「一個令人失去榮譽的作為」。這是孤立的現象，沒有重要性？一個新倫理學的誕生？但即使這些文本的數

量如此地少，而且它們和真正的社會實踐及個人真正的行為如此地遙遠，還是應該提出一個問題：為何道德思維會關注已婚男人的性行為？此一關懷、其原則及形式是什麼？

就此一主題，應該避免兩個詮釋，它們看來都不完全適切。

其中之一是認為，對於古典時期的希臘人而言，夫婦之間的關係除了一種算計之外，沒有其他的功能，而這個算計聯結兩個家庭、兩套策略、兩筆財富，而這個關係沒有產生後代之外的其他目標。《反奈娥拉》中的格言看來是將男生命中的高級妓女、妾、及妻子的各自應扮演的角色作了如此清晰的區分，有時被解讀為一種三分法，各自有其相互排除的功能：一方面是性的快感、另一方面是日常生活，而最後只有保留給正室的是世系的維持。不過對於此一表面上看來生硬的格言，必須考量它的形成脈絡。它涉及的是一個訴訟人主張其對手之一表面上看來合法的婚姻無效，如此也影響到出生於此一婚姻的孩子被承認為公民的問題：這主張的論據涉及生下小孩的女人過去曾是妓女，因而她現在的地位只是妾。要論証的重點因此不是

快感要去合法妻子之外的地方尋找；而是合法的後代只能由妻子那邊獲得。這是為何萊西（Lacey）[VI] 針對此一文本指出，在其中要看到的不是三個被可劃分角色的定義，而是一種增加滙集的列舉：高級妓女只可能供給快感；妾則在此之外，更加能提供日常生活的滿足；但只有妻子能施行一個功能，而這隸屬於於她特有的地位：生下合法的孩子並確保家庭制度的延續。[11] 必須要設想在雅典婚姻並不是唯一被接受的結合方式；事實上它形成的是一種特定且具特權的結合；而只有它才能導致婚配形式同居及合法的後代，包括所有隨之而來的效益和權利。而且也存有足夠多的見証，顯示出妻子之美的價值、和她能有性關係的價值，或是一種相互之愛的存在（如同在贊諾封的《饗宴篇》中愛慾之神（Eros）和互愛之神（Antéros）[VII] 間的遊戲將尼克拉多斯和其妻子結合在一起）。[12] 將婚姻及快感和熱情間的遊戲作出徹底的分離，無疑並不是能適當地表述上古婚姻生活特點的方式。

想要將希臘式的婚姻和後來才會變得非常重要的個人化情感連帶過度地分離，過度想要將它區分於後來的婚姻

形式，我們會被帶向一個反方向的動態，就是將哲學家們嚴峻刻苦的道德論過度地貼近於基督宗教道德論中的某些原則。經常在這些文本中，丈夫的良好操行受到反省、稱讚及以「性忠誠」方式作為榜樣，這時人們會受引誘於在此辨認出尚未存在的一種道德法則的初度顯露：它對稱性地加諸於夫婦兩人同樣的義務，即只能在婚姻關係中實踐性關係，並且也是同樣有責任於生殖，而那如果不是其中唯一的目的，也是特別重要的目的。對於贊諾封和依索克拉特文本中書寫丈夫責任的段落，人們傾向於將它們當作「依當時的道德習俗而言是例外性的」文本。[13] 它們是例外性的，依其罕見的程度而言，確是如此。但這便有理由在其中看到未來道德的預先出現，或是一種新感性的預告記號？這些文本被人辨識出它們和後來的表述之間有其相似

VI.　Walter Kirkpatrick Lacey，紐西蘭奧克蘭古代史教授，過世於 2011年。

VII.　希臘神話中愛神艾若斯（Eros）之兄弟，意喻為愛如無相互之愛則無法成長，如此愛神才有陪伴的兄弟。

性，這是一個事實。但這是否足以將此一道德思維和嚴苛要求當作和其當代人的行為和態度間是處於斷裂的關係？這是否是足以合理地將其視為一種未來道德的孤立前衛？

如果我們願意在這些文本中考量的，不是它們表述的法則元素，而是男人的性行為問題化的方式，那麼我們可以輕易地看到此問題化的出發點不是婚姻關係本身，也不是一個由其中衍生的，直接的、相對稱的及有相互性的義務。當然，他是作為丈夫才有必要限制其快感，或至少其伴侶；然而結婚最重要的意義是他成為一家之主，擁有一個權威，施行其權力，而「家宅」便是此一權力的運用之處，在其中堅持其義務也會對他作為公民的聲譽有所影響。這是為何有關婚姻及丈夫的良好操行的思維規律性地和有關家宅和同住家人（*oikos*）的思維連結在一起。

那麼我們可以了解將男人不能在他婚姻配偶之外有性伴侶的義務，此一束縛他的原則和束縛女性於類似事物的原則，其性質是不同的。在後者的情況，那是因為她受其丈夫管轄才會被加諸此一義務。至於丈夫這方，則是因為他施行權力，以及他須証明他能在此一權力的施行中主宰

自己，所以他必須限縮他在性方面的選擇。只和配偶發生關係，對於女人來說，是受他權力管轄的結果。只和配偶發生關係，對丈夫來說是在妻子身上以最美妙方式施行其權力。比起作為一個後起道德中對稱性的預表，它更多是涉及當前不對稱性的風格化。一個禁制，就它允許或禁止而言是相似的，但對這對配偶而言，卻不包括同樣的「行為操守」方式。我們會在一篇例証性文本中明白地看到這一點，它探討的是如何領導他的家宅和如何表現為一家之主。

La maisonnée
d'Ischomaque

第二節
依斯修馬克之家

贊諾封的《家政學》中包含古典希臘為我們留下來的發展最完整的婚姻生活專論。這部文本呈現為一整套有關於如何治理其祖傳遺產的規範。圍繞著建議如何管理地產、領導工人、著手各種形式的種植、於適當時機運用適當的技術、或是如何適當地及適時地購買，贊諾封發展出數個一般性質的思維：一個思維有關就此類事務求助於理性實踐的必要性，而這些實踐他有時以知識（epistēmē）為角度加以指稱，有時則以技藝或技術（technē）為角度；一個思維和它為自己提出的目的有關（保存及發展祖產）；最後一個思維有關達成這些目標的手段，也就是有關指揮的技藝，而最後面這個詞語［指揮］在整個文本是最常出現的。

此一分析所身處的景象，就其社會及政治層面是很顯著的。這是地主們所形成的小世界，他們必須要維持、增長及傳承他們名下的家族產業。贊諾封將它和工匠的世界相對立，後者的生活對其健康沒有好益處（因為他們的生活方式）、也對其友人沒有益處（他們無法加以協助）、也對城邦不好（肇因於他們沒有空閒時間來處理其中的事務）。[14] 相反地，地主們的活動施展於公共空間、在廣場

上，他們在其中可以履行他們作為友人及公民的責任，也施展於家宅與家人間（oikos）。這裡的 oikos 所指的不只是由狹義的家屋（maison）所構成；它還包括田產以及其中所具有財貨（甚至是位於城邦界線之外者）：「一個男人的家宅，便是他剛擁有的一切」；[15] 它界定了一整個活動的範圍。而且，此一活動連結於生活風格及一個倫理學秩序。地主的存在，如果他能如其所應有的方式照顧其地產，首先對他自己是有益的；無論如何它構成了一種吃苦耐勞的練習、一種體能訓練，而那對身體、他的健康、他的精力是有益的；它允許提供豐厚的獻祭因而促進敬神；它有助於培養友誼，給它機會展現慷慨、大度地履行待客之道、並且對公民們展示善意。更進一步，這個活動對整個城邦是有用的，因為它有貢獻於其財富，尤其是它還能為城邦提供良好的衛士：地主習於粗獷的工作，本身是強壯的士兵，而他所擁有的財產也使他心繫於勇敢地保衛土地及祖國。[16]

地主生活中所有這些對於個人及共眾的益處滙集於「家政學」技藝所顯示出的主要優點：他教人如何實行指

揮，而指揮與家政學是不可分離的。管理家宅與家人，便是指揮；而在家中指揮和在城市中施行權力並沒有不同。在《回憶蘇格拉底》一書中，蘇格拉底和尼可瑪其底斯（Nichomachidès）說到這一點：「不要看不起好的管家；因為處理私人事務和處理公共事務之間的差別只在於數量；其他的部份它們是相似的……管理公共事務任用的人和私人事務管理者任用的人並無不同，而知人善任的人管理私人事務時和管理公共事務會是一樣地好。」[17] 談論《家政學》的對話發展成一部指揮技藝的偉大分析。文本開頭提及小塞流士親自照顧種植，每天都勤於練習照料庭園，如此他習得幹練於管理人員，到了作戰的時候，他的士兵沒有人潛逃背叛：與其棄他而去，他們都寧可死在他的屍體上。[18] 以對稱的方式，文本最末提到此一模範君主的複製，可以在「格局龐大」的首領身上找到，他們的軍隊毫不動搖地跟隨其後，或是出現於一家之主，他莊嚴盛大的氣度便足以激發看見他的工人，不需要他生氣、威脅人或懲罰人。治家的技藝和政治的及軍事的技藝在基本性質上是相同的，因為在此和在彼至少皆同樣涉及他人的治理。[19]

贊諾封是在此一「家政學」技術的框架中提出夫婦間的關係問題。在其中妻子作為家裡的女主人，就家政治管理及其良好治理而言，是位核心人物。「你會托付更多的重要事物給你妻子之外的人嗎？」蘇格拉底向克里脫布爾（Critobule）問道；在稍後面的地方，他又加上說，「對我來說，我認為一位作為家庭良好管理伙伴的妻子，對於共同的利益而言和男人一樣重要」；因此，在這類事物中，「如果一切進行良好，家宅會繁榮；如果有所閃失，家宅會陷入衰敗」。[20] 然而，雖然妻子有如此的重要性，她的準備卻是不足以扮演此一受要求的角色：首先是她非常年輕並且只受簡短的教育（「當你迎娶她的時候，她仍是一位非常年輕的少女，而她可說是什麼也沒看過，什麼也沒聽過」），而且她和丈夫的關係接近於零，也很少和他談話（「你可以找到一個人你和他談話比你和你太太更少的嗎？」）。[21] 就是在這一點上，丈夫有必要和妻子建立起一個同時是養成和引領的關係。在這樣的一個社會中，少女很早便出嫁——經常是在十五歲左右——而先生的年齡大約會是兩倍於她，夫婦間的關係，以「家宅」為基礎及周

邊脈絡，會採取行為舉止的教學及治理的形式。這是丈夫的責任。當女人的行為，對丈夫並非有益的，而是對他造成損害，這會是誰的錯呢？是丈夫的錯。「如果一隻羊的狀況不好，一般我們會把責任歸於牧者；如果有匹馬桀驁不馴，那麼通常我們會認為是騎士的錯；有關於妻子，如果他的丈夫有好好地教她，但她的事務仍然管理不良，那麼把責任歸因於妻子無疑是公正的；但如果有位妻子因為丈夫沒有教她而不知道什麼是好的，那麼把責任落到丈夫頭上不是公正的嗎？」[22]

我們了解：丈夫和妻子的關係並不是就其本身而接受提問；他們並不是一開始便以單純的一對男女構成，並且另外需要照料一個家宅及一個家庭。贊諾封以長段的篇幅來處理夫婦關係，但他的方式是間接的、考量脈絡及技術面的；他是在家宅與家庭（oikos）框架中來處理它，當作是丈夫治理責任的面向之一，並且尋求決定丈夫如何能使得妻子成為一位合作者、工作伙伴（sunergos），而為了家政經濟的合理實行他需要她。

此一技術可透過教育取得，其證明可以詢問依斯修馬

克（Ischomaque）VIII；他施行的教育，不多不少，就是作為一位「正人君子」（homme de bien）IX：在過去，他的情境正和今日的克里脫布爾（Critobule）一樣；他娶了一位非常年輕的太太——那時她只有十五歲，而她只學會作一件大衣及分送羊毛給紡紗工人；23 但他把她教得很好，於是她成為一位寶貴的合作者，而他可以把家交給她照顧，自己出外辦事，不論是在農地裡或是在城中廣場（agora），也就是說這些特別是保留給男子活動的地方。依斯修馬克因而會為克里脫布爾和蘇格拉底上一門「家政學」的課，即管理家宅及家庭（oikos）的技藝；在教人如何管理田產之前，他很自然地由處理狹義下的家宅開始，要先將它管理好，才能有空照顧羊群及田地，而且這樣在那邊花下的工夫才不會因為家中的混亂而全部白費。

1.

有關婚姻的原理，依斯修馬克以他對妻子所說的論述來作提醒，這是在婚後不久，這時她和先生變得「熟悉」，

也「足夠容易親近而能談話」：「為何我娶了妳，而妳的雙親願意把妳嫁給我？」依斯修馬克自問自答：「因為我們都好好地思考過，我是為了我自己著想，妳的父母親則是為了妳著想，我們在一起對我們的家宅和子女而言是最好的結合。」[24] 婚姻關係於是在一開始便有不對稱的特性——男人為他自己作決定，而少女則是為家庭所決定——並且有雙重的目標：家宅及小孩；但這裡仍要註記說後代的問題暫時被擺在一旁，而在其完成作為母親的養成之前，少女應成為一位良好的家宅女主人。[25] 而這角色，依斯修馬克說明它是一位工作伙伴；應被考量的不是兩人各自的貢獻，[26] 而是夫妻各自為了共同目標活躍起來的方式，這共同目標便是「將其既有的維持在最佳狀態，並且以光榮和合法的方式使其儘可能地增長。」[27] 我們可以注意到此一有必要抹除初始不平等，以及兩人之間要建立聯盟式的連結

VIII.　　紀元前 5 世紀雅典的一位富有地主，贊諾封《家政學》第二部主要人物。

IX.　　此字眼亦指擁有財富並受到肯定之人。

的堅持：儘管如此，我們看到此一團體（communauté）、此一伙伴關係（koinōnia），並不是建立在兩個個人之間的對立關係上，而是透過一個共同目標的中介，那便是家宅：它的維持以及它的增長動態。由這裡出發，可以分析此一「團體」的形式，以及夫婦之間每個人應扮演的角色。

2.

為了界定夫婦兩人在同住家人中的各自的功能，贊諾封由「庇護所」（stegos）的意念出發：在創造了一對人類男女之後，諸神實際上想到了後代及種族維持的問題，以及在老年時需要的救助，最後並想到有必要不活在「空曠之中，像是牲畜一樣」；人類「需要一個屋頂，這是很明顯的」。由初步的觀察來看，後代給與家庭它的時間向度，而庇護所則給了它空間上的組織。但事情稍微更加複雜。「屋頂」明白地劃定了外部區域和內部區域，其中一個屬於男人，另一個則是組成了女人特別享有的地帶；但它也是人們集合、聚集及保存已經被獲得之物的地帶；庇護即

是有能力在時間中依據適當的時刻來分配。在外面，男人播種、種植、耕田、飼養羊群；他將他所生產的、贏來的或交換的帶回家中；在家中，女人接收、保存、並依需求給與。「一般來說是丈夫帶財貨回家；但是大多時候是女人的經營處理了花費。」[28] 這兩個角色正好是互補的，而且如果其中一個缺席了，另一個也會變得無用：「我能保存什麼」女人說，「如果你不能負責由外邊帶回來一些儲備？」對於這點，丈夫回應說：如果家中沒有人保留被帶回家裡來的東西，「我便會像那些可笑的人一樣，對著一個沒有底的甕一直倒水。」[29] 這是兩個處所，因而也是兩種活動形式、兩種組織時間的方式；一方（男人這方）是，生產、季節的節奏、收穫的期待、必須遵守及預見的適當時刻；在另一方（女人這方），則是保存及耗費、安排秩序、有必要時進行分配，尤其重要的是整理：對於家中空間的整理，依斯修馬克以長段篇幅回憶他曾給妻子的勸告，如此她才能找回所保存的事物，並使得家裡成為一個秩序和記憶的場所。

為了他們可以一起施行這些不同的功能，神明賦與兩

性各自不同的特殊資質。就外部特徵而言：對於必須在空曠的外部空間中「耕植、播種、種植、放牧牲口」的男人，他們被賦與忍受寒冷、炎熱、行走的能力；女人在庇護之下工作，其身體比較不具有抵抗性。這也包括性格上的特徵：女人有天性的恐懼，但它有其正面效益：這使她們擔心儲備夠不夠、害怕它們的損失、畏懼耗費；男人相對地是勇猛的，因為在外頭他必須要能自我防衛於所有能損傷他的事物。總之，「諸神由本原開始便使女人的本性適合內部的工作及照料，而男人的本性則適合外部的。」[30] 但他們也裝配有共同的資質：因為就各自的角色而言，男人和女人都要「給與及接受」，因為在他們於同住家人之間負責的活動他們都要收獲及分配，他們都被賦與了記憶與注意力（*mnēmē* 與 *epimeleia*）。[31]

於是，夫婦中的兩位各自有其相對於家宅及家人的需要所界定的本性、活動形式、位置。如果他們各安其位，原因在於這便是「律則」（*nomos*）所要求的：與自然的意圖準確相符的合於規範的習俗，它分配給每個人他的角色及位置，並且界定以適合及美而言，對於每個人什麼是該

作的什麼是不該作的。此一律則宣告美麗的（kala）是「作神明賦與每個人最多的自然能力所對應的事務」：因此女人最好（kallion）「留在家中，而不是在外頭消磨時間」，而男人「留在家中，而不是去照料外頭的工作」便比較不好。改變此一分工、由一個活動移到另一個，便是觸犯此一律則（nomos）；這同時是反自然之道而行，並且也是放棄自己的位置：「如果某個人的行事違反神明給他的本性，如此一來便是離開他的崗位（ataktōn），他不會逃過諸神的眼光，他會因為忽略他應作的事去作女人的事而受懲罰」。[32] 男女之間的「自然的」對立，他們各自天分的特殊性和家中的秩序是無法分離的；這些天分是為了此一秩序而形成的，而反過來，這秩序也將它們強力地規定為為義務。

3.

此一文本在定訂家宅分工的部份有這麼多的細節，但在談及性關係問題時卻相當保留——不論是就他們在夫婦

間的關係位置或是就由婚姻狀態可能產生的禁制而言。這並不是因為要生下後代的重要性受到忽略；在依斯修馬克的發言中它被提及數次：他表示這一點是婚姻的重大目標之一；[33] 他也強調自然給與女人特別的溫柔，以便照顧小孩；[34] 他也陳述老年時能在小孩身上找到所需的依靠是如何珍貴。[35] 但在文本中關於生殖本身沒有任何說法，也未提及如何能得到有可能的最美好後裔：和年輕的妻子談這種問題的時間尚未來到。

不過，文本中有好幾段指涉了性行為、有必要的節制、以及夫婦間的眷戀。必須回想在對話剛開始時，當時兩位對話者開始討論家政學作為一種足以指揮家宅的知識。蘇格拉底提到有些人有此才具及資源，但拒絕使用它們，因為他們在自身之內遵從著看不見的主人或女主人：懶惰、靈魂的軟弱、毫不在意，以及──比其他的更難對付的女主人──貪食、酗酒、淫亂、以及瘋狂及代價高昂的野心。那些臣服於類似慾望的獨裁之人，註定要使他們的身體、靈魂及家宅破敗。[36] 而然克里脫布爾聲稱已經征服了這些敵人：他的道德養成已經給他足夠的自我主宰

（*enkrateia*）：「當我檢視我自己，我發現我足以主宰這些激情，以至於當你要建議我如何作才能擴展我的家宅，我不認為我會被你所說的這些女主人妨礙。」[37] 當克里脫布爾想要扮演一家主的角色，並且學習其中困難的工作，以上便是給他資格的事物。必須理解的是，婚姻、作為一家之主的功能、家宅及家人（*oikos*）的治理，預設著我們有能力自我治理。

在更後面的篇章，在他所提出自然對兩性各別供給的不同資質清單中，對於他能以他的方式扮演他在家的角色，依斯修馬克提到自我主宰（*enkrateia*）；他並不把它當作是一個男性或女性特有的特徵，而是一種共享的美德——就像是記憶或注意力——兩性皆相同；個人的不同可能會使得此一資質的分配產生變化；而顯示它在婚姻生活中的高度價值的，乃是夫婦中最佳的那一位會收到它的桂冠：不論是丈夫或妻子，最能享有此一美德的那位便是最好的那一位。[38]

然而，在依斯修馬克的案例裡，我們看到他的節制如何自我顯示，並且引導他妻子的節制。在對話中，實際有

段指涉夫婦性生活的某些面向：它有關化妝及脂粉。[39] 在古代道德中這是個重要的主題，因為裝飾對於真理和快感之間的關係產生問題，它在後者之中導入人為的作用，而這模糊了它們的自然調節原則。依斯修馬克妻子愛打扮的問題並不涉及她的忠貞（這在整個文本中都是預設的）；這也和她好花費的個性有關；這裡涉及的是了解女人可以如何自我呈現，並為她的丈夫承認為婚姻關係中的快感對象及性伴侶。依斯修馬克處理這個問題是用說教的方式，當有一天他的妻子，為了取悅他（為了要有比事實上「更明亮的膚色」、「更粉紅的」面頰、「更苗條的」腰身），穿上高跟鞋，臉上塗了厚厚的以鉛白及阿看草作的脂粉。對於這樣的行為，依斯修馬克回應以雙重的教訓。

　　第一個教訓是負面的：它是個將化妝當作欺騙的批評。這樣的騙局可使陌生人上當，但對於一位一起生活的人並不會產生幻覺，他可以看到妻子起床、流汗、流著眼淚或是出浴時的情況。不過依斯修馬克特別批評此一圈套，其原因是它觸犯了婚姻的一個根本的原則。贊諾封並未直接引述我們如此長期和經常遇到的格言，但根據它婚姻是一個

財物、生命及身體的共同體（*koinōnia*）；但很明顯地，在整個文本中，他發揮著這個三重共同體的主題：他提到因為是財物的共同體，所以每個人必須忘記他所帶來的部份；生命的共同體，它設定其目標之一為祖產的繁榮；最後是特別明白提出的身體共同體（*tōn sōmatōn koinōnēsantes*）。然而財物的共同體排除欺騙；如果男人欺騙女人他擁有他所沒有財富，那他對她便是作了不對的行為；同樣地，他們也不應尋求就身體方面相互欺騙；他不會在臉塗上朱砂；而她同樣地，也不應以鉛粉裝飾自己。正確的身體共同體必須付出此一代價。夫婦之間的關係，兩者的吸引應是自然發揮的，就好像各種雄性和雌性動物之間：「諸神使得馬對於馬、牲畜對於牲畜、羊對於羊而言，世界上最愉悅的事物；同樣地，對於人（anthrōpoi）來說，沒有任何人工物的人的身體對人而言是最愉悅的。」[40] 夫妻間的性關係及他們所形成的身體共同體的原則應是自然的吸引力。依斯修馬克的自我主宰（*enkrateia*）拒絕所有用來增加慾望及快感的人工物。

但仍有一個問題：一位妻子如何持續是他先生的慾望

對象，她如何能確定不會有一天被另一位更年輕貌美的女人取代？依斯修馬克年輕的妻子明白地提出了問題。不只要顯得美麗，而是要成為真的美麗而且能保存其美貌，要作什麼呢？[41] 以一種可能對我們來說是奇特的方式，關鍵的決定點仍然是家宅和家宅的治理。無論如何，對於依斯修馬克而言，女人真正的美會因為她的家庭事務而得到足夠的保存，如果她將它們如其應然地完成。他解釋說，在執行她的任務的時候，事實上，她並不是一直坐著，彎腰駝背像是一位女奴隸，或是游手好閒像是一位賣弄風情的女人。她會站立著，監控及控制著，走過一個又一個房間確認正在進行的工作；站立的姿勢及行走會給她身體一種直立的方式，一種在希臘人眼中是代表自由人體形的外貌形態（在後面的篇幅中，依斯修馬克會指出男人形成他作為士兵的和公民的氣勢，是來自他積極地參與工作主持人的責任。）[42] 以同樣的方式，家中的女主人揉麵粉，搖動及整理衣服及棉被對她是好的。[43] 身體之美是如此形成及保持的；女主人的位置也有其身體性質的版本，而這便是美。更進一步地說，妻子的衣服有一種整潔及優雅，使得她與

女僕得以區分。最後，和她們相比，她有一個優勝之處是志願地取悅人，而不是像一個奴隸一樣必須臣服且受到限制：贊諾封在此似乎是指涉他在別處曾提到的一個原理，[44] 即以壓迫得到的快感，和心甘情願提供的快感相比，比較沒那麼愉快：妻子可以提供給丈夫的便是此種快感。如此，以和她優越的地位無法分離的身體美的形式，和她自由意志下的使人歡快（*charizesthai*），家中的女主和其他同住家人中的其他女性相比，總是具有優勢的。

在此一探討以男性方式治家 ── 妻子、僕人及祖產──技藝的文本中，並沒有提到妻子的性忠誠，或是丈夫應是妻子唯一的性伴侶：這是一個必要的原則，它被假設為已被接受。至於丈夫節制而明智的態度，它從來不是界定為他允許他太太擁有他整體性活動的專屬權。在此一經過理智反思的婚姻生活中的關鍵要點，要使家宅中有良好秩序的核心要件，其中應構成主調的和平，以及妻子可以期待的，乃是作為合法的配偶，她可以保持婚姻所給她的卓越地位：不會看到她較不受偏愛，不要看到自己由原先的地位及尊貴殞落，在丈夫身旁不會被一個女人所取代，

以上便是對她最重要的。原因在於，威脅婚姻的，並不是男人處處風流尋歡作樂，而是妻子和其他女人之間可能產生的敵對性，爭奪家中地位，以及在其中施行優先權。一位「忠誠」（pistos）的丈夫，並不是那位將婚姻狀態連結於戒除由任何其他人獲得性快感；而是那位自始至終一直維持婚配妻子的受承認的優越地位。尤里皮底 Ⅹ 悲嘆被「出賣」的妻子們，其意義便是如此。梅蒂 ⅩⅠ 高喊傑森（Jason）ⅩⅡ 的「不忠」：在她之後，他娶了一位有王室血統的妻子，並且和她有了後嗣，而這便把他和梅蒂所生的孩子推入恥辱及奴役。[45] 使得克荷思（Créuse）ⅩⅢ 哭泣的是她想像褚多士（Xouthos）的「背信棄義」，而她將一生「沒有子女」，「孤獨地居住於一個悲傷的屋子裡」；結果——至少這是人家使她相信的——「在她的家宅裡」，那曾經是依瑞克特（Erechtée）的家宅，將會進來「沒有姓氏、沒有母系的主人，而他終究是某個奴隸的兒子」。[46]

好丈夫必須保持妻子的優勢地位，它原本便包含在結婚的動作之中。但她不是一次便無後顧之憂地獲得；它並不是因為丈夫的道德堅持便受到確認；在休妻和離婚之外，

一個事實性的地位下降總是可能發生。然而，贊諾封《家政學》及依斯修馬克論述所指出的，如果丈夫的智慧——他的自我主宰以及他知道如何擔任家長的知識——總是願意承認妻子的優先地位，那麼，為了要保留它們，妻子應該努力將自己在家中的角色扮演到最好，也將相關的任務努力作到最好。依斯修馬克並沒有在一開始便承諾她的妻子我們今日意義下的「性忠誠」，也未承諾她永遠不用恐懼任何其他的偏愛出現；但就如同他保障她作為女主人的活動、風態及儀表將會給她比僕人們更大的嫵媚，他也

X. Euripide（約紀元前 480-406），希臘三大悲劇作家之一。

XI. Médée（亦稱梅蒂雅），希臘神話中具魔法力量的人物，Colchide 國王 Éétès 的女兒，但她愛上詹森背叛了父親，逃亡過程中殺死自己的兄弟，後來詹森卻負心另娶克荷思。

XII. 希臘神話主要英雄之一，曾帶領亞歌號勇士尋找金羊毛，後獲梅蒂協助得以完成事功，但最後仍背棄梅蒂。

XIII. 這裡是指希臘神話中雅典國王 Érechthée 之女，後來成為 Iolcos 國王 Xouthos 之妻，因為拋棄和阿波羅所生的兒子艾翁，生命中曾長期不孕。她的故事被寫入優里皮底的劇作《艾翁》之中。

確保她直到年老仍然能在家中保持最高的位置。而且他向她建議一種和他自己進行的比賽，內容是良好的行為舉止及用心於照料家宅；而如果她能得勝，那麼她將無所畏懼於任何對手，即使是年輕人。「然而妳會嘗到最甜美的快樂」，依斯修馬克和他的妻子說，「那是當妳能顯示出比我更好，妳便會使我成為妳的服務者，也不用害怕年紀大了之後，妳在家中便會不再受到重視，妳會能確信年紀越增長，妳的丈夫會更欣賞妳作為合作伙伴、妳的孩子更將妳當作管理人，而且在家中更受敬重。」[47]

在此一婚姻生活的倫理學中，對於丈夫所叮囑的「忠誠」和婚姻加諸於妻子的排除性的性愛，兩者相去甚遠；它有關於保持妻子的地位、特權和她凌駕於其他女人的優越性。如果這倫理學的確預設著男女行為上的某種相互性，它的意義是男性的忠誠並非真是在回應妻子的良好性操守——這一直是受到預設的——而是回應她知道在家宅中應如何行為，並且引領著家宅。因而相互性是存在的，但具有根本上的不對稱，因為這兩個行為，雖然相互喚引，卻不是立基於同樣的要求，也不遵從同樣的原則。丈夫的

節制隸屬於一種治理、自我治理及治理妻子的技藝，而對
於這位妻子他必須同時保持和尊重，因為面對其丈夫，她
是家宅中服從的女主人。

Trois politiques de la tempérance

第三節
節制的三個政策

由紀元前第 4 世紀到前第 3 世紀初，有其他文本也發展出下面的主題，即婚姻狀態要求男人這邊至少有某種形式的性節制。其中有三個文本特別有被保留的價值：柏拉圖在《法律篇》中探討婚姻規則及義務的段落；依索克拉特 XIV 發展對尼可克萊斯如何度過其結婚男人生活的發展；一部被歸屬於亞里斯多德的《家政學》專論，但它肯定是出自其學派。這些文本依其各自的訴求而言，相當地不同：第一個文本提供的是一套行為舉止權威式調節的系統，其脈絡框架是一座理想的城邦；第二個文本勾勒一個尊重自己及他人的專制君主個人的生活風格；第三個則尋求界定對一般人有用的家宅指揮原則。但無論如何，沒有一部會如同贊諾封的《家政學》指涉地主特有的生活形式，以及與之而來的田產經營任務，而這是他必須和其妻子以相互互補的方式承擔。雖然它們的不同將其分開，但這三份文

XIV.　　Isocrate（紀元前 436-338），雅典十大演說家之一，曾創建修辭學校，培育出許多位著名演說家，包括賽普勒斯國王尼可克萊斯。

本比起贊諾封，似乎都更清楚突顯一種要求，它接近我們可以稱呼為「雙重專屬」的原則；如此它們似乎想要只單獨定位整個性活動於婚姻關係，而這對男人與女人都是相同的；和他的妻子一樣，丈夫看來像是被要求或是堅持除了他的妻子之外，不和其他人尋找快感。這個要求因此是有某種對稱性的；並且傾向於將婚姻界定為不只是道德上可接受的性關係的優先處所，而且也許是唯一處所。然而，對這三份文本的解讀良好地說明，如果我們事後投射「相互的性忠誠」原則於其上，那將是一個錯誤，而這個原則服務於作為之後的婚姻實踐形式的法律—道德框架。那是因為在這三份文本中，實際上對丈夫所訂下的義務或提供的建議，即他節制地只以其妻子為性伴侶，並不是由他個人對此所作承諾所造成的效果；而是來自政治規定，比如柏拉圖立下威權式法律這個案例，或是——比如依索克拉特或相傳的亞里士多德文本——由男人加諸於自身，像是一種經過反省的權力自我限制。

1.

在《法律篇》中，實際上，規定要在適當年紀結婚（對男人來說是介於 25 至 35 歲之間），並且要在最好的條件之下生小孩，而且不能有——不論是針對男人或女人——夫妻之外的性關係，所有這些指令，其所採取的形式皆非志願的道德，而是一種壓迫性的規章；的確被強調數次的是對此題材立法有其困難，[48] 而有時必須採取規章條例形式，只有在失序狀況下，或大多數人都無法達到節制。[49] 無論如何，此一道德的本原都是直接被歸因於國家的需要，從來也不會被認為和家宅、家庭和婚姻生活的內在需求有關：人們應考量好的婚姻，它是對於城邦有用的事物，而且也是為了城邦的好處，小孩們必須是「可能中最美的及最好的」。[50] 因為尊重對於國家有益的比例，男女結合時避免富有者和富有者婚配，[51] 由仔細的監管確認年輕的家庭認真準備生殖的任務，[52] 配套有罰責的指令包括只讓合法妻子受孕，而在整個能生育的年齡時段裡，沒有其他的關係，[53] 所有這些，都和理想城邦特殊的結構有關連，但和立基於

志願尋求節制的風格相去甚遠。[54]

我們卻是要注意到，涉及規範性行為時，柏拉圖只給與法律有限的信賴。他不認為法律會帶來足夠的效果，如果人們沒有利用規定和威脅之外的措施來主宰如此暴烈的慾望。[55] 在此需要其他更有效的說服工具，而柏拉圖舉出了四個。**公眾意見**：柏拉圖以亂倫為參照；他問道，為何人們甚至無法對其兄弟姐妹、男孩或女孩產生慾望，即使他們是美麗的？那是因為，一向以來，他們都一直聽到這些動作是「神明所痛恨的對象」，而沒有人能就此主題聽到不同的語言；因此，對於所有需要責備的性動作，「一致的公眾之聲」以同樣的方式，以具「宗教性格」[56] 的方式來投注其中。**榮譽**：柏拉圖舉出運動員作為範例，當他們慾求在競賽中獲勝，將臣服於一個嚴格禁慾的飲食作息控制，既不接近女人及也不接近少男，把所有的時間花在訓練上：然而，戰勝這些由快感構成的內在敵人，其勝利果實比勝過對手更為甜美。[57] **作為人的榮耀**：在此柏拉圖引用了一個之後會經常使用的例証；這裡涉及的是群居生活的動物，但在其中每個動物都在他者之間，維持一種「節慾

的，沒有任何交配的純潔生活」；當牠們來到生殖的年紀，便自我孤立起來，形成永不分離的配對。但這裡要看清楚的是，動物的夫婦關係，其引用並不是要說明它是個普遍的自然原理，它反而毋寧是人類必須接受的挑戰；如何利用它的提出來激勵有理性的人，將自己展現為「比野獸更有美德」？[58] 最後一個是**恥辱**：減少性活動的頻率，便能「減輕其暴政」；不需要禁止它們，而是要公民們「為這些動作覆蓋著神秘」，使得他們在作它時發現「一種失去榮譽的感覺」，而這有賴於「由習俗及不成文法創造的義務」。[59]

柏拉圖的立法因此是建立了一個對於男女乃是對稱的要求。這是因為他們對於共同的目標有某種角色必須扮演——作為未來公民的生產者——他們便準確地以同樣的方式受到同樣的法律管轄並被加諸同樣的限制。但必須明白地看到此一對稱並不意謂著夫婦是受限於「性忠誠」，而此一忠誠來自一種內在於婚姻關係及構成相互承諾的個人的連結。對稱性並非建立於兩者之間直接且具相互性的關係，而是建立於一個主宰兩者的元素：他們兩者皆以同

樣方式臣服其下的原則及法律。的確他們的臣服應是自願的，是一種內在說服的成效；但這和他們對彼此應有的眷戀無關；和它有關的是人們應該對法律具有的敬重，或是人們對自己、對自己的聲譽、榮譽應有的照料。這是因為個人和他自己及和城邦的關係，而其形式是尊重或是恥辱、榮譽或光榮——而不是和他人的關係——才會將此一順從加諸在他身上。

我們還可以注意到，在他倡議的法律中，有關「愛的選擇」的表述方式，柏拉圖設想有兩種可能。其中一個提法是，所有的個人都將被禁止碰觸一位出身良好、狀態自由但並不是他的合法妻子的女人，以及在婚姻之外生下後代、以及在男性那邊，以「就自然是變態的方式」發射「無孕育力的精液」。另一個提法以一種絕對的方式，重提對男性之愛的禁止；至於婚姻之外的關係，他設想的處罰只存於錯誤受到「所有人，包括男人和女人」忽視時。[60] 將性活動限制於婚姻之內，的確有其雙重義務，但它和城邦的平衡、它的公共道德、良好生育的條件有關，而不是和夫婦兩者關係中的相互責任有關。

2.

依索克拉特的文本，以尼可克萊斯對公民的演講，將節制、婚姻及政治權力的施行非常明白清晰地連結在一起。此一論述和依索克拉特對尼可克萊斯所說的行成對偶，而那是在後者取得權力後不久：演說家那時給與年輕人有關個人行為舉止及治理方面的忠告，而這些就像是可以讓他終身受益的寶藏。尼可克萊斯的演說被預設為君王對其臣民解釋他們面對他應有的行為舉止。然而，文本的前一部份主要是在談此一權力的正當性：王權體制的優點、統治家族的權利、君主個人的品質；在這些正當性來源被給出之後，公民針對其首領應有的服從及忠誠才會受到決定：以他自己的美德為名義，他才得以要求其臣民的服從。尼可克萊斯接下來對他自認擁有的品質作了相當長的發展：公正——*dikaiosnē*——這一點顯示於財政秩序、刑罰裁決、以及外交方面，即他和其他重要大國之間建立或重建的良好關係；[61] 接下來是節制（*sōphrosunē*），這一點他只就主宰性快感方面來作設想。他以和他在其國家中實施王權有

直接關係來解釋此方面需要適度的形式和理由。

他提到的最後動機有關於他的後代，以及需要有一個沒有私生子的種族必要，這樣才能訴求有一貴族血源的光采，以及持續可以上溯至諸神的系譜：「我和大部份的國王就生下孩子於世界這點有不同的感情；我不認為有些人應出生於貧賤，另一些人源於高貴，我也不認為我應該留下的子嗣有些是庶出，有些是私生子，有些是合法兒女；我認為，他們所有人都應有同樣的性質，而其血源，不論就父親這方，或是就母親這方，在凡人中要可上溯到依發可拉斯（Evagoras）、在半人神方面可上溯到耶克（Eaque）之子、在諸神之中則上溯至宙斯，而我後代中不會有人缺乏如此血源的高貴性。」[62]

尼可克萊斯要施行節制的另一個理由，來自治理一個國家和治理一個家宅之間的連續性和同質性。此一連續性是以兩種方式界定的：依原則而言，人們必須尊重所有和他人建立的團體（koinōniai）；尼可克萊斯不想作得如其他人，他們尊重其他的承諾，但面對其妻子時卻犯了錯，而和她，他們卻是建立了終生的共同生活團體（koinōnia *pantos tou bio*）；既然我們認為不應因為妻子而受苦，那麼也不應使她因為我們得到快感而受苦；一位想要成為公正的君主，也應對其自己妻子公正。」[63] 然而，在國王家中和其政府中的良好的秩序，兩者之間有連續性和同構性：一位好的君主應該努力使諧和精神不只主宰著他領導的國家，也應使得自身居住家宅和田產變得如此；因為所有這些工作都要求自我主宰及公正。」[64]

尼可克萊斯文本中一直提及的，節制和權力間的關係，特別被思考為一種根本的關係，那是介於主宰他人和主宰自我之間，而這是根據在第一個論述中就已經表明的原則，那時是對著尼可克萊斯說的：「對自我施行權威（*archē sautou*），就好像你施行於他人，並且要認為最能符合國王尊嚴的操行是不作任何快感的奴隸，並且能指揮其慾望更勝於其同胞。」[65] 此一自我主宰作為指揮他人的道德條件，尼可克萊斯由給出自己擁有它的証據開始；不像其他暴君所作的，他沒有利用權力，侵佔其他的女人或小孩；他回想起男人們如何重視其妻小，而有多次政治危機及革命源起於這種類型的濫權；[66] 因此他非常小心不要招致同樣的批

評：在他據有最高權力之日開始，人們可以看到他不會「和自己妻子之外的其他人」有過性關係。[67] 尼可克萊斯仍有其他更積極的理由來成為節制者。首先，他想作為公民們的榜樣；無疑不應理解為他在要求其國內居民實行和他類似的性忠誠；他大概也沒有要將這點變成一個普遍性的規則；他的道德嚴格性應被理解為一種對於美德的普遍鼓舞以及一個反對鬆懈的範例，而鬆懈對於一個國家總是有害的。[68] 在君王個人德行和人民德行之間此一整體性類同原則在尼可克萊斯的論述中得到提出：「將你的節制（*sōphrosunē*）給出，以當作為其人的範例，記得一群人民的德行（*ēthos*）相似於其統治者的德性。當你觀察到你的子民因為你的行動（*epimeileia*）已得到更大的寬裕及更文明開化的德行（*euporōterous kai sōphronesterous gignomenous*），這時你會有你王權的價值的見証。」[69] 然而尼可克萊斯不滿足於使得大眾和他相似；在不認為有矛盾之處，他想要同時比其他人、精英、甚至最有美德的人們更為卓越。這同時是範例的道德性表述（以比優秀者更優秀以作為民眾的表率），也是貴族體制中鞏固個人權力的競爭的政治性表述，以及

開明與節制的專制穩定基礎之原則（在人民眼中比最有美德的人更有美德）；「我觀察到，大部份的人是他們整體行為舉止的主宰，但其中最佳者仍然被女人和少男為他們燃起的慾望所征服。我因此想要顯示我能夠堅定不移，那麼我便要不只勝過群眾，也要勝過那些以其美德自傲的人。」[70]

　　但有必要明白了解此一運作起來像是範例及優越性標記的美德，它的政治價值並不是簡單地來自於它是眾人眼中值得敬重的行為。事實上，它向受統治者表明，君王和他自己維持的關係：這是個重要的政治元素，因為這個和自我的關係調整及規範君王對權力的使用，而這權力乃是他作用於他人的權力。此一關係本身因此是重要的，是在於它顯現自己時的光采，也在於它保証的理性框架。這是為何尼可克萊斯提醒說他的節制（*sōphrosunē*）透過一個考驗讓眾人看到；實際上在有些情況和年紀裡，要顯示我們能作到公正及摒除金錢或快感並不困難；但有人是在非常年輕時就接收了權力，表現出節制便構成一種適格與否的考驗。[71] 況且，他強調他的美德並不只是天生如此，而是來自理性思考（*logismos*）：因此並不是因為偶然或是因為情

況使然他才有好的操行，[72] 而是志願且持續的。

因而君王的節制，在最危難的情境下受到考驗，為理性的恒常所確保，可以用來為統治者和被統治者之間的契約奠立基礎；他是自我的主宰，他們可以服從他。人們可以要求臣民服從，如果那是以君王的美德作為擔保；他實際上是有能力節制地使用其所行使於他人的權力，而這是透過他對他自身建立的主宰。尼可克萊斯談論自己的段落便如此地結束，並由其中提出論據來勉勵臣民服從他：「我使用了比較多的篇幅談論我對自我作的發展〔……〕 這是不想為你們留下任何藉口不誠心誠意及熱忱地執行我將會給你們的忠告及規範。」[73] 君王和他自我的關係，以及他將自己建構為道德主體的方式在整個政治建築中乃是一塊重要的料件；他的刻苦鍛練有助於它的堅固，也是此堅固的一部份。君王也必須實踐修練並且自我練習：「終究而言，運動員強化自己的身體，作為一種義務，比不上君王強化其靈魂那麼重大；因為比賽所提供的獎項無法相比於君王每天奮鬥所要獲得的回報。」[74]

3.

　　至 於 作 者 被 歸 屬 亞 里 斯 多 德 的《 家 政 學 》
（*Economique*），我們知道它有什麼樣的書寫日期問題。
構成本書第一部和第二部的文本，以相當廣泛的方式被公
認為是一部「好時代」的文本——或者它是根據一位亞里
斯多德直傳弟子的筆記編輯而成的，或者它是一位初代的
亞里斯多德學說跟隨者的作品。無論如何，我們可以暫時
把第三部擱置不論，或至少如此對待拉丁文版本，它顯然
是非常晚出的，而且曾被視為「翻譯」或「改編」至此一
《家政學》已逸失的第三部。比起贊諾封的文本簡短許多，
而且在內容豐富度上完全無法相比，此書第一部也是呈現
為對於家庭治理技藝（*technē*）的反思；它的目標是界定，
就家宅事務問題，有關「獲得」及「彰顯價值」（*ktēsasthai,*
chrēsasthai）的行為。[75] 就作為治理技藝方面，這份文本呈
現出來比較不是涉及物的治理，而是人的治理；而這是根
據亞里斯多德在別處形成的原則，也就是在《家政學》中，
對於人的興趣會高於對擁有無生命的物；[76] 事實上，《家政

學》這部專論將它主要的指示（但不像贊諾封的作品中那樣，將許多的篇幅用來談論種植的技術），導向領導、監控及管制的任務。這是一本作主人的手冊，而他首先關懷（*epimelein*）的是他的妻子。[77]

這個文本運用的價值和贊諾封的專論大約相近：推崇農業，因它和手工藝技藝不同，有能力形成「陽剛」的個人；對於它〔農業〕首要的及基本的性格以它的本性和它對城邦具有建構性的價值來加以肯定。[78] 但是有許多元素也帶著亞里斯多德的印記：特別是它的雙重強調，一方面是婚姻關係之植根於自然，另一方面則是它的形式在人類社會中的特別之處。

男人和女人的聯合（*koinōnia*）為作者呈現為「由於自然」（par nature）而存在的事物，而那在動物界中即可找到例証：「他們的聯合回應了一個絕對的需求」。[79] 這是亞里斯多德思想中一個始終如一的主張，比如在《政治學》中，此一必需性是直接和生殖相關，[80] 或是在《尼各馬可倫理學》中，人被呈現為一個依其自然即為「聯合體」（syndyastique），因而註定要兩人一起生活。[81] 但就這個

聯合體（koinōnia），《家政學》的作者提醒說，它有動物界找不到的特有性格：這並不是說動物們不知有遠遠超越只是單純為了繁殖的結合，[82] 而是在人類之間使得男人與女人相互羈伴的連結，其目的性不單純——根據一個亞氏思想中的一個重要區分——只和「存有」（einai）有關，而是和「幸福」（eu einai）有關。至少，在人類的生活中，結合為一對使得兩人可在整體人生之中成為相互的協助及救援；至於後代，它也不只是確保物種的續存；它也為「父母的利益而服務」；因為「他們在健壯的時候，他們給與柔弱者的照料，會帶給他們回報，因為當他們年老時，他們會得到變得健壯者的照料。」[83] 也就是為了此一活得更好的補充，自然才作出它對男和女的佈局；它設想共同生活，「並以此組織兩種性別」。第一個是強大的，第二個則因為恐懼而保留；一位在運動中找到他的健康，另一位傾向於經常在家的生活；一位帶著財物回家，另一位則看顧家中事物；一位餵養小孩，另一位教育他們。自然某種程度制定了同住家人的家政事物，以及夫婦的每一位在其中應扮演的角色。由亞里斯多德的原則出發，作者又再重新會

合於傳統描述的圖示，而贊諾封對此已經給過範例。

就在此一自然互補性的分析之後，《家政學》的作者開始討論性行為問題。這是在一個簡短、有不少省略的段落中進行，值得將它完整引述：「首要的責任即是不要犯下任何不公正的事：這樣我們自己也不會承受這樣的事。共同的道德正是會帶領至此：在家中的妻子不應有不公正的待遇，因為就像畢達哥拉斯派所說的，她在家中就像是個哀求者（suppliante），以及一位從自己家中被劫走的人。然而，如果丈夫有不合法的交往（*thuraze sonousiai*），那便是不公正的。」[84] 不必奇怪其中沒有任何有關妻子的行為舉止的部份，因為規則大家都知道了，而且無論如何這是本如何當一家之主的手冊：他如何針對自己行動才是這裡要談論的問題。人們可以感到驚訝的，還有書中完全不提——不會比贊諾封的作品更多——丈夫與妻子之間性行為應如何進行、對於夫婦間的義務應如何完成、或是羞恥心方面規則。但是，核心問題是在別處。

我們可以注意到，此一文本將性關係問題很清晰地放置於夫婦之間的公正關係這個一般框架之中。然而，這是

什麼樣的關係？它們應該有什麼樣的形式？雖然文本在之前一點的地方預告有必要決定結合男女「關係」（homilia）的種類，但《家政學》書中並沒有任何地方談及它的一般形式及原則。相對地，是在別的文本，尤其是在《尼各馬可倫理學》中，亞里斯多德回應了這個問題，那時他分析夫婦關係的政治性質——也就是在其中施行的是何種權威。在他眼中，男人與女人間的關係明顯是不平等的，因為男人的角色便是治理女人（相反的情況，可能因為許多理由發生，但那是「違反自然的」）。[85] 不過此一不平等應與其他三種不平等仔細地區分：分開主人和奴隸的不平等（因為家中的妻子是位自由人）、分開父親與子女的不平等（在這其中的權威類相似於國王）、最後，是在一個城邦中，分開領導和被領導的公民的不平等；如果實際上，丈夫對於妻子的權威比起前種關係較為微弱、也比較沒那麼全面，它並沒有在「政治」關係中找到的，單純是「暫時的」性格，而且這是以「政治」此字的嚴格意義而言，也就是一個國家內自由公民的關係；因為，在一個自由的憲政之中，公民是輪替地領導和被領導，然而在一家宅中，男人應該

永久地保持優先地位。[86] 自由的存有者之間的不平等，此一不平等是不可回復的，並且是建立於本性（nature）上的不同。就此意義而言，丈夫和妻子之間關係的政治形式應是貴族模式：在這樣的政府中，由最優秀的人作領導，而在其中，每個人根據他的功績及價值依比例收受屬於他那部份的權威、他的角色及功能。就像《尼各馬可倫理學》中說的，「丈夫對妻子的權力顯示為一種貴族性格的權力；男人施行的權威和其功績（kat'axian）成比例，並且是在適合男人領導的領域之中」；其結果是，便像所有的貴族政府，他會委派她在其有能力的領域中發揮（如果丈夫什麼都親力親為，便會將他的權力轉變為一「寡頭政治」）。[87] 與妻子的關係因此是以類似於公正的問題的方式被提出，而那直接關連於婚姻關係的「政治」性質。《大道德》中說，父親和兒子關係不能是公正的，至少在兒子尚未得到獨立之前，因為他只是「他父親的一部份」；在主人和僕人之間的關係也沒有公正的問題，除了將它了解為一種「內在於家宅並且是純家政性質的」公正問題。但和妻子間的關係不同：無疑她必然恒久比先生地位低，而夫妻關係間應

有的公正不能和公民間的公正相提並論；但是因為他們之間的相似性，男女之間應有的關係「非常接近政治上的公正」。[88]

然而在《家政學》書中有關丈夫應有的性行為問題的相關段落，作者所參照的卻是一種看來相當不同的公正；他引述了一個畢達哥拉斯派的主張，強調妻子「在家中就像是個哀求者，以及一位從自己家中被劫走的人」。不過如果仔細地看，此一哀求者的指涉——以及以更普遍的方式來說，妻子是生於另一個家庭，因而在其夫家，她並不是「在自己家」——其用意並不是去界定男人和其妻子之間應有的關係類型。這些關係，就其正面形式及其符合應統領其中的不平等公正而言，乃是在之前的段落即已提及。我們可以假設，作者在此引述哀求者形像，想要提醒的是妻子不是因為婚姻本身，就應要求丈夫的性忠誠；但在已婚人妻的情境中，有些事物招請丈夫的保留及限制：這正是涉及妻子的弱勢地位，使得她得聽憑丈夫的善意，就像一位由自原生家宅中被劫持的哀求者。

至於這些不公正的動作的性質為何，只依《家政

學》的文本，並不容易精確描述。它們被稱作 *thuraze sunousiai*，「家外的交往」。*sunousiai* 可指涉的是一種特定的性結合；它也可指涉「交際」（commerce）、「關係」（liaison）。如果在此要對說明此字最狹義意義，那麼便是在「在家之外」進行的所有性動作，而它會對妻子構成一種不公正：這樣要求在這個文本中看起來有點不符真實，因為此文本的立場和一般道德相當接近。如果相反地，我們了解 *sunousiai* 這個字的為更一般的「關係」，那麼我們便能良好理解為何這裡會有不公正產生，那是因為權力的施行是必須依個人的價值、功績和地位給與的：一段婚外情、取妾，以及也許會產生的不合法小孩，這些都是對妻子應享有的尊重給與重要的打擊；無論如何，在丈夫的性關係中，任何威脅到妻子在家貴族式治理中特有優先地位的，都是一種破壞必要且根本的公正的方式。在這樣的理解之下，《家政學》中的提法，就其具體意義而言，並不遠離贊諾封的言下之意，當後者說到依斯修馬克對妻子承諾，如果她的行為良好，就永遠不會損害她的特權和地位；[89] 必須要注意到在此之後立即出現的，乃是和贊諾封非

常接近的主題：丈夫在其妻子道德養成中的責任，以及批評服飾打扮（kosmēsis）為謊言和欺騙，在夫婦間應加以避免。不過當贊諾封將丈夫的節制當作是警醒及明智的一家之主特有的風格，亞里斯多德派的文本似是將它列入，應該規範社會之人的不同形式的公正之間的多種互動之中。

　　要精確地標示出《家政學》作者允許或禁止丈夫的那些性行為，無疑是一件不容易的事。但丈夫的節制，不論是以那種明白的方式，並不衍生自夫婦間的個人關係，且此節制之加諸於他的方式，並不是像妻子可以被要求一種嚴格的忠誠。是在一種不平等的權力和功能分配的脈絡中，丈夫應該給與其妻子特權；而且是在一種自願的態度之中——建立於利益或智慧——他知道如何承認每個人應有的份量，如同那明瞭如何處理貴族權力的人。丈夫的節制在此仍是一種實施權力的倫理學，但這種倫理學被思維為各正義形式中的一種。這是以一種非常不平等及形式化的方式界定夫婦間的關係，以及他們的兩種美德在其中應有的位置。別忘記夫婦關係如此這般的構思，並不排除友誼關係中廣受承認的強度。《尼各馬可倫理學》將以下這

些元素結合在一起——公正、不平等、美德、貴族統治的形式；透過它們亞里斯多德界定丈夫對妻子的友誼的特性；丈夫的「有德之愛」（*philia*）[XV]「乃是貴族統治中可以發現的……它和美德成正比；最佳者有最多的好處，而且每個在其中得到他適合得到的。這也是正義的特性。」[90] 亞里斯多德在更遠處加上：「尋找丈夫應該對妻子採取的，以及更一般的，朋友對朋友應採取的行為舉止，那明顯地是在尋求公正的規則應如何受到尊重。」[91]

＊　　＊　　＊

因此，在希臘古典時期的思想中，我們可以發現婚姻道德中的一些元素，它們似乎要求夫婦兩者有相類似的，對任何婚外性行為的棄絕。排除性地只在夫妻關係內才有性實踐，這是由其地位、城邦及家庭法律加諸於妻子身上的規則，某些人似乎認為此一規則也可以運用在男人身上；

無論如何，這看來是在贊諾封及相傳的亞里斯多德的《家政學》中，或某些柏拉圖及依索克拉特的文本中可發掘出的教訓。這數個文本在整個社會中顯得非常孤立，因為在此社會中不論是法律或習俗，都不包含同樣的要求。的確是如此。但看來也不可能在其中看到夫婦之間相互忠誠的倫理學的初步勾勒，以及婚姻生活的首度編碼，對於後者，基督宗教未來將會給與它普遍的形式、強制式的價值及一整套體制性系統的支持。

對於這一點，有數個理由。除了柏拉圖的理想城邦之外，在其中同樣的法律以同樣的方式對所有的人有效，對丈夫的節制要求和加諸於妻子的節制，並沒有同樣的基礎，也沒有同樣的形式；後者是直接來自權利情境、以及地位上的依賴，而這將妻子置於丈夫的權力之下；前者，相對地，

XV. 此字亦常譯為「友愛」或「德愛」，在此依上下文譯為「有德之愛」，亦請參考張燦輝《生死愛慾》卷一（漫遊者文化，2023）中有關此譯法的相關討論（頁 158-161）。

則有賴於選擇，和一種要給與生命某種形式的意志。以某種方式而言，這是個風格問題：男人受召喚依其對自我實施的主宰，以及他在主宰他人時的適度和克制，來節制其行為舉止。結果是此一嚴厲刻苦（austérité）呈現為——如同在依索克拉特作品——一種洗練（raffinement），而其模範價值並不採取普遍原則的形式；由此也造成對於夫婦外的所有關係的棄絕並未受到贊諾封明白地規範，相傳的亞里斯多德也許也是如此，它在依索克拉特作品中採取的形式並不是終極性許諾，毋寧是一種英勇功績。

更進一步地說，規定是對稱的（如同在柏拉圖作品中），或是不對稱，並不是立基在夫婦關係的特質或它特有形式上才建立了對丈夫的節制要求。無疑，是因為他成為人夫，所以他的性活動必須遭受一些限制，並且接受某些節制。但這要求來自已婚男人此一地位，而不是他和妻子間的關係：比如在柏拉圖的城邦中，依城邦所決定的形式結婚，並且為它供應它所需要的公民；人夫的地位使他得以經營一座家宅，它必須在良好秩序下繁榮昌盛，而它的良好狀況在所有人眼中應該是良好治理的形象和保証

（贊諾封及依索克拉特）；人夫必須在婚姻特有不平等形式及合於妻子的特質中，運作公正的規則（亞里斯多德）。在這裡面完全沒有排除個人的感情、依戀、喜愛及關心。但仍必須良好地理解，從來不是面對著他妻子，在一個將兩人以作為個人的方式連繫在一起的關係中，此一節制（sōphrosunē）成為必要。人夫之所以應如此是為了自己，因為成為已婚狀態將他帶入一個義務和要求的特別組合，而那關係到他的聲譽、際遇、他與其他人的關係、他在城邦的威望，他想要度過美善一生的意志。

我們這時可以理解為何男子的節制和女子的美德可呈現為兩個同時的要求，但各有其衍生而來的方式，並且是在婚姻狀況下有其各自特有的形式；然而性的實踐作為一個元素——而且是夫婦關係中核心不可或缺的元素——卻可以說是完全不以一個問題的方式被提出。更晚之後，夫婦間的性關係、它應採取的形式、可受允許的手勢、他們應遵守的羞恥心、以及他們呈現及加強的關連強度，將會是思維中的重要元素；在基督宗教牧教內容中，夫婦間的性生活將引發一個經常是充滿細節的編碼；但在那之前，普

魯塔克已經提出不只有關夫婦間性關係形式的問題，也涉及了它們在感情上的意義；他強調了相互的快感對增進夫妻間的相互依戀的重要性。此一新倫理學的特點，並不是只有男人和女人被迫只能有一位單一的性伴侶——其配偶；它也在於他們的性活動將會被問題化，並在其個人的夫妻關係中作為一個核心必要的、具決定性的、特別敏感元素。在紀元前 4 世紀的道德思維中完全沒有像是這樣的事物；這不是暗示說性快感在那時希臘人的婚姻生活中及男女之間的融洽不太重要；但那無論如何是另一個問題。但為了理解性行為被提煉為道德問題，必須要強調夫婦的性行為在希臘的思想中並不是由他們個人的關係出發而作出提問。他們倆之間所發生的是在和擁有子嗣有關時才有了重要性。對於其他部份，他們共同的性生活並不是思維及規範的對象：問題化的端點乃存在於節制之中，而配偶中的每一人必須接受考驗，但每個人是為了和其性別及地位相符的理由，及在和其性別相關的形式中才如此。節制並不是兩者共同的，也不是必須要另一人操心的事務。在此我們離基督宗教的牧教內容甚遠，在其中夫婦中的每一位必須為另

一位的貞潔負責，不要引導他犯下肉身的之罪——或者以過度無羞恥的挑動、或者以太嚴格的拒絕。希臘古典時期道德學家對婚姻生活的兩位伙伴都立下節制的規範；但就其各自而言，乃是屬於不同的與自我的關係模式。女性的美德構成一個順服舉止（conduite de soumission）的關連項及保証；男人的刻苦鍛練則屬於一種自設其界線的宰制倫理學（éthique de la domination）。

1.　狄摩士田（Démosthène），《反奈娥拉》（*Contre Nééra*），122。

2.　高羅佩（R. Van Gulik），《中國古代房內考》（*La Vie sexuelle dans la Chine ancienne*），144-154 頁。

3.　必須避免過度圖式化，並將基督宗教有關夫婦關係的教義化約為生殖目的性和快感的排除。事實上，此一教義將會是複雜的，並會受到許多討論，也會產生許多變化。但在此必須牢記的是，夫婦關係的快感問題、它應有的位置、針對它必須採取的小心防範、必須同意的讓步（考量他者的脆弱及其色慾），這些都構成了思維的聚焦之處。

4.　參看歸屬於亞里斯多德的《論不孕》，此書長期被當作是《動物學》的第十部。

5.　參考上註，第二章。

6.　有如此看法的包括贊諾封，《家政學》，VII，11；柏拉圖，《法律篇》，722 d-773 e。

7.　狄摩士田，《反奈娥拉》，122。

8.　普魯塔克，《索倫傳》（*Vie de Solon*），XX。我們在畢達哥拉斯

的教誨中可發現夫婦責任義務的見証：這是戴奧真尼・萊爾斯所記述的，「希羅尼姆（Hiéronyme）還說畢達哥拉斯下到地獄⋯⋯他看見有些人在受苦，因為他們疏忽於完成其夫婦責任」（*tous mē thelontas suneinai tais heautōn gunaixi*）《哲學家傳記》，VIII，1，21。

9. 里西雅斯（Lysias），《依拉多斯田的謀殺》（*Sur le meutre Eratosthène*），33。參考潘羅依（S. Pomroy），《女神、妓女、妻子與奴隸。上古古典時期中的女性》（*Goddesses, Whores and Slaves. Women in Classical Antiquity*），頁 86-92。

10. 同上，12；亦可參考贊諾封的《饗宴篇》（IV，8）中提及丈夫可利用一些狡計來隱瞞他到它處尋求的快感。

11. 萊西（W. K. Lacey），《古典希臘的家庭》（*The Family in Classical Greece*），1968，頁 113。

12. 贊諾封，《饗宴篇》，VIII，3。

13. 馬太（G. Mathieu），「註解」（Note），於依索克拉特，《尼克可萊斯》，C. U. F.，頁 130。

14. 贊諾封，《家政學》，IV，2-3。

15. 同上，I，2。

16. 有關農業的讚美及其優點的列舉，參考《家政學》第五章整體。

17. 贊諾封，《回憶蘇格拉底》，III，4。

18. 同上，《家政學》，IV，18-25。

19. 同上，XXI，4-9。

20. 同上，III，15。

21. 同上，III，12-13。

22. 同上，III，11。

23. 同上，VII，5。

24. 同上，VII，11。

25. 同上，VII，12。

26. 依斯修馬克強調說夫婦間的差別的泯除可以由各自的貢獻來加以標記，VII，13。

27. 同上，VII，15。

28. 同上，VII，19-35。關於空間配置在家政秩序中的重要性，參考維儂（Jean-Pierre Vernant），「赫斯提亞－赫米斯。論希臘空間的宗教性表述」（Hestia-Hermès. Sur l'expression religieuse chez les Grecs），《希臘的神話與思想》（*Mythe et Pensée chez Les Grecs*），I，頁 124-170。

29. 贊諾封，《家政學》，VII，39-40。

30. 同上，VII，22。

31. 同上，VII，26。

32. 同上，VII，31。

33. 他更進一步說明神明將男性和女性相連其預期目標是小孩，而法律如此作是為了家務，VII，30。

34. 同上，VII，23。

35. 同上，VII，12。

36. 同上，22-23。

37.　同上，II，1。

38.　同上，VII，27。

39.　同上，X，1-8。

40.　同上，X，7。

41.　同上，X，9。

42.　同上，X，10。

43.　同上，X，11。

44.　贊諾封，《希羅篇》，I。

45.　優里皮底（Euripide），《梅蒂》（*Médée*），v. 465 起。

46.　同上，《艾翁》（*Ion*），v. 836 起。

47.　贊諾封，《家政學》，VII，41-42。

48.　《法律篇》，VI，773 c 及 e。

49.　同上，VI，785 a。

50.　同上，VI，783 e；參考 IV，721 a；IV，773 b。

51.　同上，VI，783 a-e。

52.　同上，VI，784 a-c。

53.　同上，VI，784 d-o。

54.　可以補充的是過了可以生育的年紀，《過著貞潔生活者（*sōphronōn kai sōphronousa*），將會圍繞著榮譽，其他人則將有相反的聲譽，或者他們毋寧會受到侮辱》。（VI，784 e）

55.　同上，VIII，835 e。

56. 同上，VIII，838 a-838 e。

57. 同上，VIII，840 a-c。

58. 同上，VIII，840 d-e。

59. 同上，VIII，841 a-b。

60. 同上，VIII，841 c-d。要補充的是至少在此法律第一次被提出時，柏拉圖似乎是說對於人夫只禁止「自由」及「良好出身」的女人。無論如何狄也斯（Diès）的翻譯是如此。羅賓（Robin）則將此文本詮釋為此條法律只運用於自由及良好出身的男人身上。

61. 依索克拉特，《尼可克萊斯》，31-35。

62. 同上，42。

63. 同上，40。

64. 同上，41。

65. 《尼可克萊斯》，29。

66. 同上，36。關於此一常見的主題，參見亞里斯多德，《政治學》，V，1 311 a-b。我們可以注意到依索克拉特補充說人民對雖然處處風流，但知道如何治理的領袖卻是有一種寬容（同上，37）。

67. 同上，36。

68. 同上，37。

69. 同上，31。

70. 同上，39。

71. 同上，45。

72. 同上，47。

73. 同上，47。

74. 《給尼可克萊斯》（*A Nicoclès*），11。此一君王的私德作為政治問題的主題，本身即值得進行完整的單獨研究。

75. 傳亞里斯多德，《家政學》，I，1，1，1 343 a。

76. 亞里斯多德，《政治學》，I，13，125 a-b。

77. 傳亞里斯多德，《家政學》，I，1，1，1 343 a。

78. 同上，I，2，1-3，1 343 a-b。

79. 同上，I，3，1，1 343 b。

80. 亞里斯多德，《政治學》，I，2，1 252 a。

81. 同上，《尼各馬可倫理學》，VIII，12，7，1 162 a。

82. 傳亞里斯多德，《家政學》，I，3，1，1 343 b。

83. 同上，I，3，3，1 343 b。

84. 傳亞里斯多德，《家政學》，I，4，1，1 344 a。

85. 亞里斯多德，《政治學》，I，12，1 259 b。在《尼各馬可倫理學》，VIII，10，5，1 161 a，亞里斯多德提到和家族成員結婚的獨生女繼承人（femmes épiclères）有其權威。

86. 同上，I，12，1 259 b。

87. 亞里斯多德，《尼各馬可倫理學》，VII，10，1，1 152 a。

88. 同上，《大道德》（*Grande Morale*），I，31，18。

89. 然而，必須要注意依斯修馬克提到與家中女僕的關係會激發敵對狀況。這裡產生威脅感的則是在外的情事。

90. 亞里斯多德，《尼各馬可倫理學》，VIII，11，4，1 161 a。

91. 同上，VIII，12，8，1 162 a。有關亞里斯多德作品中德愛（*philia*）
與婚姻間的關係，參考弗若斯（J.-CL. Fraisse），《德愛，上古哲
學中的友誼觀念》（*Philia, la notion d'amitié sur la philosophie
antique*）（Paris, 1974）。
必須要注意到，在亞里斯多德《政治學》描寫的理想城市裡，夫婦
間的關係，其界定方式和柏拉圖作品中可以發現的相當接近。當父
母可能年齡過大，其生育的義務將會停止：「在餘下的人生中，人
們只為了健康上明顯的理由或類似原因而有性關係。對於『丈夫與
另一個女人或妻子與另一個男人』間的關係，應當將其視為可恥的
行動」（*mē kalon*），「而這是以絕對無例外的方式行之，只要婚
姻仍然存在，彼此稱為夫妻。」此一違失，因為容易理解的原因，
將會有法律上的後果 —— 褫奪公權（atimie）—— 如果它被犯下
時「仍可能有生育的時期」（《政治學》，VIII，16，1 135 a-1 336
b）。

IV.
Érotique

第四章

愛慾論

Une relation problématique

第一節
一個問題性的關係

在和少男關係中快感使用，對於希臘思想，曾經是一個令人不安的主題。在一個被視為「容忍」我們稱之為「同性戀性傾向」（homosexualité）的社會而言，這點顯得弔詭。但在這裡使用這兩個詞語，也許並不夠謹慎小心。

事實上，使用同性戀性傾向這觀念來覆蓋和我們的差異那麼大的體驗（expérience）、正面價值化的形式（forms de valorisation）及劃分切割的系統（système de découpage），是非常不適當的。希臘人不會把與同性之愛和異性之愛對立起來，使它們像是兩個相互排除選擇，或是兩種澈底不同的行為類型。劃分的線條並不跟隨如此這般的前緣。使得節制及能自我主宰的人，對立於陷溺於快感者的事物，由道德的角度來看，比起人們可以志願追求的不同快感範疇之間的區分者，要重要得許多。德行鬆懈，便是既不知如何抗拒女人也不知如何抵抗少男，而後者不一定比前者更嚴重。當柏拉圖作出暴君般人物的肖像，也就是那位任由「愛慾（Eros）的暴君在他的靈魂中獲得王座，並統治所有動態」，[1] 他在兩個相等的面向下顯示它，在其中突顯出以同樣的方式輕蔑最基本的義務，以及對於

快感的一般性控制的臣服：「如果他迷上一位高級妓女，但她對他只是新而膚淺的結識之人，他將如何看待他的母親，一位長時期的友人，並且是由自然賜給他的？而如果他對一位美麗的青少年有昨日才發生膚淺之愛，他要如何看待他的父親呢？」[2] 當人們責怪阿爾希比亞德（Alcibiade）的放蕩時，並不是特指前者或後者，而是像比翁・德・波里斯田（Bion de Boristhènes）說的，「當他在青少年時，使丈夫由妻子身旁離開，而他在青年時期，則將女人帶離她們的丈夫。」[3]

相反地，為了展示一個人的禁慾，人們指出——這便是柏拉圖針對依可斯・德・塔倫特（Iccos de Tarente）[1] 所作的——他能同時戒除少男及女人；而根據贊諾封，塞流士在宮廷內徵用太監，而他發現這麼作的好處乃是他們無法攻擊女人及少年。[4] 只要這兩種傾向都是同樣地可能，並且它們有可能完美地共存於同一個人之中。[5]

希臘人的雙性戀傾向？如果這意謂著一位希臘人可以同時或依序喜愛一位少男或一位少女，一位已婚男人可以有他的年輕男友（*paidika*），或是在他年輕時的傾向之後，

經常出現的是主動志願地傾向於姑娘樣的舉止外貌，但後來則傾向於喜愛女人，那麼我們很可以稱他們為「雙性戀者」。但如果我們注意到的是他們思考這雙重實踐的方式，那就必須提醒他們並沒有在其中辨識出兩種「慾望」、不同的或相互逆競爭的「兩種衝動」，而它們分享著男人的心或慾望。就思考他們在兩性之間給自己自由的選擇而言，這是我們可以談論「雙性戀」，但對他們來說，此一可能性對他們來說並不是指涉著慾望雙重的、曖昧的、「雙性的」結構。在他們眼中，人們之所以能慾求男人或女人，只是因為自然均勻地在男人心中植下對「美麗」的人的慾望，不論其性別為何。[6]

我們在鮑桑尼亞斯（Pausanias）[II] 的講辭 [7] 中的確可

I.　希臘紀元前 5 世紀人希臘運動會（Magna Grecia）的奧林匹克運動員，第 84 屆或第 70 屆奧運會的勝利者。他被視為運動飲食學之父。按照畢達哥拉斯學派觀念，他在進行比賽前透過避免性交和特別準備的節食飲食為自己做好了身體準備。

II.　阿伽松的愛人，讚頌同性戀及男同性戀文化。

以找到兩種愛情的理論，其中第二個——屬天的烏蘭尼烏斯（Uranius le céleste）——只愛少男。但在此區別並不是存在於異性戀和同性戀之間；鮑桑尼亞斯的區隔線劃分出「下層的人所感受的愛」——它的對象可以是女人或少男，它的目標只在於動作本身（to diaprattesthai），它也在偶然之中完成——以及一種更古老的、更高貴的且更理性的愛，它依戀的是最具生氣的及智性，而這明顯只能和男性有關。贊諾封的《饗宴篇》清楚地顯示，在少女和少男之間可作的多樣化選擇，完全不會指涉到兩種傾向之間的區別或是兩種慾望形式間的對立。這次宴會是由卡里亞斯（Callias）主辦，主賓則是他所喜愛的非常年輕的奧圖里克斯（Autolycos）；這位少男如此地美，他吸引著眾人的目光，其力道可比擬於「夜間的光線」；「看到他時，沒有人……不感到魂魄盪漾。」[8] 然而在與會嘉賓中，有數位已婚或是已經訂婚，比如尼其克拉多斯（Nikératos）——他對妻子的愛得到她回報以愛，而這正是艾若斯（Eros）和安特洛斯（Antéros）間的互動遊戲——或是克里脫布爾（Critobule），他仍在有人追求他或是有其愛人的年紀；[9] 克

里脫布爾還歌頌他自己的愛情，對象是卡里亞斯，一位他在學校認識的少男，並在一段滑稽辯論中，強調自己的美更勝於蘇格拉底；競賽的獎賞是一位少男及一位少女的獻吻：他們屬於一位錫拉庫薩[III]人（Syracusain），他將他們訓練為舞蹈高手，兩位的優雅及馬戲團隊員般的靈巧使得眾人陶醉。他也教他們模仿戴奧尼索斯（Dionysos）及亞歷安（Ariane）[IV]；這時與會貴賓剛聽到蘇格拉底說明以少男為對象的真愛應該是如何，都感覺到強烈的「刺激」（aneptoromenoi），因為他們看到這一對「如此俊美的戴奧尼索斯」及「真正迷人的亞歷安」交換著真實的親吻；在聽到他們說出誓言的時候，人們可以正確地猜到這些年輕的馬戲團團員乃是「終究被允許他們慾求如此長久事物的戀人」。[10]這麼多樣的愛的鼓動促使每個人去尋歡作樂：其

III.　位於西西里島東南部城市，紀元前 8 世紀起希臘人在此殖民。

IV.　克里特島國王米諾斯之女。

中有一些在《饗宴篇》結尾時，騎上馬奔回家去找妻子，卡里亞斯與蘇格拉底則去找俊美的奧圖里克斯（Autolycos）。在此一饗宴中每一個人都共同和其他人著迷於一位少女之美或少男們的魅力，各種年紀的男人的快感慾望或嚴肅愛情都被點燃，而他們其中有些人去女人那邊尋求，其他則去少男那邊尋求。

當然，偏愛少男或少女很容易被當作是一種個性的特徵：人們可以就他們依戀的快感來作區分；[11] 有可能被當作是玩笑對象的品味之事，而不是涉及形態學，深度地涉入個人的特質、他慾望的真象或是他的傾向的自然合法性。並沒有兩種可明確區分的慾望受到構想，它們也不是分屬不同的個人或是在同一個靈魂中相互衝突；在這裡看到的比較是兩種獲取快感的方式，而其中一種較適合某些個人，或是人生的某些時刻。少男之道和女人之道並不構成具有分類功能的範疇，可以把個人分佈其中；喜歡年輕男子（*paidika*）的人，在面對追求女性者面前，並不會將自己體會為一「他者」。

至於「寬容」或「不寬容」這些觀念，也是無法使人

了解現象的複雜性。喜歡少男是一個「自由」的作為，其意義不只是它受到法律允許（除非是在特殊的情況下），也受到公眾意見接受。甚至更好的是，它也在不同的體制（軍事或教育）之中找到堅定的支持。它也有宗教的背書，因為在儀式和節慶中人們祈求應該保護它的神聖的力量來站在有益於它的這一邊。[12] 最後，有許多文學作品在歌頌它，以及有思維建立了它的優越性，這些都使它成為在文化中得到正面評價的作為。但混雜在所有之中的，還有相當不同的態度：對於年輕人過度的水性楊花、或是過度功利感到輕蔑，對於女性化的男人的除格處理，尤其是亞里斯多芬和其他喜劇作者時常嘲弄他們，[13] 對於某些可恥的作為加以排斥，比如在加里克雷斯（Calliclès）眼中，希內底斯（Cinèdes）的一些作為便是如此，即使他有膽識及直白，而這便是並非所有的快感都可以是善的及榮耀的証據。[14] 情況似乎應是此一作為，雖然被接受、常見，卻圍繞著多種的評價，而且經歷著相當複雜的正面價值化和負面價值化的作用，而這使得到底是什麼樣的道德在決定它變得難以解析。此一複雜度，至少有留下一個清楚的意識；

這出自鮑桑尼亞斯講辭中的一個段落，在其中他指出很難知道在雅典人們對於此類型的愛是支持的或是有敵意的。一方面，人們很接受它——甚至更好的是，人們給它一個如此高的價值——以至於對於戀人的某些作為會加以敬重，但在非常不同的人身上，這些作為將會被判斷為瘋狂或不誠實：這是祈禱、哀求、固執的追逐以及所有的假誓言。但在另一方面，我們看到父親為了保護其兒子不遭逢詭計所下的心血，或要求老師就此設置障礙，而同時也聽到同學們彼此指責為何接受這樣的關係。[15]

線性而簡單的圖示無法使我們理解紀元前 5 世紀人們對少男之戀所給與的獨特注意。應該嘗試的是，由「對同性戀的寬容」以外的角度重拾這個問題。與其研究在古希臘，同性戀可以何等地自由（彷彿這涉及到一個在由古至今的各種可變動的壓抑機制之下流動的，本身一致不變的體驗），比較好的應是提問在男人之間獲得的快感如何及在何種形式之下會成為問題；人們如何對它提問，它引發了何種特定的問題，進入了什麼樣的辯論；總之，雖然它是個廣泛的作為、法律也完全不加以譴責、而且它的愉悅

也以普遍的方式受到認可，為何它會是一個特別的道德關懷問題，而且強度特別地高，以至於在它身上被投注了價值、迫切的需要、要求、規則、忠告、告誡，而且它們同是數量眾多、緊急且獨特的。

用非常概要的方式說明：今天我們傾向於認為快感之實行，如果是發生於兩位同一性別的伴侶之間，其慾望結構是特殊的；但我們接受—如果我們是「寬容的」——這不構成理由使其遭受一不同於全人共同的道德管轄，而且更不應是一個特別的立法。我們的提問要點，我們將它朝向於一種慾望的獨特性，即它的對象不是另一種性別；在此同時，我們肯定地說，我們不應給與此種關係類型更少的價值，也不應為它保留一個特定的地位。然而，希臘人曾經是非常地不同：在他們想法中，同一種慾望針對所有可慾的對象——少男或少女——條件是慾望越是朝向更美及更光榮的對象，這慾望就更高貴；但他們也認為，當它發生於兩位都是男性的個人之間的關係中，此一慾望會產生一個特別的行為。希臘人並不想像一個男人需要有另一種「本性」（nature）才會愛上另一個男人；但他們很自

然地認為，於這樣的一種關係中獲得的快感，應給與另一種形式的道德，而這和愛上一位女人時所需要的道德是不同的。在這樣的一種關係中，對於感受到它的，快感並不會揭露出另一種奇特的本性；但它們的使用要求一種特定的風格學。

而且，事實上是男性間的愛戀關係在希臘文化中，乃是一整群沸騰的思想、反思及討論的對象，其涉及的包括它們應有的形式或人們可以針對它們認可的價值。如果認為此一論述活動只是一個自由實踐自然表達的立即且自發的轉譯，那將會是不充足的，因為這將會是認為如果一個行為沒有被禁止，它就足以構成一個問題的場域或是理論及道德關注的聚焦處。但如果懷疑這些文本是在嘗試為以少男為對象的愛穿上光榮的正當化外衣，那也是不確切的；這樣做預設著譴責和失格，而它們是很久之後才產生的。更應該做的是試著明白，如何與為何此一實踐產生了特別複雜的道德層面的問題化。

希臘哲學家對於愛的一般寫作及對此種愛所作的特別寫作，今天留下的已不多。對這些思維及其主題群組能有

的想法，因為保留的文本數量如此有限，只能是相當不確定的；而且它們幾近全部都屬於蘇格拉底－柏拉圖傳統，而我們缺失了戴奧真尼·萊爾斯曾提到的作品，比如來自安提斯田（Antisthène）、犬儒者戴奧真尼（Diogène le Cynique）、亞里斯多德、泰歐法洛斯特 [V]、芝諾 [VI]、克里西佩（Chrysippe）或克拉朵爾（Crantor）的作品。不過，柏拉圖使用多少是反諷語調所轉述的，仍能使我們窺見這些有關愛的思維和辯論中所談論的是什麼問題。

1.
—

首先必須要指出的是，有關男性愛的哲學和道德思維並未能覆蓋男人之間的所有的性關係。注意力的核心集中

V. Théophraste（約紀元前 372-288），亞里斯多德學生，植物學家、自然學者、化學家等。

VI. Zénon d'Élée（約紀元前 490-430），先蘇時期哲學家，以其弔詭命題聞名後世。

於一種「享有特權的」（privilégiée）關係——問題和困難的集中處、特定關懷的對象：這是一種含帶著不同年紀的伴侶關係，以及和此有關的，伴侶間有一種地位上的差別。人們有興趣、討論及提問的關係，並不是連結兩位成熟的成人之間，或是同一年齡層的兩位孩子間的關係；那是在兩位（沒有任何事物可以阻止他們兩人都是年輕的或是年齡相近）被認為屬於不同年齡階層的男人之間發展出的關係，而且其中一位非常年輕，整體養成並未完成，也尚未達到其最終確定的地位。[16] 哲學家及道德學家要提問的，便是針對此一差別的存在，而它使得這種關係有突出的特點。由這特定的注意力，不應得出有關希臘人的性行為或是他們的品味的特別之處草率而匆促的結論（即使許多文化元素指出年輕男子同時是一位被標定及承認的高價值愛慾對象）。無論如何，不應想像只有這類型的關係受到實行；我們可以找到許多不遵照此一圖示的男性愛戀關係的參照，而且它們並不包括「不同年齡」的伴侶。假設如下的狀況也是不準確的，即認為實行其他形式的關係將會得到不佳的評價，並且系統性地被認為是不健康。人們認為年輕男

子之間的關係是完全自然的，甚至就是他們的狀況中的一部份。[17] 反過來，我們也可以引述在一對兩人皆已大幅度超過青少年時期的男子間活躍的愛而不會受到指責。[18] 因為我們之後會看到的理由——它和被視為必要的主動及被動的兩極性（polarité）有關——，兩位成熟男子之間的關係，無疑將會更容易地成為批評或反諷的對象：如果被懷疑具有總是低評價的被動性，如是涉及的是成人，那麼就會更嚴重。然而，不論是容易受到接受或毋寧是受到質疑——暫時地它變得重要——必須要清楚地看到的是，這些關係並不是道德關切或是相當大的理論興趣的對象。不至於到受忽視或不存在，它們卻並不屬於一個積極且強烈的問題化場域。注意力和關懷所集中的關係，我們可以猜測到它們承載著複多的關鍵挑戰：這些關係是連結了一位已經完了其養成的年長者——他被認為應扮演社會、道德及性方面的主動角色——及一位較年輕者，他尚未達致其最終的地位，並且需要協助、顧問及支持。此一位於關係核心的差異，總之便是使得此關係變得有價值及可思考的事物。因為它，人們正面評價此一關係，因為它，人們對它提問；

而且，即使它不明顯，仍然會被找出來。如此，人們喜歡討論阿其爾（Achille）和巴特柯爾（Patrocle）[VII] 間的關係，探討他們如何彼此差別，而哪一位又佔了另一位上風（因為就這一點而言，荷馬的文本說得模稜兩可）。[19] 當男性間的關係組構在一個相當明白地標記著分離青少年和成人的門檻的差異之上時，便引發了理論上和道德上的關注。

2.

對於這類型關係的優先關注，似乎並不只是受教學關懷鼓動的道德學家或哲學家的事。人們習慣於將希臘人對於少男的愛和教學的實行和哲學教育緊密地結合在一起。蘇格拉底這個角色邀請人們如此作，包括在上古時期持續受給出的再現也是如此。事實上，一個非常廣大的脈絡有助於促進男子和少男之間關係的正面評價和提煉。將它當作主題的哲學思維事實上植根於廣泛普遍、受到承認及相對複雜的社會作為：那是因為看來不同於其他性關係，或是無論如何是更甚於它們，超越分離他們的某種年齡及地

位門檻而結合男子與少男的關係，乃是某種儀式化的對象，而此一儀式化在加諸數個規則於它們之上時，也給了它們形式、價值及吸引人之處。在它們被哲學思維當作解析的對象之前，這些關係已經是一整套社會遊戲的發生契機。

在它們周圍形成了「求愛」（cour）的作為：這些作為無疑沒有其他愛戀藝術的複雜性，比如中世紀所發展出的那樣。但它們和能以良好及應有方式得到少女傾心應遵守的習俗相當不同。它們界定了一整套符合習俗及禮儀的行為舉止，使得此關係成為一個在文化及道德上過度承載（surchargé）的領域；這些作為由多弗（K. J. Dover）[20]透過許多文獻確証了它們的現實存在——界定了相互的行為和相應的策略，而這是兩位伴侶必須遵從的，以便能給與他們的關係一個「美麗的」形式，在美學和道德上皆為有價值。它們設定了愛少男者（éraste）和被愛少男

VII.　希臘神話中的戰士，參與特洛依戰爭，在荷馬史詩《依里亞德》中同時是阿其爾的伙伴及戀人。

（éromène）的角色。一位就發動者的位置，他作追求，而這給了他權利及義務：他必須展現其強烈的慾望，但也必須加以節制；他必須送出禮物、提供服務；面對被愛者他有其功能需要實現；而所有這些使他有理由期待公正的回報；受到愛戀及追求的另一位，應當注意不要太輕易讓步；他也應當避免接受過多的不同禮贊、委身於輕率冒失者，並且，為了他自身的利益，無感於伴侶的價值；他也應表現出感謝愛人為他所作之事。然而，此一追求作為透過它自己明白地顯示，男子與少男之間的性關係「並不是理所當然」（n'allait pas de soi）；它應該伴隨著成規、行為規則、行事風格、以及一整套限期和挑剔的遊戲，而其目標便是使得最後階段得以延遲，並將它整合於一系列的附屬活動及附屬關係。這說明了此類完全被接受的關係並不是被「漠然以對」（indifférent）。在所有這些小心翼翼的措施及人們對它們所生的興趣中，只有看到此種愛是自由的証明，那便是買櫝還珠之舉，並不能認識到人們對此種性行為和所有其他的行為之間所給出的差異，對於後者人們一點也不在意明瞭它們應如何開展。所有這些關注明白地

指出，男子和青少年之間的快感關係在社會裡已構成一敏感元素，一個如此關鍵的要害，使得人們不得不關注他們彼此的行為。

3.

不過我們可以立即察覺到它和婚姻生活之間的差異，後者也是另一個興趣及提問的聚焦中心。重點在於，男子與少男之間涉及的是一個「開放」的遊戲，至少直到某一程度。

「就空間而言」是開放的。在家政學和同住家人的治理技藝術中，人們要處理的是一個二元的空間結構，在其中配偶兩者的位置被細心地分開（丈夫主外，妻子主內，男人的區域在一方，而女人的區域在另一方）。就少男而言，遊戲是在一個非常不同的空間中開展：至少當孩子到達某個年紀後，就是在公共空間中——在街道和人群聚集的空間中，而其中有些策略上有其重要性的重點（比如體操館）；但那是每個人都可以自由移動[21]的空間，於是必

須追逐少男、狩獵他、在他可能經過的地方守候他，以及在他出現的地方捉住他；這是個愛人者反諷的哀怨主題，有關必須奔向體操館、和所愛者一起去狩獵、並且因為和他分享我們年紀已不適合的體能活動而氣喘噓噓。

但這遊戲也是開放的，尤其意謂著人們不能在少男——只要他不是出自奴婢之身——身上施行任何因地位而來的權力；他有選擇的自由，可以自由地接受或拒絕，可以自由地偏愛或作決定。為了得到他總是有權利不讓步的，必須要有能力說服他；想要得到他的偏愛的人，必須在他眼中勝過其他情敵，如果他們出現的話，而為了作到這一點，展現自己的誘惑力、品質、或是禮物；但是決定屬於少男本人：我們贏了這一局，但我們從來不確定能贏。而這也就是它有趣的地方。贊諾封記述的專制君主希羅 VIII 倩麗訴怨最能見証這一點。[22] 他解釋說，當個專制君主，並不能使他和妻子的及和少男的關係變得愉快。因為一位專制君主只能由地位比他低的家庭中娶妻，因而就失去了和一個「比自己更有錢及更有力的」家庭聯姻的所有好處。和少男呢——希羅正愛戀著戴羅科斯（Dailochos）——他擁有

獨裁者的權力，卻因此引發了別的障礙；希羅亞想得到的眷顧，必須要經由情誼及以完全自願的方式來獲得；而「用強力的方式奪取」，他就不再感受到慾念，「只能對自己製造痛苦」。反對其意願由敵人那取得某個東西，這是最大的快感；但就少男的眷顧而言，最甜美的卻是他心甘情願給出的。何等的快樂啊，「和回望的友人交換眼神！他的問話中有何等的魅力！他的回答中有何等的魅力！即使是吵架及失和皆充滿了甘甜及媚惑。然而，如果不從其意願地享有一位少男，這是海盜行為而不是愛。」在婚姻的狀況中，性快感及它們的使用的問題化始自地位關係，這給與男子治理妻子、他人、祖產及同住家人的權力；根本的問題存在於如何節制此一權力。在和少男的關係中，快感的倫理學乃是透過年齡差異，催動細緻的策略，而這必須考量到另一方的自由、他可以拒絕的能力及他必要的首肯。

VIII.　Hiéron le Tyran，西西里島錫拉庫薩第二位獨裁者（統治期間為紀元前 478-466 年）。

4.

對於和青少年發生關係的問題化之中，時間問題有其重要性，但它是以一種獨特的方式提出的：問題的重點，不再像是保健法中的動作適當時間，也不是像家政學中的，持續維持一個關係結構：這裡的問題毋寧是不永久穩定的以及短暫過渡性的時間。它的表達有不同的方式，首先是作為一個「界限」的問題：由什麼時間開始一位少男應被視為年紀過大，因而不能成為愛戀關係中的一位榮耀的伴侶？由那個年紀開始，他即不適合接受這個角色，而他的戀人也不應想要將此角色加諸於他？這是大家熟知的，有關男性氣概記號的鑽牛角尖問題，因此記號應該標記出一個門檻，但人們又宣稱此一門檻非常捉摸不定，因而事實上它經常被跨越，因而人們由此給自己責備那些跨過者的可能性；我們知道，首次長出的鬍鬚，便被視為此一不可避免的標記，而剃去它的剃刀也被人說應是愛之線的絕結者。[23] 無論如何，必須要注意到人們不只責備少男，因為他接受扮演不再適合其陽剛氣質的角色，也責備那些和年紀

過大的男生交住的男子。[24] 斯多葛主義者常被人批評保留其愛人過久——直到 28 歲——但他們作的回應論法，某種程度地延伸了《饗宴篇》中鮑桑尼亞斯（Pausanias）的論點（他主張如果要人們只依戀有價值的年輕人，法律應禁止與太年輕的少男間的關係）[25]，而這顯示出此一界限比較不是一個普遍的規則，而是一個辯論中的主題，並且允許多樣的解決方案。

此一針對青少年的時間和其界線的注意力無疑受到一個因素的加強，那便是對於年輕身體的感受性，尤其是針對它的美和它的演進的不同標誌；青少年的外貌成為一種文化上非常受到堅持的評價對象。男性的身體可以是美的，超過他最初的可愛之處，希臘人並非不知道這一點，也沒有忘記它；古典雕塑藝術通常更加致力於成人的身體；贊諾封的《饗宴篇》中有提到會選擇最美的老人當作祭典中為雅典娜手持橄欖枝的遊行會眾（thallophores）。[26] 但在性道德之中，乃是年輕的身體及它自身特有的魅力，才是規律地被提議作為快感的「良好對象」。但我們如果認為它的特徵之所以受到正面評價，乃是因為它們和女性美的

相近性，那便犯了錯誤。它們是因為其本身而得以如此，或是因為他們和一個正在形成的陽剛氣質的符號及擔保相並置：活力、耐受力、熱情都是此一美感的一部份元素；正好體能活動、體操、競賽、狩獵加強了它們，保障此一優雅不會倒向柔弱無力及女性化。[27] 和女性相近的曖昧性，將於較晚之後（即使在上古已經開始）被視為青少年之美的組成元素——這比作為其秘密原因更好——在古典時期卻被當作少男本身應該避免並且應該加以保護不受其侵擾的。在希臘人文化中存在著一整套有關少男身體的道德美學；它揭示了其中的個人價值及人們對它的愛。作為一種身體標記的陽剛氣息應該缺席；但它應以作為早熟的形式及行為的允諾而在場：言行舉止像是男子，但實際上仍不是。

然而，和此一感受性相連的，也有面對如此快速轉變及終點將近的不安、此一美感及其合法的可慾求性具有稍縱即逝的特性的感覺、害怕，甚至是如此經常受到表達的雙重害怕，包括愛人者害怕看到被愛者失去其雅緻，被愛者害怕戀人轉身離去。這時被提出的問題乃是轉變的可能，而且那將是道德面上有必要，社會面上有用處的，即將此一

愛戀的關係轉變為友誼的關係，即德愛（*philia*）的關係。這個關係可以和它所來自的愛戀關係相區分，而且如果它能由其中產生是合乎期待的；它可以持續，它沒有別的終結點，除了生命本身，它也抹除了含帶於男子與青少年之間愛慾關係的不對等性。在針對此種關係的道德思維中，這是常見的主題之一，即它應由其不穩定性中得到解脫：不穩定性來自伴侶的不堅定，以及少男因為變得年長而失去其魅力的結果，但那也是一種規範，因為喜愛一位超過某種年紀的少男，或是他讓自己被喜愛，都是不好的。可以避免這種不穩固性的，只有在愛之狂熱中，友愛（*philia*）可以開始滋生；友愛，即性格與生活形式的相似、思想及生存的分享、相互之間的善意。[28] 贊諾封所描述的，便是此一由愛之中生出的並作用的、不會衰弱的友誼，那時他製作了兩位朋友的畫像，他們相互注目、交談著、並且彼此互信、並因成功或失敗而一起感到喜悅或難過，彼此間也互相照看著：「因為這樣的行事作為，直到年老他們都不會停止珍惜彼此的溫柔，並且因此感到悅樂。」。[29]

5.

對於和少男關係所作的此一提問，採取了一種非常概括的方式來反思愛情。但不應因為此一事實，便結論說，對於希臘人而言，愛慾（*Eros*）的位置只能存於此種關係之中，而且不能構成和女人之間關係的特點；愛慾可以結合不論是什麼樣性別的人；比如在贊諾封作品中便可看到，尼克拉多斯（Nikératos）和其妻子的結合來自愛慾（*Eros*）與溫情互愛（*Antēros*）的連結。[30] 愛慾（*Eros*）不一定是「同性愛的」，也不是專屬於婚姻；婚姻關係和與少男關係的區別，並不是在於它和愛之力量及它的相互性無法相容。差異存於它處。婚姻的道德，或者，更仔細地說，為了建立已婚男子的性倫理及設定它的規則，並不需要一種愛慾類型關係的存在（即使夫婦之間很可能存在著這樣的關連）。相對地，如果要界定一位男子和一位少男間的關係應該如何，才能達致最美及最完善的形式，當其涉及的是，在他們的關係中，他們可以決定對其快感作何種使用，這時愛慾的參照便成為必要；他們之間關係的問題化隸屬

於一套「愛慾論」（Érotique）。那是因為，在夫婦之間，和婚配狀態相連的地位、家宅及同住家人（*oikos*）的管理、後代的維持，可以建立行為舉止的原則、界定它的規則並為受要求的節制確定形式。相對地，在男子和少男之間，具有相互的獨立性，並且在兩者間並沒有機制性的約制，而是一個開放的遊戲（有其偏好、選擇、移動自由、不確定的結局），行為的調整原則聽憑於關係本身、將他們帶向對方的動態之性質、以及連結彼此的依戀。問題化作用於其中的形式，因而是一種對於關係本身的反思：這同時是對於愛的理論性提問，也是對於愛的方式所作的規範。

但事實上，此一愛的藝術向兩位人物訴說。在家政論的思維中，妻子和其行為的確並不完全缺席；但她的在場只是作為男人的補充元素；她接受他排他性的權威管轄，而如果尊重她的特權是好的，那是因為她顯示她值得如此，或是一家之主維持自我主宰是重要的。相對地，一位少男可能保持在他的年紀必須有的矜持中；由於他有拒絕的可能（令人害怕但也引起敬意）、最終的接受（受到期待，但也很容易是可疑的），在其戀人面前，他構成了一個獨

立的中心。在這樣的省略語法之中，愛慾論將能由一個聚焦點鋪展到另一個聚焦點。在家政學及保健法之中，一個人自願的節制基本上建立於他和自我的關係；在愛慾論中，遊戲更為複雜，它包含了愛人者的自我節制；也包括了被愛者對自我有能力建立一個主宰的關係；它最後也包含著，在彼此經過反省所作的選擇中，他們兩個節制之間的關係。我們甚至可以注意到某些傾向偏重少男的觀點；人們提問的對象著重其行為舉止，也是向他提供意見、忠告和規範：彷彿構成一部被愛對象的愛慾論是首要之事，因為他必須自我形成為一位道德操守的主體；一部像是艾比克拉特（Epicrate）禮贊的文本之中，便出現了前面所說的，相傳它是狄摩士田（Démosthène）所寫。

L'honneur d'un garçon

第二節
少男的榮譽

面對二部偉大的《饗宴篇》，分別由柏拉圖和贊諾封書寫，面對柏拉圖的《費德爾篇》，相傳為狄摩士田所寫的《愛神禮贊》（*Eroticos*），看起來便相對貧瘠。這是篇風格富麗堂皇的演說，同時是一位年輕男子的頌揚以及給他的勉勵：這的確是頌詞體傳統的功能——比如在贊諾封的《饗宴篇》中提到的——「取悅一位年輕男子」，以及「同時教導他應有的存在方式」。[31] 是誇獎同時也是教訓。但透過主題的平庸性及它們受到的處理——一種變得比較平淡的柏拉圖主義——仍可發掘出有關愛的思維的共同特徵，以及對於「快感」提出問題的方式。

1.

　　有個關注在文本整體中活躍著。一群語彙在其上留下印痕，而它們時常地指涉到和恥辱間的遊戲。在整個講辭中，都談論到恥辱感（*aischunē*）的問題，這種羞恥是一種我們可被它留下深刻痕跡的不名譽，也是想要擺脫它的感情；它和醜陋及羞恥（*aischron*）的問題有關，而且它和美

相對立，或是同時對立於美和公正。這裡也大量地涉及招致責備和輕蔑（*oneidos, epitimē*），或是產生榮譽和良好聲望（*endoxos, entimos*）的事物。無論如何，就由《愛神禮贊》開篇處，艾比克拉特的愛人強調了他的目標：希望這些頌揚對被愛者帶來的是榮耀而不是恥辱，後者正如那些毫不含蓄的追求者們說出的贊詞所造成的。[32] 而且他規律性地提醒這個令人擔憂之事：重要的是年輕人能記起，因為他的出身及地位，對於榮譽之事很小的忽略都有可能讓他蒙上屈辱；他必須牢記那些因為警覺心足夠，而能在其情感事件中保持住榮譽之人，以作為範例；[33] 他必須小心謹慎，不要使得「他的自然資質蒙羞」，並且不要使那些以他為傲的人的期待落空。[34]

　　一位年輕人的行為顯示為一個領域，特別地敏感於什麼是恥辱及什麼是合於規範之間的劃分，以及什麼會產生榮耀，什麼會是相反。對於那些想要反思青年人、人們對他們的愛及他們應有的行為舉止的人，以上乃是他們的關注之事。在柏拉圖的《饗宴篇》中，鮑桑尼亞斯，提及有關少男風俗及習慣上的多樣性，舉出在不同地方被視為「不

名譽」或「美」的事物，所舉地方包括艾里德（Elide）^{IX}、斯巴達、底比斯、愛奧尼（Ionie）^X、或蠻族，最後也及於雅典。[35] 費德爾^{XI} 提醒在和少男之愛中應該作為導引的原則，而這和在一般的生活中一樣：「卑鄙的事情會帶來恥辱；而美的事物則會和敬重的慾望相連：缺乏其中之一，就會禁止所有的城邦及所有的個人施行重大和美好的活動。」[36] 但是要注意到，這個問題不是某幾個要求特別多的道德學家的問題。一位年輕人的行為舉止，他的榮譽或不光采，也是整個社會好奇心關注的對象；人們會施以注意力、談論它、也會記得他：而為了攻擊提瑪爾克（Timarque），艾斯琴^{XII} 也不會吝於重述多年前的閒話，那時他的對手只是位年輕人。[37] 而且，《愛神禮贊》也明白顯示，如果排除一些具懷疑心的關切，一位少男仍是其身旁人士的自然關注對象；人們觀察他、窺伺他、評論他的儀表及關係；在他週遭，說壞話的人是積極的；如果他顯露出自大或傲慢，對他不懷好意的人隨時會責備他；但如果他展示出過多的隨和，他們便不會遲疑地批評他。[38] 明顯地，我們不得不會想到，在其他社會裡，少女的處境，當女人結婚年齡相當

後退時，她婚前的行為舉止，對於她自己和對於其家庭而言，便成為一個具有道德性和社會性的重要問題。

2.

但是對於希臘的少男而言，他的榮譽的重要性並不涉及——像是後來歐洲的少女——他未來的婚姻；它毋寧是比較相關於他的地位，及他在城邦中未來的位置。當然我

IX.　位於伯羅奔尼撒半島西方臨海的希臘地方性區域。

X.　希臘位於小亞臨地中海的移居地。

XI.　Phèdre（約紀元前 444-393），蘇格拉底親密友人圈中的一員，雅典貴族，主要因出現於柏拉圖對話錄《費德爾篇》及《饗宴篇》中而為人記憶。

XII.　Eschine（約紀元前 390-314），雅典政治家及演說家，名列雅典十大演說家之一。在和馬其頓及雅典的對抗中，他受狄摩士田陣營控訴出賣雅典，並由提瑪爾克具銜提出，於是他書寫《反提瑪爾克》辯詞，主張對方年輕時曾經賣淫，沒有資格對他提出控訴，最後獲得無罪釋放，並使提瑪爾克失去公民權。

們有成千的例子，說明聲望有問題的年輕人仍可以施行最高的政治責任；但我們也有一些見証，表示這些是可以對他作責備的——這還沒不計算到這些不良的行為可能產生的某些相當嚴重的司法後果：提瑪爾克事件良好地顯示了這一點。《愛神禮贊》的作者很清楚地提醒艾比克拉特；他一部份的未來，包括他在城邦裡可能據有的社會地位，甚至便和今日他是否用可敬的方式來行事有關：城邦只要不願隨便地選擇，便會考量既有的聲望；[39] 而那些輕忽良好勸告之人，一輩子都會承受著其盲目所造成的痛苦。當我們仍然很年輕時，注意著自己的行為，但當我們變得比較年老，留神更年輕的人的榮譽，於是便成為兩件必要之事。

在這個過渡性年齡裡，年輕男子是如此地引發慾望，而他的榮譽又是如此地脆弱，便形成了一個考驗的時期：這是一個驗證他的價值的時刻，意即它必須整體地形成、施為及受到評斷。在此一文本最後的數行，這一段生命的時期，對於少男的行為舉止具有「測試」的特性。頌辭的作者，此時激勵艾比克拉特，提醒他將會有爭辯（agōn），而此一辯論會是 dokimasie：[40] 這個字眼指的是一種考試，

之後會決定是否接受年輕人進入學習文化及軍事的學校
（éphébie），或是公民可被接受作法官。年輕男子的道德
操守，之所以有其重要性和大家對他保留的注意力，乃在
於它在大家眼中相當於一種是否合格的考驗。文本也明白
地說明了這一點：「我想……我們城邦將會請你負責主管各
項服務中的一種，而當你的才華越是光彩奪目，它越會認為
你值得作重要的職位，而它就會越快地考驗你的能力。」[41]

3.

這個考驗確實地說是什麼呢？艾比克拉特應該注意那
一種類型的行為，在其中進行可敬的和不名譽的劃分呢？
這些是希臘教育中為人熟知的重點：身體的舉止儀表（要
小心避免 *rhathumia*，即總是造成不名譽的柔弱狀態）、目
光（這其中可以讀出 *aidōs*，即羞恥心）、說話的方式（不
要逃避於沉默的方便性，而是要能夠知道如何混合嚴肅及
輕鬆的談話）、交往人物的品質。

但尤其是在愛戀行為的領域，才產生可敬及恥辱的

差別。對於這一點，首先必須注意到作者——而且這是為何這文本同時是愛神禮贊和一位年輕男子的頌詞——批評一般的公眾意見，它們認少男要保持榮譽應是對追求者系統性地拒絕：無疑地，某些愛戀者會使愛戀關係產生污點（*lumainesthai tōi pragmati*）；[42] 但我們不應將他們和那些顯示出節制証明的人相混淆。文本並未在拒絕追求者和接受追求者之間劃出榮譽的界線。對於一位希臘的年輕男子，受到愛戀者追求顯然不是一件不光采的事：這反而是他品質的明顯標記；求愛者的數量可以是合法的自傲對象，有時甚至是虛榮的來源。然而，接受愛戀關係，進入此一遊戲之中（即使不以愛戀者提出的方式進行之），也不會被當作是恥辱。對於艾比克拉特，對他稱頌者也使人曉得，身為美和被愛構成一種雙重的機會（*eutuchia*）：[43] 但必須要知道如何依應有的方式加以使用（*orthōs chrēsthai*）。這裡是文本重點強調之處，也是它標示出所謂「榮耀之點」：這些事物（*ta pragmata*）不是因其自身、並且是絕對地，好或是壞；它們根據施行它們的人而變化（*para tous chrōmenous*）。[44] 「使用方式」決定了它們的道德價值，而

其所根據的原則經常可在其他地方發現其表述；無論如何，在《饗宴篇》中就可遇到相當接近的提法：「就這事而言，並沒有什麼絕對的；事物單就其本身而言，並沒有美或醜可言；使得它美的，是它的實現之美；使得它醜的，也是這方面的醜。」[45]

不過，如果我們尋找在愛戀關係中如何劃分出光榮與否的問題，就必須承認，文本在此問題上極為簡略。如果這論述說明了艾比克拉特應如何或已如何鍛練他的身體或形成他的勇氣，或是如何獲得對他是必要的哲學認知，對於生理關係這方面卻沒有說出任何有關可以接受或拒絕之事。有件事是清楚的：並不是所有的事都應拒絕（年輕人可以「給與青睞」），但也不是所有的都應接受：「如果你的青睞是和正義及道德相容的，沒有人會感到沮喪；對於那些達致恥辱的，不會有人甚至冒險地去設想它：你越能節慾地給與那些有最好的願望的人越大自由，它越能對那些想要變得大膽起來的人引發更大的沮喪。」[46] 被當作是少男的首要品質的節制（*sōphrosunē*），明白地意謂著要在身體接觸方面作出區別。但由此一文本出發，我們無法推

論榮譽要拒絕的行動或手勢是什麼。必須注意到在《費德爾篇》中，同一主題有了更大規模的發展，但也是同樣程度地不清楚。在前兩場演說中，有關向愛慕者或不愛者讓步的時機，以及在有關靈魂是套著駑馬和良馬這偉大的寓言中，柏拉圖的文本顯示「可敬的」的實踐是核心必要的：但這些行動只是用下面這樣的詞語來表達，即「討好」或「青睞」（*charizesthai*）、「作那事兒」（*diaprattesthai*）、「由所愛者那兒取得最大可能的快感」、「得及所慾」（*peithesthai*）、「取得快感」（*apolauesthai*）。這類論述內在本有的含蓄？沒有任何疑問，在一個堂皇的演說中精確的命名這些事物，希臘人將會認為是不夠莊重的，而即使在爭論或訴狀中也是遠遠地含蓄提及它們而已。我們可以認為這是不要強調大家都知道的區別：每一個人都應清楚地明白，對於一位少男而言，接受什麼是光榮的或接受什麼是恥辱的。但我們也可回想起在保健法和家政學中已經出現的：道德思維著重的比較不是精確界定規約條例，以及什麼是必須遵守的什麼是禁止的行動的表格，而是著重於勾勒態度的類型、以及受要求的自我關係。

4.

　　事實上，這文本使人明白地看見，如果不是需要尊重的手勢形式，以及不可逾越的身體界線，至少是在此類事物中應有的存在方式及行事方式的一般原則。所有對艾比克拉特的讚頌反照出一個與競爭有關的脈絡，在其中一位年輕男子的長處與卓越必須透過他和別人相比的優越性來得到肯定。現在讓我們來看看在堂皇演說中如此經常出現的這些主題：也就是說那些被讚揚的人還比人們對他所說的讚詞更強大，而言語相較於它所述說的，很可能還不夠美；[47] 或是少男就其身體及道德品質而言，比所有其他人更為優越：他的美是無法比擬的，彷彿「命運女神」將最多樣的和最相對立的品質結合在一起，想要「給所有人一個範例」；[48] 除了他的資質，連他的會話也使他高出其他人；[49] 在所有可能施放光采的體能活動中，他選擇了最高貴的及最能獲得回饋的；[50] 他的靈魂已為「雄心的對抗」而準備妥當；而且不只以一個資質而突出於眾人，他還聚集了「所有明智之人得以自鳴得意的所有品質。」[51]

然而，艾比克拉特的優點還不只存在於這些使他得超過其對手，並且使父母獲得榮耀的豐富品質；[52] 它也是來自相對於那些接近他的人，他總是保持他出眾的價值；他不會受到其中任何一位所主宰；所有人都想將他吸引至其親密關係中——親密接觸（*sunētheia*）這個字同時有共同生活的一般意義，也有在性生活中的意義；[53] 但他是如此勝過他們，他相對於他們是如此佔上風，他們所有的快樂皆來自他們對他感受到的友誼。[54] 不讓步、不屈從、保持為最強者、以其反抗、堅定及節制（*sōphrosunē*）勝過對方，即他的追求者及愛慕者：這便是這位年輕男子如何能在愛的領域確定其價值。

　　在此一般性的說明之下，是否應想像一個明確的法則，它將是建立於希臘人如此就熟稔的類比，它界於社會領域的地位（包括「領頭階層」與其他人之間、作指揮的強大者和服從者之間、主人與僕人之間的差異）及性關係的形式（包括主宰者和被主宰者的位置、主動和被動的角色、由男人施行的插入和作接納的伴侶）之間？說不應讓步、不應任由他人獲勝、當我們可能有上風便不應接受一個下

級的位置，這無疑是排除，或是勸戒那些對少男而言會使他感到屈辱的性作為，並且由於它們，他還會發現自己處於低下的地位。[55]

　　然而很可能榮譽的原則以及「優越」的維持指涉的——在數個明確的規範之外——乃是一種一般性的風格：少男不應（尤其是在公眾意見眼中）被動地行為、他不應任由他們作為及主宰他、不戰鬥便讓步、成為討好他人色慾的伴侶、滿足其任性行事、將其身體提供給想要他的人及以任人擺佈的方式，而那只是因為其軟弱、對色慾的喜愛或是因為利益。對少男不光采的，將是接受第一位出現者、沒有顧慮地招搖、在不同愛人之間一手過一手、對提供最多者便給出全部。這些便是艾皮克拉特不作的及不會作的，因他如此在意公眾意見、他未來的社會地位、及他未來可能結成的關係。

5.

　　在此一榮譽的保全及優越性的爭鬥中，對於年輕人受

邀面對特屬於其年齡的挑戰，接下來快速談一下《愛神禮讚》作者要哲學扮演的角色應已足夠。此一哲學的內容並沒有談得太明確，除了指涉到蘇格拉底的主題，即 *epimeleia heautou*，「自我的關懷」（souci de soi），[56] 以及也是蘇格拉底式的，必須將知識與鍛鍊結合在一起（*epistēmē-meletē*）——此一哲學並不顯得像是要人過上另一種生活的原則，也不必戒除所有的快感。它受相傳的狄摩士田喚出，只是為了作為其他考驗不可或缺的補充部份：「你說，一方面展現出競爭、經歷多重考驗以增加其收穫、身體的活力以及這類型的各種優勢……但又不尋求主控所有其他的能力者的完美，這是荒謬之極。」[57] 哲學有能力指出的，實際上是在「使自己變得更強」，而且一旦達成時，它還能給與勝出他人的可能性。它就其自身而言，是個指揮統御的原理，因為它，而且只有它，才能指導思想：「在人的所有事物中，思想引領一切，而哲學在運用思想時又能引領思想。」[58] 我們看到哲學對年輕男子的智慧是個必要的善；這並不是要將他引領至另一種形式的人生，而是允許他在面對考驗及保存榮譽的困難遊戲之中，施行自我主宰

及對他人的勝利。

　　我們現在看到，整個《愛神禮贊》都圍繞著此一針對自己的和針對他人的雙重優越性問題打轉，而這是在此困難的階段，少男的年輕和美吸引如此多的男子，他們都尋求「戰勝」他。在保健法中，主要的問題是主宰自我及主宰一個會造成危險的動作；在家政學中，主要的問題是在施行對妻子的權力當中，應當要有權力施行於自身。在這裡，當愛慾論採取了少男的觀點時，問題成為他將如何確保他的自制力，不會對其他人讓步。對於這一點，在演講中途的一個小故事有其象徵價值。這涉及到一個常被談及的話題：一段馬車比賽的敘事。但這段小小的運動劇情，它被述說的方式是和年輕男子和其追求者之間行為舉止的公開考驗有直接關係；在其中我們看到艾比克拉特駕駛著他的馬車（蠻有可能是影射《費德爾篇》）；他接近失敗，他的馬車快被一組鄰近的車馬撞碎；圍觀的群眾，雖然一般都喜歡看到意外出事，卻是熱情地支持著這位英雄，而他「比他的馬匹們更加英武有力，最後勝過其最有優勢的對手。」[59]

這篇書寫艾比克拉特的散文當然不能位列希臘對愛的反思的最高形式。但就在它的平庸之中，它使得「少男的希臘問題」的數個重要的面向得以浮現。年輕男子——界於離開童年和到達陽剛成熟地位之間——對於希臘的思想和道德形成了一個敏感及困難的元素。他的年輕，以及伴隨的屬於他的美（這裡預設的理解是，所有的人依其本性都會有所感受），他未來的地位（對這方面，他應該結合身邊的人士，經由他們的協助和背書而有所準備）形成了一個「策略性的」要點，而圍繞著此點有需要一整套複雜的遊戲；他的榮譽一部份依賴於他如何使用其身體，因為這也將某種程度地決定他的聲望及未來的角色，所以是一個重要的問題。對他來說，這是一個需要用功及鍛練才能通過的考驗：而對於其他人，這也是個關懷和照護的機會。在他對艾比克拉特所作的贊辭最後，作者提醒說，一位少男的人生（*bios*），應當是一件「共同的」作品；而既然這是一件必須不斷精進以達完美的作品，他呼籲所有認識艾比克拉特的人給與這位未來的人物「最多可能的光采」。

更晚之後，在歐洲文化之中，少女或已婚婦人，她們

的行為舉止、美德、美麗與感情，將會成為特別受到關心的主題；向她們獻殷勤的一種新技藝、一種主要形式為羅曼史的文學、對於她們身體的貞潔及其婚姻許諾堅實程度特高要求及關注的一種道德觀，所有這些在她們週邊吸引了好奇及慾望。不論她們在家庭中或社會中的地位是如何地被維持於一種低下的地位，女性的「問題」將會更加突出及獲得價值。她的本性、行為舉止、她引發的或感受到的情感，人們可以和她發生的受允許的或受禁止的關係，這些成為思維、知識、分析及規範的主題。相對地，在希臘古典時期，乃是針對少男，這樣的問題化才是最積極的，並且針對他的脆弱的美、身體榮譽、智慧及其所需要的學習，維持了高強度的道德關懷。希臘人的歷史獨特性，並不在於他們在少男身上找到快感，甚至也不是他們接受這樣的快感為合法的。它卻是在於此一快感的接受並不單純，它引發的是一整套文化精煉。如果要用簡要的方式說明其梗概，這裡要把握的，並不是為何希臘人喜歡少男，而是為何他們曾有一套「以少男之愛為核心的男同性戀文化」（pédérastie）：也就是為何，環繞著此一愛好，他們設制

了一種追求的作為、一套道德思維，以及，我們即將看到的，一種哲學性的苦行主義（ascétisme）。

L'objet du plaisir

第三節
快感的對象 ^{XIII}

為了理解在少男之愛的思維中，阿芙羅底其亞的使用是以何種方式受到問題化，必須要記取一個原理，它無疑不是希臘文化特有的，但它在其中獲得了一個可觀的重要性，而且在道德評價方面，施行了具有決定性的力量。這裡所指的是在性關係和社會關係之間的一種異質同構原理。由此必須了解的是，性關係——總是由插入的動作模式及主動與被動相對立的兩極性出發來作思考——被感知為一種類似上級與下級、宰制者與被宰制者、使人臣服和被臣服者、獲勝者與被征服者這類型的關係。思考快感作為的範疇和思考社會的敵對性領域及層級關係是相同的：可類比性存於對抗型結構、對立和分化、伴侶各自角色獲得的價值，而由這裡，我們可以理解在性行為中，有一個角色是本質地具有榮耀、並且當然地得到正面價值：這便是那位處於積極、宰制、插入地位者，而他也如此地施行其優勢地位。

　　在此活動中身處被動伴侶地位者，由此產生了數個和他有關的後果。奴隸們當然是任由主人使喚的：他們的狀況使得他們作為性對象而言，並沒需要提問之處；但這也

使得人們曾對同一條法律禁止強暴奴隸和小孩感到驚訝；為了解釋此一特異之處，艾斯琴主張那是因為人們透過對於強暴奴隸的禁止，想要顯示的是暴力是一嚴重之事，尤其當它針對的是出身良好的小孩。至於女人的被動性，這正好標示了一種本性上的及狀況上的低下；但作為行為舉止並沒有需要責備的地方，因為它正是符合自然的願望以及其地位所對她加諸的。反之，在性行為中可以對一位自由人帶來的——而且如果一位男子依其出身、財富、威望佔據著或應佔據所有人中最高社會地位——低下、受到宰制、接受奴役的標記只能被認為是可恥的：如果他為了取悅，樂意地作為他人的歡樂對象，其恥辱還會更大。

XIII.　（第三節標題頁）法文 objet 可譯為「對象」或「客體」，在此依上下文選擇適合的譯法；主要依論述角度，快感主體的目標為「對象」，但由作為對象者的觀點出發，相對於對方作為主體，本身則居於「客體」位置。參考本節下方：「他［少男］不能完全自願，在他自己眼中，為了他自己，成為此一快感的客體，雖然男人喜愛很自然地選擇他當作快感的對象。」

然而，在一個以如此原則規範的價值遊戲中，少男的位置——自由人出身的少男——是困難的。他必然仍是處於「低下」的位置，因為他尚未能接收當他得到其完全地位時的權利和權力。然而，他的位置既不能和奴隸相重疊，當然也不能和女人相重疊。這在同住家人及家庭的框架中已是如此。亞里斯多德《政治學》中的一個段落，將這點說得很清楚。這裡處理的問題是家庭特有的權威關係和治理形式，亞里斯多德以家長為中心，界定了奴隸、妻子和（男性）小孩的地位。亞里斯多德說，治理奴隸並非治理自由的存有；治理妻子，乃是施行一種「政治」權力，在其中關係恒常是不平等的；孩子們的治理，相對地，則可說是「王權式」（royal），因為它立基於「感情及年齡的優勢」。[60] 實際上，深思慎慮的能力在奴隸身上是缺乏的；女人雖然的確有此能力，但這在她那邊沒有作決定的功能；至於少男，他之所以在此有所匱乏，只是因其發展尚未完整。如果女性的道德教育是重要的，那是因為她們構成了自由身份人口的一半，而男性兒童的道德教育更為重要，因為它涉及將會參與城邦治理的未來公民。[61] 我們可以清楚

地看到，少男位置的特有性格、他的依賴之特別形式、應該對待他方式、甚至是在家中父親實施其可觀權力的空間中，都可以發現是受到他未來會擁有的地位所標記。

　　即使在性關係的遊戲中，某種程度也是如此。在各種合法的「對象」中，少男占據有一個特別的位置。他的確不是一位被禁止的對象；在雅典，某些法律保護出身自由的孩子（其保護針對成人，他們至少在某些時段無權進入校園，也針對奴隸，如果他們想要使其墮落，將會招致死刑，也針對他們的父親或導師，如果他們使其賣淫，將會受到懲罰）；[62] 但沒有任何事物會阻止或禁止一位青少年在眾人眼中成為一位男子的性伴侶。不過，在此一角色中，存在著某種像是內在困難的事物：有某種事物同時阻止明白界定及清楚描述這個角色在性關係中究竟是如何，但卻又吸引了注意力集中於此一點，並且使得在其中什麼應發生什麼不應發生獲得了巨大的重要性及價值。整體而言，這裡像是存有一個看不見的盲跡（tache aveugle）以及一個過度受到評價的要點。少男的角色是一個元素，在它之上聚集了許多不確定性及強烈的興趣。

艾斯琴在其《反提瑪爾克》（Contre Timarque）中引用了一條法律，它本身便非常有趣，因為它有關於男子在性方面的壞操守——精確地說是「賣淫」——所造成在公民事務和政治面上的失格效應，因為這條法律將會禁止他之後不能「名列九位行政官（archontes）XIV、行使司祭的職位、以及擔任公眾律師」。過去曾賣淫者，將不能在城邦之中或之外擔任執政官職務，不論那是被選舉的或是抽籤得到的。他將不能擔任財政官員及大使，也不能成為有薪的控訴者或告發者，也不能成為大使館成員。最後，他也不能在議會前或民眾前發表意見，即使他是「最具雄辯力的演說者」。[63] 這條法律於是使得男性賣淫成為剝奪公民權中一種的案例——公眾的恥辱——將冒犯它的公民排除於某些責任之外。[64] 但艾斯琴推進其訴頌言辭的方式，以及透過規矩的司法討論尋求損害其對手，良好地顯示某些少男的性角色和成年人的某些社會和政治角色之間具有「道德」及法律上的不相容關係。

艾斯琴的法律論點主要由提瑪爾克的「壞操守」組成，而証據是某些謠傳、閒話及見証，藉由它們可以重建

某些構成賣淫的元素（伴侶的人數、選擇的缺少、服務的付費），但其他的則未呈現（他並未被登記為賣淫者、也沒有待過任何一家妓院）。當他仍是年輕貌美時，曾經被轉手多次，而且不一定落在可敬的人物手裡，因為人家見過他曾和一位奴婢出身的男人生活在一起，或是住在一位惡名昭彰的放蕩者家裡，而那人身邊圍繞著歌者和琴師；他曾接受贈禮、受人包養、並且參與其保護者的奇特行徑；其中人們知道的有齊東尼德、奧多克里德、泰爾珊德、米格羅斯、安提克列斯、彼多拉可斯、黑吉西克列斯 XV，因而不能說他之前有些感情關係（*hetairēkōs*），而必須說他曾經「賣淫」（*peporneumenos*）：「因為一個人沒有選擇地投身於這些作為，和許許多多的人連結，並且接受付費，他應該回應的，不就是此一罪行嗎？」[65]

XIV.　在古代雅典，行政官負責城邦的行政事務及司法。

XV.　以上人名原文依序為 Cidonide、Autoclide、Thersande、Migolas、Anticlès、Pittolacos、Hégésiclès。

然而控訴也作用於道德層面，它不只是簡單地允許建立犯罪的事實，而且也全面性地及政治性地危害對方。提瑪爾克也許不曾是一位職業的賣淫者；但是他和那些不遮蔽他們對男性愛戀喜好的可敬的人物並不是同一回事，後者和自由的少男維持的關係，對這些年輕的伴侶而言，是可敬的及珍貴的：艾斯琴承認他自己很願意贊同這種愛。他將提瑪爾克形容為一位在年輕時，將自己放在低賤位置的男子，並將它展示給眾人，使自己受辱地成為他人的快感對象：這個角色，他有意於它，並且也尋求它，他熱衷此道，並且也由其中獲得利益。艾斯琴在聽眾之前要突出的，便是這些不論就道德面或政治面，都和城邦中的責任及權力行使不能相容。一位曾經被標記為如此角色的人物，在年輕時沉緬其中，現在扮演在城邦中的上級角色，為他們提供友人，為他們的決定供應忠告、指揮並代表他們，不能不引發醜聞。令雅典人難以接受的──這便是在反提瑪爾克的辯詞中，艾斯琴想要挑起的情感──並不是被某位喜愛少男的人統治，或是被某位在年輕時曾被男人愛過的人統治；人們不能接受的是具權威的領袖，過去曾經將

自己認同於作為他人快感對象的角色。

　　此外，亞里斯多芬（Aristophane）[XVI] 在柏拉圖的《饗宴篇》對話錄中出現，並且很可能是蘇格拉底的友人，還將蘇格拉底寫入其劇作《雲朵》之中。在其喜劇中經常召喚的，便是這種情感；嘲弄的笑點和產生醜聞的，乃是這些演說家、這些受到追隨與愛戴的首領，這些尋求誘惑人民以更置身其上並將其宰制之的公民們，克里昂・德・克里斯田（Cléon de Clisthène）如同艾吉里歐斯（Agyrrhios），也是那些曾經接受，而且繼續接受成為他人的被動且討好的對象角色。亞里斯多芬反諷的對象便是雅典的民主，認為如果有人越是喜好此類快感，便越有機會在議會中受到聆聽。[66] 以同樣的方式，並且也是在同一精神中，戴奧真尼嘲笑狄摩士田及他遵循的習俗，而他宣稱自己是雅典人民的引領者（*dēmagōgos*）。[67] 當有人在快感關係的遊戲中扮

XVI.　希臘喜劇作家（約紀元前 445-385 至 375）。

演受宰制者的角色時，這人將不知如何於公民及政治活動中有效地扮演宰制者的角色。

　　這些諷刺作品和批評在現實中有什麼樣的正當性來源並不重要，它們至少明白指出了一件事情：那便是，在這接受男性之間的性關係的社會裡，陽剛優越性的倫理學，和以插入的圖示及男性主宰來思考所有的性關係，這兩者被重疊在一起之後引發的困難；結果是，一方面「主動活躍」及主宰的角色持續地具有正面的價值，但另一方面，必須要給性行為伴侶的成員一個被動、受宰制及低下的位置。當這涉及的一位女子或是奴隸時，不會造成問題，但如果這裡涉及的是一位男性時，就完全是另一回事。無疑是此一困難的存在，同時解釋了圍繞成人間關係的沉默，而那些正是打破了此沉默，標記了他們的接受，或甚至更好的說法是偏好此一「低下的」位置，則充滿了吵雜聲的失格處理。也是因為此一困難，所有的注意力便集中於男子與少男之間的關係，因為伴侶中的一位，由於他年紀輕，尚未達到陽剛成熟的地位，可能會在一段人們知道會是為期短暫的時間裡，作為快感的接收客體。但如果少男因為

其自身的魅力，可以作為男人追求的獵物，而這既不會造成醜聞也不構成問題，但不能忘記他有一天會成長為男子，並且會行使權力及責任，這時明顯不能成為快感客體：那麼他過去如何可能是呢？

由此產生的，可被稱為希臘阿芙羅底其亞道德中的「少男二律背反」。一方面，年輕男子被接受作為快感的對象──甚至是在男人的男性伴侶中唯一可敬且合法的對象；人們從不會責備任何人喜愛一位少男，慾求他及享有他，只要法律及禮儀受到尊重。但在另一方面，少男正因其年輕，有天總是要成長為男子，不能承認自己在關係中作為客體，因為此一關係總是以宰制形式來作思考的；他不能也不應將自己認同於此一角色。他不能完全自願，在他自己眼中，為了他自己，成為此一快感的客體，雖然男人喜愛很自然地選擇他當作快感的對象。簡言之，對少男感到色慾並成為快感的主體，對希臘人不構成問題；相對地，作為快感的客體並且承認自己是如此，對於少男而言卻是一大困難。他應和他自己建立的關係，以成為一位自由的、自我主宰的、可以戰勝他人的男子，卻不能相合於一種在

其中他將是他人快感客體的關係形式。這種不相合（non-coïncidence）在道德上是必要的。

這樣的一種困難解釋了少男之愛思維中的某些特點。

首要的是，關於這種愛的性質是自然的或「反自然」，出現了謎樣的搖擺。一方面，可以當作是已經討論完畢的是將男人帶往少男的運動是自然的，因為美的事物會產生的所有運動都是自然的。但是，兩個男性之間的關係，以及更一般地，兩位同性別的人之間的關係，被認為是外於自然（*para phusin*），這種斷言卻不是例外。我們明顯地可以認為這是兩種意見，標誌著兩種態度：一是對這類型的愛抱持支持的態度，另一種則抱有敵意。然而，可以存在這兩種不同評價的可能性本身，大概是來自下面的事實，即人們接受和一位少男之間享有快感是自然的乃是非常明顯之事，但一位少男成為快感的客體被接受為自然之事則困難許多。以至於在兩位男性伴侶之間發生的動作，人們可以外於自然（*para phusin*）來加以反對——因為這使得其中一位伴侶女性化——但人們因為美而生的慾望卻並不因此不被視為是自然的。犬儒派並不是少男之愛的反對者，

但他們卻以許多憤恨來嘲弄所有因其被動性接受喪失其本性的少男，認為他們變得「比其原來的狀態更糟」。[68] 至於柏拉圖，倒是不必假設他雖然年輕時是男性之愛的擁護者，後來變得「成熟有智慧」，以至於在他最後的文本中譴責它為「反自然」的關係。要作的毋寧是注意到，在《法律篇》開頭處，當他將和女人的關係當作是一種自然的元素，而對立於此，男男（或女女）之間的關係便像是淫亂縱慾（akrasia）的一種效果，這時他指涉的是交媾的動作本身（這原來是自然預設作為生殖之用），他想到是可能對公民風俗有利或產生腐蝕效果的制度。[69] 同樣地，在［此書］第八部他設想一部有關性關係的法律的必要性——及困難性——時，他突顯的論點乃是有關將男人「像女人一樣地使用」可能產生的壞處，同樣的事也會發生在性交過程（mixis aphrodisiōn）中以如此方式對待少男：被誘惑者如何形成「有勇氣且陽剛的性格呢」（to tēs andreias ethos）？而誘惑者呢，如何形成「有節制的精神呢」？「對於那位對快感讓步，無法抵抗者，所有人都會責備他的軟弱」，「而那位想要模仿女性的，如果他太成功了，所有

的人也會譴責他。」[70]

　　將少男思考為快感客體的困難轉譯為一系列相當突出的遲疑。遲疑出現於以直接的方式用應有的詞語來談論少男在性關係中的角色：有時人們使用的是非常一般的詞語，像是作那事（*diaprattesthai to pragma*），[71] 有時透過無法將之命名本身來指稱它，[72] 有時則又──這裡對此一關係提出的問題是最有意義的──利用「競爭型態」或政治性的隱喻──「讓步」、「臣服」（*hupēretein*）、「為其服務」（*therapeuein, hupourgein*）。[73]

　　但遲疑也出現在接受少男能夠感受到快感。此一「否定事實」（dénégation）必須同時被當作是一種斷言，即此種快感不存在，但也是一種規範，即它不應存在。蘇格拉底為了解釋當有過身體關係，為何經常愛轉為恨，在贊諾封的《饗宴篇》中提及一位年輕男子和一位正在老去的老人間發生關係（*homilein*）可能有的不快。但他很快地加上一段一般性原理：「一位少男並不像女人一樣參與男人的情愛色慾，對於他的感官狂熱他就像是位禁食的旁觀者。」[74] 在男子和少男之間並不──不能也不應──存在快感的共

同體。《問題集》的作者接受一些個人有此可能，但條件是他們由解剖學來看有其異常之處。而最受到嚴厲譴責的，莫過於那些經由其易於讓步、感情關係的複多、或是經由其儀表、化妝、首飾、香水顯示他們可能在其中找到快樂的少男。

這並不是說，當少男讓步時，應該是用冷冰冰的方式。他應該是只有感覺到對其求愛者有仰慕之情，或是感激及依戀之情，並且希望能使其愉悅。當要指稱少男「接受」或「給與青睞」[75] 時，經常使用的動詞是 *charizesthai*。這個字眼清楚說明，受愛者對求愛者有比單純的「投降」更多的東西；年輕男子「給與青睞」，這時他作的動作是同意另一人的慾望及要求，但它的性質不同。這是一種回應；而不是共享同一種感受。少男並不因此是身體快感的擁有者；他精確地說不會由男子的快感中取得快感；如果他依應有的方式讓步，不急不徐，這時他感受到的愉悅是給他人快感的滿足。

和少男的性關係因而要求關係中的伴侶雙方，有其特

定的行為舉止。結果之一便是少男不能認同於他被要求扮演的角色，他應該拒絕、抗拒、逃走、閃避；[76] 但如果最後他給與青睞，那麼他應設下和被讓步者共同的同意的條件（有關他的價值、地位、美德），以及他能由其中期待的好處（如果這些好處涉及金錢那比較是個恥辱，但如果涉及技藝的學習、未來的社會支持、或是一段持久的友誼那便是光榮的）。求愛者應該能提供的，正是這一類好處，再加上一些更符合規則性的贈禮（其重要性和價值隨著伴侶的狀況而改變）。於是，在男子和少男之間的性動作，應是處於一種拒絕、閃躲、逃逸的遊戲之中，並且傾向於將它盡可能地延遲，但它也處於一種交換的進程之中，以確立是在何時及何種條件之下它才適合發生。

總而言之，少男給與青睞乃是因為想要取悅對方，因而不是為了自己的快感，而他的伴侶尋求它則是為了自己要在其中獲得快感；但後者如要合法地要求它則必須付出贈禮、好處、承諾、諾言，但它們和他給對方的「禮物」不同類型的事物。由此衍生出希臘有關少男之愛之思維中如此突出的此一傾向：如何將這一關係整合於一個更廣大的

整體，並允許它轉化為另一類型的關係：一種穩定的關係，在其中肉體的關係不再有重要性，並且在其中兩位伴侶可以分享同樣的感情及財物？少男之愛之所以可能是榮耀之事，只有當在它之中包括了足以構成轉化此一愛戀為終極的及社會面上珍貴的連結的元素，那便是德愛（*philia*）。

我們如果以為希臘人不禁止這一類的關係，便不會憂慮其所含帶的問題，那我們便犯了錯誤。比起所有其他的性關係，此一類型更使他們「感到興趣」，而且所有的一切都顯示他們對它的關懷。但我們可以說，在我們這種類型的思考中，兩位同一性別的個人之間的關係，其提問是優先地由慾望主體的角度出發：為何一位男人會形成一種慾望，而它的對象是另一位男人？我們知道我們會由這慾望的某種結構方式這方面（就其雙重性、或是它的匱乏〔manque〕方面）來尋求其答案的本原。希臘人所關注的，相反地，並不是會引領至此類關係的慾望、也不是慾望的主體；他們的憂慮朝向快感的客體，或者更精確地說是此一有一天本身將會成為主宰者的客體，而他將主宰的是由他人處獲得的快感，以及他對自身施行的權力。

在此一問題化之端點（如何由快感的客體成為快感的主宰性主體？），哲學性格的愛慾論，或者無論如何，蘇格拉底－柏拉圖有關愛的思維，將會取得它的出發點。

1. 柏拉圖，《共和國篇》，IX，573 d。

2. 同上，IX，574 b-c。

3. 戴奧真尼‧萊爾斯，《哲學家傳記》，VIII，7，49。

4. 柏拉圖，《法律篇》，VIII，840 a。

5. 贊諾封，《塞流士的教育》，VII，5。

6. 針對這一點，請參考多弗，《希臘的同性戀》，頁 86。

7. 柏拉圖，《饗宴篇》，181，b-d。

8. 贊諾封，《饗宴篇》，I，9。

9. 同上，II，3。

10. 同上，IX，5-6。

11. 贊諾封，《安那巴斯》（Anabase），VII，4，7。

12. 參考布菲艾爾（Bouffière），《青少男愛慾》（Eros adolescent），頁 90-91。

13. 如同亞里斯多芬戲劇《阿卡爾奈人》（Archarniens）中的克里斯田（Clisthène）或《農事節慶祝者》（Thesmophories）中的阿伽

松（Agathon）。

14. 柏拉圖，《高爾吉亞篇》，494 e：「蘇格拉底：放蕩者（ho tōn kinaidōn bios）的人生豈不是可怕、可恥及可憐的？你敢說這類人如果有了大量他們所慾求的便會幸福嗎？── 加里克雷斯：蘇格拉底，你談這樣的主題不會感到可恥嗎？」

15. 柏拉圖，《饗宴篇》，182 a-183 d。

16. 如果說文本經常指涉此一年齡及地位的差別，必須要注意到有關伴侶真實年齡的說明經常是浮動的（參考布菲艾爾，前引書，頁 605-607）。此外，我們看到有些人相對於某些人扮演求愛者的角色，相對於其他人則是被愛者：如同贊諾封《饗宴篇》中的克里脫布爾，他在其中歌頌他對克里尼亞斯（Clinias）的愛，他是在學校中和他相識，而對方和他一樣也是年輕人（有關這兩位年輕少男年齡差距輕微，參考柏拉圖，《俄提甸篇》，271 b）。

17. 在《卡爾米德篇》（Charmide）中，柏拉圖描述少男的進場，所有人都報以目光的追隨 ── 成人，但也包括少男們 ──「甚至最年幼的」。

18. 優里皮底（Euripide）的例子長期為人引述，即使阿伽松已經成為健壯男子，優里皮底仍愛戀著他。布菲艾爾（前引書，頁 613，註 33）就此主題引用了艾利恩（Elien）所述的一段軼事（《故事集》（Histoires variées），XIII，5）。

19. 荷馬將出身給予其中一位，另一位則以年齡見長；一位擁有力量，另一位深思熟慮（《依里亞德》，XI，786）。有關於他們各自角色的討論，參考柏拉圖，《饗宴篇》，180，a-b；艾斯琴，《反提爾馬克》，143）。

20. 參考多弗，《希臘的同性戀》，頁 104-116。

21. 此一自由在學校中是受到監控及限制的。參考艾斯琴在《反提爾馬克》中針對學校所提醒的及學校教師必須要有的小心謹慎（9-10）。有關相會之處所→參考布菲艾爾，前引書，頁 561 起。

22. 贊諾封，《希羅篇》，1。

23. 柏拉圖，《普羅達哥拉斯篇》，309 a。

24. 參考贊諾封對梅儂（Ménon）的批評，《安那巴斯》，II，6，28。

25. 柏拉圖，《饗宴篇》，181 d-e。

26. 贊諾封，《饗宴篇》，IV，17。

27. 有關堅強少男和軟弱少男之間的對立，參考柏拉圖，《費德爾篇》，239 c-d 及《敵對者篇》（Les Rivaux）。有關於少男在愛慾上的價值，以及傾向於喜愛女性化體形的品味演化，也許在前 4 世紀即已如此，參考多弗，《希臘的同性戀》，頁 88-94。無論如何，少男的魅力和其身上的女性特質有關此一主題，之後將成為一個常見的主題。

28. 關於德愛（philia）的定義，參考弗雷斯，前引書。

29. 贊諾封，《饗宴篇》，VIII，18。蘇格拉底這一段落的講辭，整體很符合其特有風格地談及男性之間愛戀的不穩定性及友誼的恒定性在其中應扮演的角色。

30. 同上，VIII，3。

31. 贊諾封，《饗宴篇》，VIII，12。有關於讚詞和訓誡之間的關係，也請參考亞里斯多德，《修辭學》，I，9。

32. 狄摩士田，《愛神禮贊》（Eroticos），1。

33. 同上，5。

34. 同上，53。亞里斯多德《修辭學》（I，9）顯示出讚詞中理想的道德之美（kalon）和恥辱（aischron）這兩個修辭範疇的重要性。

35. 柏拉圖，《饗宴篇》，182 a-d。

36. 同上 178 d。

37. 艾斯琴（Eschine），《反提瑪爾克》（Contre Timarque），39-73。

38. 狄摩士田，《愛神禮贊》，17-19。

39. 同上，55。

40. 同上，53。

41. 同上，54。

42. 同上，3。

43. 同上，5。

44. 同上，4。

45. 柏拉圖，《饗宴篇》，183 d；亦參考 181 a。

46. 狄摩士田，《愛神禮贊》，20。

47. 同上，7，33，16。

48. 同上，8，14。

49. 同上，21。

50. 同上，23，25。

51. 同上，30。

52. 同上，31。

53. 同上，17。

54. 同上，17。

55. 有關於同性戀關係中，不受主宰的重要性及迴避被動的肛交及口交，參考多弗，《希臘的同性戀》，頁 125-134。

56. 《愛神禮贊》，39-43。

57. 同上，38。

58. 同上，37。

59. 同上，29-30。

60. 亞里斯多德，《政治學》，I，12，1 259 a-b。

61. 同上，I，13，1 260 b。

62. 參考艾斯琴在《反提瑪爾克》中所引述的法律，9-18。

63. 同上，19-20。

64. 多弗（《希臘的同性戀》，頁 44-45）強調並不是賣淫本身受到譴責；而是在賣身時，會遭致由此產生的無能，而這是違規侵犯。

65. 艾斯琴，《反提瑪爾克》，52。

66. 亞里斯多芬，《騎士們》（*Les Cavaliers*），v. 428 起；《女人的議會》（*L'Assemblée des femmes*），v. 112 起。參考布菲艾爾，《青少年愛慾》（*Eros adolescent*），頁 185-186。

67. 戴奧真尼·萊爾斯，《哲學家傳記》，VI，2，34。

68. 戴奧真尼·萊爾斯，《哲學家傳記》，VI，2，59（也請參考 54 及 46）。

69. 柏拉圖，《法律篇》，I，636 b-c。

70. 同上，VIII，836 c-d。在《費德爾篇》中，[性] 關係中男人以「野獸四足著地」方式進行的形式，被稱為「反自然」（250 e）。

71. 或是 *diaprattesthai*，參考《費德爾篇》，256 c。

72. 贊諾封，《饗宴篇》，IV，15。

73. 同上，《希羅篇》，I 及 VII；或柏拉圖，《饗宴篇》，184 c-d。參看多弗，《希臘的同性戀》，頁 62。

74. 同上，《饗宴篇》，VIII，21。

75. 柏拉圖，《饗宴篇》，184 e。

76. 同上，184 a。

V.
Le véritable amour

第五章

真正的愛

這一章要探討的問題，仍然是愛慾論，也就是經過反思的愛的技藝（特別是有關少男之愛）。不過這一次它的發展框架，將是這技藝就西方世界快感道德整個歷史發展過程而言，鍛練的第四個大主題來作探究角度。在一一探究性活動的問題化數大主題，比如身體和健康的關係、與妻子和婚姻制度的關係、與少男、他的自由、陽剛氣質的關係之後，現在要探討的，乃是它和真理的關係。這裡是希臘有關少男之愛的思維中最可觀的要點之一：不只在於它顯示出，由於我們已經可以看到的原因，此種愛戀構成一個困難點，要求精煉行為舉止，以及在阿芙羅底其亞的使用上有一個相當細緻的風格化；並且，也就是針對此一主題發展出在快感的使用和進入真理之間關係的問題，而其形式是提問什麼是真正的愛。

在基督宗教及現代文化中，同樣的這些問題——有關真理、愛及快感——一般將更會被導向男女之間關係的構成性元素：童貞、精神婚禮、靈魂之妻這些主題將在很早的時期便標記出一個位移，那是由一個根本上是男性的景象——其中居住著愛少男者（érastes）及受喜愛的少男

（éromène）——朝向另一個移動，而標記它的是女性特質的形象及兩性間的關係。[1] 很久之後，《浮士德》（*Faust*）會是一個範例，顯示出快感問題及獲得知識問題是以何種方式相連於對女人之愛、她的童貞、純潔、淪落及救贖力量的主題。在希臘文化中，相對地，有關進入真理及性方面的刻苦鍛練之間關聯性的思維，看來是特別是針對少男之愛發展起來的。當然，必須考量到留下來傳到我們手上的，有關當時畢達哥拉斯學派的文獻甚少，但那其中存有純粹與知識間關係的說法和規範；我們也必須考量到，我們對下面的愛之專論毫無認識，它們來自安提斯田、犬儒者戴奧真尼、亞里斯多德或泰歐法洛斯特（Théophraste）。因此把蘇格拉底－柏拉圖的學說獨有的特色進行一般化，並假設它便能單獨地概述整個希臘古典時期愛慾哲學的所有形式，將會是不夠謹慎的。不過，事實仍然是，在很長的一段時間中，它一直是一個思維的主軸，而普魯塔克的對話，或是相傳為路西安（Pseudo-Lucien）[1] 所作的《諸種

I.　希臘喜劇作家（約紀元前 445-385 至 375）。

愛》（*Amours*）或馬克欣·德·泰爾（Maxime de Tyr）[II]
演講辭可良好地顯示這一點。

　　無論如何，在《饗宴篇》和《費德爾篇》這學說所顯
現出的狀態，而且它也在其中參照其他論述愛的方式，並
且因為有此一協助，我們可以看到它和和其他通行的愛慾
論間的距離，後者提問的是年輕男子和他的追求者之間相互
的良好行為，以及此行為如何與榮譽相調解的問題。我們
也可以看到，即使它非常深沉地植根於快感倫理學的慣常
主題中，它開拓出了一群問題，而它們在其後，再將此一
倫理學轉化為棄絕的道德（morale de la renonciation），
及構成慾望詮釋學（herméneutique du désir）上，產生非
常巨大的重要性。

　　《饗宴篇》和《費德爾篇》有一大部份是專注於「複
製」──模仿或戲仿──愛之演說習慣上所說的：這便是
費德爾、鮑桑尼亞斯、艾里希馬克（Eryximaque）、阿
伽松（Agathon）在《饗宴篇》中所作的「見証－演說」
（discours-témoins）[III]，或《費德爾篇》中里西雅斯[IV]所
作同樣事情，以及蘇格拉底所提供的第一次具反諷意味的

反演說。它們使得柏拉圖學說的背景變得生動而在場，而這是柏拉圖將之精煉並轉化的原材料，並以真理和鍛練的問題意識來取代「追求」（cour）及榮譽的問題意識。在這些「見証－演說」中，有一個元素具有核心意義：透過對愛神、祂的威力及神性的頌辭，一直反覆出現的是同意的問題：年輕男子應該讓步嗎、向誰讓步、在何種條件之下，並且應有何種擔保？而愛戀他的人是否有正當的理由看到他輕易地讓步？這是當愛慾論被當作是一種追求者和被追求者間的爭鬥遊戲時，便會產生的一些有其上特色的問題。

在阿伽松於《饗宴篇》所作的第一次發言裡，於一種

II. 羅馬時期的希臘哲學家及修辭家（125-185），被後世視為新柏拉圖主義的準備者。

III. 《饗宴篇》的結構是由不同的人物輪番上場發表「禮讚愛神」的談話。在古希臘，會先有晚餐，再進行飲酒、談論、歌唱、以酒或其他液體（奶或油）倒於地敬神儀式（有時崇敬的對象也可能是一位人物），因此本篇對話錄也常譯為《會飲篇》。

IV. 在《費德爾篇》中里西雅斯並不在場，而是由費德爾轉述其觀點。

絕對地一般及可笑的套套邏輯形式之下出現的，便是這個問題：「不名譽（aischunē）會緊貼著醜惡的事物（aischrois），而美的事物，則和讚賞的慾望緊緊相連」；[2] 但鮑桑尼亞斯以更嚴肅的方式重拾了這段話，並區分出兩種愛神，一位「只關注動作的完成」，而另一位，卻比別的方面更著重靈魂的考驗。[3] 我們還可以注意到，在《費德爾篇》中，兩個開篇的論述──其中一個會在一種反諷的重拾中受到拒絕，另一個則是在一種修補式的取消前言中受到否決──各自以其方式提出了這個問題「應向誰讓步？」；它們的回應是應向不愛者讓步，或者，無論如何，不應讓步給那位在愛的人。所有這些初始的講辭召喚的是一群共同的主題：一是稍縱即逝的愛，它中斷於被愛者上了年紀，受到遺棄之時；[4] 另一是不名譽的關係，它使得少男依賴著他的愛人，[5] 他在眾人面前損傷他的名譽，並使他脫離其家庭或他有可能由其獲得利益的可敬關係；[6] 愛慕者因為少男的奉承而對他可能產生的憎惡或輕蔑之情，或是成年男子可能對那正老去者可能感受到的恨意，因為他將無愉悅的感情可強加於他；[7] 少男被引領至女性化角色，以及這種關係召來的

肉體和道德敗壞效果的主題；[8] 求愛者經常應當付出的沉重回報、好處及服務，而他嘗試逃避，使得他過去的友人被遺留在恥辱和孤獨之中的主題。[9] 所有這些構成了在少男之愛中快感及其使用的基本問題意識。禮儀、追求的作為、有規則的愛情遊戲，則嘗試回應這些困難。

　　人們可以認為亞里斯多芬在《饗宴篇》中的講辭是個例外：它述說因為諸神的憤怒，原始人類受到分割，並被剖成兩半（一半男性及一半女性，或是兩者都是同一性別，這依原始人類的個體是陰陽同體或是全體是男或女而定），這顯得完全超越了求愛技藝的問題。它提出的問題是愛依其本原究竟是什麼的問題；而且它可被當作一種柏拉圖論點自身的趣味版本──反諷地置於亞里斯多芬之口，而他是蘇格拉底的老敵人。求愛者在找尋另一半，這不就像是柏拉圖的靈魂保持著他們故鄉的回憶鄉愁嗎？然而，如果停留在和男性愛有關的講辭元素，很明顯地，亞里斯多芬也傾向於回應同意的問題。使得他的講辭反諷具有一點令人尷尬的獨特性的，乃在於其回應是完全正面的。甚至，透過此一神話述事，他動搖了如此受到普遍接受的，愛人

者及被愛者年齡、感情、行為之間的不對稱原理。在他們之間，他建立了對稱及平等，因為他們都是由一位獨一無二者的分割而來；在男同性戀的愛人者和被愛者之間，是同樣的快感和同樣的慾望使得一者走向另一者；因為其本性，如果他是男男者的一半，少男將喜愛男子：他「和男子睡覺」、並且「和其擁抱」（sumpeplegmenoi），將會享有快感。[10] 由此，遠遠不是彰顯了一種女性化的本質，他只是一個完全陽性的存有分裂為一半的辨識標誌（tessère）[V]，而且柏拉圖在此以子之矛攻子之盾來作消遣，他將亞里斯多芬在其喜劇中對雅典政治人物所作的責備反轉於其自身：「他們的養成結束之後，此類的個人乃是唯一以其政治野心彰顯他們為男人的人。」[11] 當他們年輕時，他們把自己給了成年男子，因為他們在尋找男性的另一半；因為同樣的原因，成年之後，他們尋找少男。「喜愛少男」、「珍惜愛人」（作為 paiderastēs 與 philerastēs），[12] 這是同一個人的兩個面。對於傳統的讓步同意問題，亞里斯多芬給的因此是一個直接、簡單、完全正面的答案，它同時消除了組織男子和少男之間複雜關係的不對稱遊戲：所有關於愛和

必須持有的行為舉止只餘下找到喪失的另一半。

　　然而，蘇格拉底－柏拉圖的愛慾論是深沉地不同：不只因為它所提出的解答；但也因為它傾向於以完全不同的角度來提出問題。如要知道什麼是真正的愛，所涉及的不再是回答這樣的問題：應該愛什麼人，在什麼樣的條件下，愛對被愛者和愛人者一樣可以是榮耀的？或者，至少應這麼說，所有這些問題，將會從屬於另一個、那是個首要且根本的問題：愛就其存有本身而言（l'amour dans son être même），究竟是什麼？[13]

V.　　古羅馬常以黏土製成的號牌作為進入劇場或競技場的票卷，稱為 tessère（拉丁文為 *tessera*）。

如想丈量柏拉圖思維的深度以及把它和通行的愛慾論分開的距離，我們可以回想贊諾封是如何回答同一個問題；他突出的是傳統的元素：將只尋求愛人者的快感的愛對立於有興趣於被愛者本身的愛；將稍縱即逝的愛轉化為平等的、相互的、持久的友誼的必要性。在其《饗宴篇》和《回憶蘇格拉底》中，贊諾封呈現的蘇格拉底，將靈魂之愛和肉體之愛作出嚴格的劃分，[14] 且在他自己之內使得肉體之愛失格，[15] 使得靈魂之愛成為真正的愛，並且在友誼之中，在德愛（philia）之中，尋求給與所有關係（sunousia）價值的本原。[16] 由此下接的結果是，不只要將靈魂之愛連結於肉體之愛；必須要自所有的肉體維度的依戀中得到解脫（當我們同時愛「肉體和靈魂」時，將是肉體會勝出，而青春的枯萎會使得友誼本身也成為過去）；[17] 人們必須，像是蘇格拉底給的教訓，逃開所有的接觸、戒絕親吻，因為它的本質便會阻礙靈魂，甚至使得肉體不會接觸肉體，不會承受其「咬嚙」。[18] 反過來，所有的關係都應建立於構成友誼的元素：付出的恩惠和服務、為了改善少男所作的努力、相互的友愛、持久的關係，並且一旦建立即終生不渝。

[19] 那麼這是否意謂著，對於贊諾封（或是對於他調度場面上的蘇格拉底）而言，在兩位男人之間，不會有任何愛慾（*Eros*），而是只會存有德愛（*philia*）的關係？這是贊諾封相信他可在立法者呂庫古統治下的斯巴達看到的理想。[20] 根據他的說法，迷戀於少男肉體的男人在那兒被宣告為「卑鄙下流」，但人們贊賞且鼓勵「誠實的」只喜歡年輕男人靈魂的男子，並且他們的願望也只是和這些年輕人作朋友；以至於在拉卡蒂芒 VI「愛人在面對兒童時，其愛的保留不會比父親對兒子或是兄弟之間更少」。但在《饗宴篇》，贊諾封對於這個劃分給出一個不那麼圖示化的形象。他描繪出的愛慾及其快感的觀念，其目標乃是友誼本身：包括其中所包含的共同生活、相互的關注、一人對對另一人的善意、共同分享的感情，贊諾封不把應取代愛或接續它的，

VI. 在希臘神話中 Lacédémon 為宙斯和 Pléiade Taygète 之子，以河神 Eurotas 之女 Sparta 為妻，當他在 Laconie 建立城市時，以其妻為城之名，但其暱名仍為 Lacédémone。

放在時間到了之時才出現；他認為戀人在相戀時，即應如此：他使用了一個具有特色的表述方式……它允許愛慾得到保全，並保持其力量，但它具體的內容便是相互的、持久的鍾愛行為，而這隸屬於友誼。[21]

柏拉圖以非常不同的方式建構他的愛慾論，即使思維的出發點是一個眾人熟悉的問題，即阿芙羅底其亞在愛的關係中應放在什麼樣的位置上。而柏拉圖之所以重拾這些傳統的提問，乃是為了顯示，在我們對這問題給與匆促的回應時，錯過了核心的問題。

《費德爾篇》前兩篇講辭，包括李西亞斯天真的一篇，及蘇格拉底嘲諷語調的一篇，主張少男不應對愛他的人讓步。但這樣的主張，蘇格拉底說，不會說出真話：「愛人既然是在現場，在這樣的一個語言中不會有真實（*ouk esti etumos logos*），它宣稱我們應把青睞給與那位我們不愛的人，理由是第一位發瘋了，第二位了無新意」。[22]《饗宴篇》開頭的講辭，其關注是讚頌愛神而不是冒犯祂，則是完全相反，肯定讓步給一位有價值的愛人是美的，如果其方式是應然的，[23] 也沒有任何不顧羞恥或不光采，如果是愛

神的律法下「意願和意願相和」。[24] 這些講辭，即使它們更尊敬愛神，和《費德爾篇》中的李西亞斯及他反諷的批評者的講辭不會更真（*etumoi*）。

面對它們，在《饗宴篇》中轉述的蒂娥提美（Diotime）[VII] 的話語，《費德爾篇》中蘇格拉底自己所述說的長篇寓言，則顯得像是真的（*etumoi*）的論述：真實的論述，並且因為其來源而和它們所述說的真理有聯結關係。它們的內容是什麼呢？它們和在它們之前出現的讚詞或失格主張之間的差別是什麼呢？並不是因為蒂娥提美或蘇格拉底比起其他的與談者更加地嚴謹或嚴峻；不是因為他們過度刻意地討好，或是因為他們在一個應該只向靈魂訴說的愛之中，給與肉體和快感過多的地位，而使得他們與其對立。他們果斷地解決這些問題，因為他們並不以同樣方式提出問題；對於傳統關於愛的辯論中的問題組合，他們施行了某些數

VII. Diotime de Mantinée 為一位女祭司及預言者，她在《饗宴篇》中並未直接出現，而是由蘇格拉底轉述其教導。

量的轉化和基本的位移。

1. 由愛的作為的問題過渡至探討愛就其存有而言是什麼。

　　在這樣表述的辯論及其他論述的之中，預設愛及其動態是如此地熱烈及強大，它會席捲愛人；關注的根本問題因而是知道——這愛被當成是「已為人所接受的」[25]——兩位伴侶應有如何的行為舉止：如何、以何種形式、到那種程度、以何種說明的方式或給與怎麼樣的友誼擔保，求愛者應尋求達到「他所亟求的」；而如何、在何種條件下、在怎麼樣的抗拒和考驗之後，被愛者會產生讓步。行為舉止的問題，其背景是一個已事先存在的愛。然而，蒂娥提美與蘇格拉底所提問的，卻是此愛的存有本身、它的本質、來源、是什麼構成了它的力量、是什麼以如此的執著堅決或是如此的瘋狂將它帶向它的對象：「愛本身是什麼呢、什麼是它的本性、以及接著，什麼是它的作品？」[26] 這是本體論式（ontologique）的提問，而不是道義論式（déontologique）的問題。所有其他的與談者將他們的講

辭導向稱讚或批評、導向劃分好的及壞的愛、導向劃出界線，分隔什麼是應作的什麼是不應作的；在慣常的適合行為尋求主題群組及追求技藝的精煉方面，首要的思維對象，乃是行為舉止和相互性行為的遊戲。至少是暫時地，柏拉圖推遲這個問題，而且超越好與壞之間的劃分，他提出愛是什麼的問題。[27]

然而，以如此的方式形成問題，意謂著論述對象本身的位移。針對蘇格拉底——但事實上也是針對所有其他之前的贊詞的作者們——，蒂娥提美責備他只是在「被愛者」（ton erōmenon）元素這方向尋找可以對愛說什麼的原理；於是他們受那被愛的少男的魅力、美及完美誘惑或眩目心移，而且又把這些優點，以不當的方式轉移給愛本身；只有我們提問它是什麼，而不是問它愛什麼，不然它不會顯現它自身。因此要作的是由被愛的元素回到愛人者（to erōn），並且以它自身為對象來提問。[28] 這些也是之後在《費德爾篇》中會發生的，那時是蘇格拉底為了回應前兩篇反—贊詞，先由靈魂理論作了一大段迂迴。但此一位移的後果是，關於愛的論述將面臨不再只是「贊詞」（在

一種混合（mixte）及思考不清（confuse）的形式中，這些
贊詞的對象同時是愛神及被愛者）的風險；它將會談及——
如同在《饗宴篇》中一樣——愛的「混合」本性、標記著
它的缺失（因為它並不擁有它所慾求的美麗事物）、它和
它所由而出的悲慘及狡智、無知及知識間的親緣性；它也
要談及，就像在《費德爾篇》中一樣，它是以什麼樣的方
式混合著對於天之上（supracéleste）景象的遺忘和記憶、
以及最後，那長長的受苦途徑，終於將它帶至它的對象。

2. 由少男的榮譽問題過渡到真理之愛。

　　跟隨蒂娥提美說應將目光由被愛的元素轉移至求愛的
本原，並不意謂著對象的問題便不會被提出：相反地，在
此一根本提法之後所有的發展，其專注探究的，便在於決
定愛之中究竟是何者被愛。不過，一但是在一個想要談愛
的存有而不是歌頌其所愛的論述中談論愛，那麼對象的問
題，便以不同的角度提出。

　　在傳統的辯論中，探問的出發點乃是在於愛的對象本

身：既然人們所愛是如此、應如此——他在肉體之美之外的靈魂之美，他應有的養成學習、他應獲得的自由、高貴、陽剛、勇敢的性格等——那麼對於被愛者和求愛者，何者為可敬之愛的形式？那是對被愛者真切的尊重，應給與其特有的形式及可要求的保留謹慎風格。相對地，在柏拉圖式的提問中，乃是愛本身是什麼，此一考量應引領至決定它真實的對象是什麼。超越求愛者依戀的各種不同美好事物，蒂娥提美為蘇格拉底指出愛尋求的是在思想中孕生、且依據它真實的本性、純粹無混合且於其「形式的統一中」看到「美的自身」（le beau en lui-même）。在《費德爾篇》中，蘇格拉底本人指出，如果靈魂在它於天之上所看見之事物有足夠強的回憶，如果它受到強大的指引，如果它的衝力不會受到不純的慾望所折曲，那麼它依戀於所愛的對象就會只是因為它所懷有的美本身之反射及模仿。

在柏拉圖的作品中，的確可以看到愛應比較是針對少男的靈魂而不是他的肉體的主題。但他既不是第一位，也不是唯一一位說出它的人，這是一個在傳統有關愛的辯論中常見的主題，而且贊諾封——借由蘇格拉底之口——還

給與它一個激進的形式。獨屬柏拉圖的，並不是這個劃分，而是他建立肉體之愛為何是低下的方式。實際上，他並未將之建立於被愛的少男本身的尊嚴和他應受的尊敬，而是建立於求愛者本身之內決定其愛之存有及形式之事物（他對不朽的慾求、他對純粹之美的企望、他對天之上所見之回憶）。另外，他也不就肉體的壞愛戀及靈魂的美麗之愛劃出一條清楚的、決絕的、不可逾越的分隔線；即使當它被和朝向此美之運動相比時，肉體關係評價如此之低、如此地卑下，當它因有時能把此一運動轉向或停止而顯得危險，這關係並不一下子就被排除或永遠被譴責。根據《饗宴篇》中著名的提法，由一個美麗的肉體朝向另一個美麗的肉體，接著再朝向靈魂、接著朝向存於「日常事務」、「行為舉止的規則」、「認知」中的美、直到最後目光及於「已為美佔領的廣大領域」，[29] 這個運動是連續的。在《費德爾篇》中，於鼓舞沒有讓步的靈魂的勇氣和完美之餘，並不譴責那些依戀榮譽更勝於哲學的靈魂，它們讓自己受到突然的襲擊，而且因為受其熱忱所席捲，「犯了這件事」；無疑，當俗世的生命到達終點之時，他們的靈魂

離開肉體，卻沒有翅膀；他們不能去到更高點；但在他們地底的旅行並不會受到限制；相互陪伴著，這兩位愛人將會進行天之下的旅程，直到輪到他們「因為他們的愛情」，他們收到了翅膀。[30] 對於柏拉圖而言，真愛的特質並不是肉體的排除，而是能穿透物的表象，與真理有所關連。

3. 由伴侶間的不對稱問題過渡至愛的滙聚問題。

根據廣為接受的成習，愛慾（*Eros*）被認為是來自於求愛者；至於被愛者，作為愛慾的客體，他不能成為愛積極的主體。他無疑會受到要求有一依戀的回饋，一種回報之愛（*Antéros*）。但此一回應的特性產生了問題：它無法和引發它的事物有真正的對稱性；少男應該作回應及共鳴的，與其說是求愛者的慾望和快感，毋寧是他的善意、關心、典範；必須要等到愛的狂熱停止的時刻，而且因為年齡排除了熱切，那時兩位友人才能真正以一個精確的相互性關係結合在一起。

但如果愛慾和真理有關，兩位愛人如要能契合，其條

件將是被愛者也受同樣的愛慾力量引領至真實。在柏拉圖的愛慾論中，相對於對方之愛，被愛者將不會一直保持在客體的地位，只是以有其權利的交換為名義（既然他是被愛者），等待收割他有需要的忠告及他渴望的認知。在此一愛的關係中，他必須實際地成為主體。這也是為什麼，在《費德爾篇》第三段講辭快結束之時，產生了一段逆轉，由求愛者的觀點轉移至被愛者的觀點。蘇格拉底之前已描述了求愛者的歷程、熱切、受苦，以及為了掌控他靈魂的車馬所需進行的艱苦戰鬥。現在他談及被愛者：他周邊的人可能會使他相信對求愛者讓步是不好的；他自己卻開始接受愛人的交往；他的在場使他心神不寧；這次輪到他感覺自己慾潮洶湧，而靈魂也長出翅膀及羽毛。[31] 當然，他並不知道他所企望的事物有什麼樣的性質，無法以文字語言形容；但他「雙手擁抱其愛人」並「給與他親吻」。[32] 這是一個重要的時刻：與追求的技藝中所發生的不同，「愛之辯証」（dialectique）在兩位戀人之中所召喚的運動是精確地相似：愛是同樣的，因為對他們兩者都一樣，這是將他們帶向真實的運動。

4. 由被愛少男的美德過渡到對於大師及其智慧的愛。

在追求的技藝中，求愛者作追求；即使他被要求維持自我主宰，人們知道他的愛的強制力可能會席捲他。抗拒的堅定端點，乃是少男的榮譽、尊嚴及他抵抗中的合理頑強。然而一旦愛的訴求是真理（la vérité），那麼在愛之道路上走得較遠的那位，並且是真正喜愛真理者，將是另一位更好的引導者，並且協助他不會墮落於一切的低級快感。那位更了解愛之人將會是真理的大師（maître de vérité）；教導被愛者如何戰勝其慾望，以及成為「比自己更強」的，更是他的角色。在愛的關係中，以及作為其結果並結構它的真理關係中，有一位新人物出現：這便是大師（maître），他取代了求愛者的位置，但因為他能完全地主宰自我，翻轉了遊戲的方向、逆轉角色，立下戒絕阿芙羅底其亞作為原則，並且成為所有渴求真理的年輕人愛戀的對象。

這便是《饗宴篇》最後數頁應有的詮釋，它們不只描述蘇格拉底和阿爾希比亞德間的關係，也包括他和格勞孔之子卡爾米德（Charmide, fils de Glaucon）、狄奧克列斯

之子俄提甸（Euthydème, fils de Dioclès）、以及其他許多人之間的關係。[33] 角色分工已完全翻轉：現在是年輕人——他們是美的而且有許多追求者——愛戀著蘇格拉底；他們跟隨著他的足跡，尋求誘惑他，希望能得到他的青睞，也就是說和他們傳承其智慧的寶藏。他們所在的位置是求愛者（éraste），而身形不再優雅的老人，則位於被愛者（éromène）的位置。但他們所不知道的，而那是阿爾希比亞德在著名的考驗中發現的，便是蘇格拉底之所以受他們喜愛，正是因為他可以抵抗他們的誘惑；這並不是說他對他們完全沒有愛及慾望，但他受真正的愛所承載，而且他真正知道應該去愛的是真實（le vrai）。蒂娥提美之前曾說過：在所有人之中，就愛而言，真正的知曉的專家便是他。於是，大師的智慧（而不是少男的榮譽）同時標記了真正的愛的對象，以及阻止「讓步」的原理。

在此段落中出現的蘇格拉底，配戴了傳統「神聖者」（theios anēr）人物特有的力量：肉體上的耐受力、無感受性（insensibilité）的稟賦、可脫離肉體並且集中所有能量於靈魂的能力。[34] 但必須要了解，這些力量是在愛慾非常特

殊的遊戲中實際展現出來；它們在其中確保蘇格拉底可以
對自身進行的主宰；因此它們將他定性為年輕人可以爭取
的最高的愛之對象，但也是唯一可以將他們的愛帶領至真
理者。在愛之遊戲中，多樣的宰制相互對抗（包括求愛者
尋求佔有被愛者、被愛者尋求由其中逃脫，以及經由此一
抗拒將求愛者壓低為奴隸），蘇格拉底導入了另一類型的
宰制：由真理的大師所施行的，而且因為他能自我主宰而
得到此一稱號。

　　柏拉圖的愛慾論可以由下三個面向出現。一方面，它
是回應一種內在於希臘文化的困難的方式，即男子與少男
間的關係：也就是給與後者作為快感客體的地位問題；就
這個角度，相對於各種有關愛的「辯論」中所能提出的回
應，或是在贊諾封的文本中，以蘇格拉底名義所說的，柏
拉圖的回應似乎只是更加複雜及精煉。實際上，柏拉圖解
決快感客體所造成困難的方式，是將問題由被愛的個人，
轉移至愛本身的性質；將愛的關係結構為一個和真理的關
係；分裂此一關係為兩半，將其同時放置於被愛者及求愛
者；最後反轉被愛的年輕人的角色，使他成為真理大師的

愛慕者。因此，我們可以說他成功面對了由亞里斯多芬的寓言所拋出的挑戰：他給與它一個真實的內容；它顯示出同一個愛，在同一個運動中，可以良好地生產出少男愛好者（*paiderastēs*）及友愛的回報者（*philerastēs*）。在可敬的愛之中，組織愛慕者和被愛者——積極主動的主體和被追逐的客體——之間總是困難的關係不對稱性、差距、反抗及逃逸，現在沒有理由再存在了；或者毋寧說它們可以根據一個完全不同的運動來作出發展、而它有一個完全不同的形式，並且加諸其上一個非常不同的遊戲：那一是個緩步的進展，在其中，真理的大師教導少男何謂智慧。

但就在這裡，我們看到柏拉圖愛慾論——這裡是它的另一個側面——在愛的關係中引入真理的問題作為根本的問題。存在於快感使用中的慾望，則必須臣服於一個完全和邏各斯（logos）不同的形式之下。愛慕者的任務（以及使他實際上可以達致其目標者），乃是辨識出什麼才是捉住他的真正的愛。如此一來，對於亞里斯多芬挑戰的回應乃是將其回應轉化如下：個人在另一人中尋找的，並不是他自己的另一半，而是和他的靈魂有親緣關係的真實（le vrai）。因此，應該要作的倫理工作，將應是作出發現、並在自此之後維持不鬆懈的，乃是此一和真理的關係，而它是他的愛的隱藏支持。於是我們看到，柏拉圖的思維如何傾向於脫離通行的問題化，那是圍繞著對象及應給與它何種地位打轉的問題化，以便打開對於愛的不同提問，那將是圍繞著主體，以及它所能［達致］的真理。

最後，柏拉圖所呈現的蘇格拉底愛慾論，也會提出一般有關愛的討論中會出現的問題。但它的目標並不是界定何者是適當的行為舉止，可以平衡被愛者足夠長的抵抗及愛慕者足夠珍貴的善意舉動；它嘗試決定的，乃是透過什麼樣的努力及對自己的修練，愛慕者的愛慾可以得到解脫，並且和真實的存有（l'être vrai）建立起永久的關係。與其一次性解決足以劃分可敬和恥辱間的分隔線，它嘗試描述的是一個緩步進展——包括其中的困難、波折、精彩結尾——最後達致重新尋得真正的自我。《饗宴篇》和《費德爾篇》指出了一個過渡，那是由一個以「追求」的實行及他者的自由為模式的愛慾論，轉移到圍繞著主體的修練及共同進入真理的愛慾論。正因為如此，提問也被移動了

位置：在有關於快感的使用（*chrēsis aphrodisiōn*）的反思中，提問針對的是快感及其動力，而必須要作的，乃是透過自我主宰，確定正確的實踐及正當的分配；在柏拉圖對愛的思維中，提問關心的是必須要引導至其真正對象（那便是真理）的慾望，其方式是在它的真實存有（dans son être vrai）之中辨識出它本身是什麼。《法律篇》中描述的節制（*sōphrosunē*）的人生，乃是一個「由各方面來看都是有益的」的實存，它有著平靜的痛苦、平靜的快樂、柔和的慾望（*ēremaiai hēdonai, malakai epithumiai*），以及不狂暴的愛（*erōtes ouk emmaneis*）；[35] 在此，快感經濟乃是受到自我對自我的主宰所確保的。對於《費德爾篇》中描述其愛之曲折及熱忱的靈魂，也有同樣的規範，如果它想得到回報並想回到它在天之外的故鄉，便須過著「秩序井然的生活作息」（*tetagmenē diaitē*），而這是因為它是「其自身的主宰」，並且「關懷適度的分寸」，因為它已化「產生罪惡者」為「奴隸」，並且相反地給與「產生美德者自由」。[36] 然而它必須在對抗其慾望的狂暴的戰鬥中保持堅定，而它之所以能如此進行，乃是因為處於和真理的雙重

關係之中：和它自己以其存有本身受到探問的慾望（son propre désir questionné dans son être）之間的關係，和其慾望對象間的關係，而後者被辨識為真實。

我們看到，慾望之人的提問形成，其端點之一在此處受到了標示。這並不是要說柏拉圖的愛慾論之後便絕決地不再處理快感其及使用的倫理學。相反地，我們會看到它持續發展及轉化。然而，當性行為的問題化將會由色慾的靈魂及其奧祕的解碼中重新構思時，由柏拉圖衍生出的傳統將會扮演一個重要的角色。

有關少男的此一哲學思維，包含著一個具有歷史性質的弔詭。對於此一男性之愛，或更精確地說，對於此一年輕男孩及青少年之愛，希臘人曾給與正當性，而我們今天傾向承認那是他們在此一領域給與自己自由的証明。然而，就是針對此一主題，比起針對健康（他們也加以關注）多許多，也比針對妻子和婚姻（然而他們關照其良好秩序）多許多，他們曾提出最嚴格的鍛練要求。的確，除了某些例外，他們不曾對它加以譴責或禁止。然而，就是在針對

少男之愛的思維中，我們看到提出了一個「無限定戒慾」
（abstention indéfinie）的原理、一個棄絕的理想（l'idéal
d'un renoncement），而蘇格拉底，透過他對誘惑無破綻的
抵抗，為它給出了典範，也給出了棄絕本身便持有高度精
神價值的主題。以一種在初識時會產生驚奇的方式，我們
看到在希臘文化中，而且是針對少男之愛，形成了一套性
倫理學的一些主要的元素，而這套倫理學正會是以此一原
理為名義將之排斥：對於愛之關係中對稱性及相互性的要
求、對抗自身的困難及長程戰鬥之必要性、愛之逐漸純化，
它只訴求於存於其真理之中的存有本身（l'être même dans
sa vérité）、以及人對身為慾望主體的自我所作的探問。

　　如果我們想像少男之愛引發了它自身的禁止，或是哲
學因其特有的曖昧性只有在要求其超越的條件下才接受它，
那我們便錯過了根本而重要的事物。必須長存於心的念頭
是，此一「苦行主義」（ascétisme）並不是一種使少男之
愛失格的方式；相反地，那是一種對它進行風格化的方式，
因而是給與它形式與形象，並且，提高其價值。但仍存在
的是，在此有著一種對於完全戒慾的要求，以及對於慾望

問題所給與優先的地位，而此一問題導入的一些元素，卻
是不容易在一個圍繞著研究快感使用而組織起來的道德中，
找到它們的位置。

1. 這並不意謂著男性愛的形象完全消失。參考,包斯威爾(J. Boswell),《基督宗教,社會容忍及同性戀》(*Christianity, Social Tolerance, and Homosexuality*)。

2. 柏拉圖,《饗宴篇》,178 d。有關於《饗宴篇》中的諸講辭,參考布里森(Luc Brisson),收錄於《神話學辭典》(*Dictionnaire des mythologies*),建議查看「愛慾」(Eros)詞條。

3. 《饗宴篇》,181 b-d。

4. 同上,183 d-e;《費德爾篇》,231 a-233 a。

5. 柏拉圖,《饗宴篇》,182 a;《費德爾篇》,239 a。

6. 《費德爾篇》,231 e-232 a;239 e-240a。

7. 同上,240 d。

8. 同上,239 c-d。

9. 同上,241 a-c。

10. 柏拉圖,《饗宴篇》,191 e。

11. 同上,192 a。

12. 　同上，192 b。

13. 　有關蘇格拉底對亞里斯多芬的回應，參考《饗宴篇》，205 e。

14. 　贊諾封，《饗宴篇》，VIII，12。

15. 　同上，VIII，25。

16. 　同上，VIII，13。

17. 　同上，VIII，14。

18. 　同上，IV，26；亦參考《回憶蘇格拉底》，I，3。

19. 　贊諾封，《饗宴篇》，VIII，18。

20. 　同上，《拉卡蒂芒共和國》，II，12-15。

21. 　同上，《饗宴篇》，VIII，18。

22. 　柏拉圖，《費德爾篇》，244 a。

23. 　同上，《饗宴篇》，224 a。

24. 　同上，196 c。

25. 　柏拉圖，《費德爾篇》，244 a。

26. 　柏拉圖，《饗宴篇》，201 d。

27. 　在費德爾的講辭之後，蘇格拉底提醒說在說話的人的思想中，應該
　　　要有「他要說的主題的真實狀態的知識」。（《費德爾篇》，259
　　　e）。

28. 　同上，204 e。

29. 　同上，210 c-d。

30. 　《費德爾篇》，256 c-d。

31.　《費德爾篇》，255 b-c。

32.　同上，255 e-256 a。

33.　柏拉圖，《饗宴篇》，222 b。有關蘇格拉底和愛慾間的關係，
　　　參考哈寶（P. Hadot），《精神鍛練與上古哲學》（*Excercices spirituels et philosophie antique*），頁 69-82。

34.　裴利，《柏拉圖逆轉》，1974，頁 61-70。

35.　柏拉圖，《法律篇》，V，734 a。

36.　柏拉圖，《費德爾篇》，256 a-b。

Conclusion

結論

於是，在受到公認的實作領域（飲食作息、家政管理、「追求」年輕男子）中，並且由傾向於仔細討論它們的思維出發，希臘人曾將性行為當作重要的道德問題加以探問，並且他們曾尋求界定在其中受到要求的節制形式（la forme de la modération）。

　　這並不是說一般的希臘人對性快感發生興趣，只由這三種角度出發。在他們遺留至今的文學之中，我們可以找到証明其他主題和關懷存在的許多見証。但是，就像我在這裡想要作的，如果我們保持在規範性論述之中，而且透過這些論述，他們嘗試反思及規範他們的性方面的行為舉止，那麼這三個問題化的焦點便會顯得很大程度地更加重要。圍繞著它們，希臘人根據有高度要求及性格嚴峻的原理，發展出生活、行為舉止及「使用快感」的藝術。

　　由初步觀察看來，人們的印象會是這些不同形式的思維，和比較晚之後在西方基督教社會中可以看到的嚴格鍛練形式是相接近的。無論如何，我們可以被誘引修正仍然是常被接受的對立，即諸神異教思想「容忍」「性自由」的實行，而這對立於其後悲傷而限制性的道德。必須要清

楚看到的是，實際上一嚴格而仔細實行的性節制，並是不只開始於基督宗教，而且，當然也不是開始於上古晚期，甚至也不是始於嚴格主義運動（mouvements rigoristes），比如希臘化及羅馬時代的斯多葛主義者。自紀元前 4 世紀起，我們可以發現以下的理念非常清楚地形成，即性活動本身是相當危險及代價高昂的，和生機物質的喪失強烈相聯，因而只要它不是必要的，便應該有一個精打細算的經濟對它加以限制；我們也可以找到一個婚姻關係的模型，要求夫婦兩人對於「婚外」快感要有相等的完全戒除；最後可以發現的主題是，男子棄絕和少男所有的肉體關係。節制的一般原則，對於性快感可能是個罪惡的懷疑、單婚制忠誠的嚴格圖示、嚴謹貞潔的理想：希臘人顯然不是依此模型在生活；但在此一環境中形成的哲學、道德和醫學思想是不是形成了數個基本的原則，而之後的道德體系──特別是可以在基督宗教社會中看到的──似乎只要重拾即可？規範在形式上可以有相似性：但這終究只是証明禁制的貧乏和單調。性活動受到構成、辨識及組織為一個重要的道德問題的方式，並不只因什麼受允許或禁止、建議和

不建議是等同的，就會是相同的。

我們之前已經看到了：性行為構成了一個道德實踐的場域，在希臘思想中，在阿芙羅底其亞的形式下，快感的動作乃是隸屬於一個難以主宰的對抗場域；為了得到一個在理性上和道德上可被接受的形式，這些動作召喚建立一整套分寸和時刻、數量和時機的策略；後者傾向於精確的自我主宰，以作為完美的端點及它的結束，在其中主體變得「比自己更強」，而這也達及他對他人施行的權力。然而，此一自我主宰之主體的構成所含帶的嚴格鍛練要求，並不是以一種所有的個人皆臣屬於其下的普遍律則形式呈現；它比較像是為了那些願意給他們的存在最美及最完成的形式的人，一種行為舉止的風格化原則。對於賦與我們性道德形式的數個大主題（thèmes），如果我們要為它們定訂一個起源，不只不應將其歸屬於我們稱之為「猶太－基督宗教」道德的此一虛構，但也不應在其中尋找無時間性的禁止功能，或是法律的恒久形式。希臘哲學相當早期便推薦的性刻苦，並不是植根於一項律則的無時間性之中，之後才輪替地取得壓抑的各種歷史形式：它隸屬於一個歷

史，而這個歷史對於理解道德體驗的諸項轉化，比起法則的體驗更具決定性：這是一個「倫理」的歷史，而倫理在此被理解為一種和自我關係形式的提煉，而它允許個人自我建構為道德行為的主體。

另一方面，希臘思想中發展出的三個行為舉止的技藝、三個大的自我技術——保健法、家政學及愛慾論——如果說那不是提出一個特定的性道德，至少是提出一種性行為的獨特調節方式。在此刻苦鍛練要求的提煉中，不只希臘人沒有尋求界定一個所有人都需遵循的行為法則，他們也沒有尋求組織性行為作為一個就所有不同的面向而言，只屬於同一個整體原理的領域。

在保健法這方面，我們可看到一種節制的形式，它是由阿芙羅底其亞有分寸且時機適當的使用所界定的；此一節制的施行召喚一種注意力，它尤其是集中於「時刻」（moment）的問題，以及身體變動的狀態和季節變換的特質之間的關聯性；在此一關注的核心顯現出對於暴力的害怕、對消耗殆盡的恐懼，以及對於個人續存及物種的維持的關注。在家政學這方面，我們看到的節制形式的界定，

並非來自夫婦的相互忠誠，而是由某種丈夫為合法妻子保有的優越地位，但他仍在其上施展其權力；這其中的時間性問題並不是對適當時機的掌握，而是在整個人生中，保持某一種同住家人組織上的層級結構；為了保有此一持恒，男子必須擔心任何的過度，並且於他對他人的主宰中，實行他對自我的主宰。最後，愛慾論所要求的節制又是另一種類型：即使它並不強行加上純粹及簡單的戒慾，我們可以看到它傾向於此，並且懷抱著棄絕與少男的所有肉體關係的理想。此一愛慾論所連結的時間感知又和與身體和婚姻相關的非常不同：這是一種時間稍縱即逝的體驗，而且最後會到達其盡頭。至於推動它的關懷，則是對青少年的陽剛氣質和對他作為自由人的未來地位的尊重；這裡涉及到的，不再單純是人作為其快感的主宰；它涉及到知曉如何在對自我的主宰及我們對他所具有真正愛之中，為他人的自由留下位置。終究而言，柏拉圖愛慾論，是在針對少男之愛的思維中，提出有關愛、棄絕快感和進入真理之間複雜關係的問題。

我們可回想之前多弗所寫的：「希臘人並沒有繼承如

此的信仰，即有一個神聖的力量為人類啟示一部規範性行為的法典，他們自己並沒有維持它。他們也沒有擁有使人尊重性禁制力量的機構。面對著比他們自己的更古老、更豐富以及更精煉的文化，希臘人自覺有選擇、適應、發展、尤其是創新的自由。」[1] 關於性行為作為一個道德領域的思維，在其文化中並不是一種內化、正當化或將普遍禁制原則加諸於所有人的方式；這比較是一種針對由男性自由人所構成的最小部份人口，提煉一個生存美學的方式，而它是一個經過反思的自由的藝術，在其中此自由被感知為一種權力遊戲。此一性倫理，它在後來會成為我們的性倫理源起的一部份，的確是植基一個非常剛硬的不平等和限制的系統（特別是針對女人及奴隸）；但是它在思想中問題化的方式，乃是針對自由人，作為一種介於他自由的施行、他的權力形式和他進入真理的途徑之間的關係。

以一種俯瞰的視角，而且非常地圖示化地，觀察此一倫理及其長時段的轉化，我們可以注意到有一重點的位移。在希臘古典時期的思想中，很清楚的是和少男的關係構成了思維及精煉最細緻敏感的端點、以及最活躍的聚焦處；

問題化在此召喚最為微妙的嚴峻刻苦形式。然而，在一個非常緩慢的演變中，我們可以看到此一聚焦處產生了位移：問題的中心逐漸地圍繞女人形成。這並不是說少男之愛將不再被實行、或是停止表達、或是人們完全不再對它提問。但在性快感的道德思維中留下強烈印痕的，將會是女人及和女人的關係：包括以下的形式：童貞（virginité）的主題、婚姻中的行為操守具有的重要性、或是對於夫婦兩人關係的對稱性及相互性所被賦與的價值。另外，我們還可以看到之後會產生一個問題化聚集點新位移（這次是由女人移向身體），而這出現於由 17、18 世紀開始對兒童性慾、及以一般方式對於性行為、正常性（normalité）和健康之間關係所顯現的興趣中。

　　和此一位移同時，在我們可發現先前分佈於各種使用快感的「技藝」之中諸元素，有某種一體化（unification）產生。其中有學說面的一體化——聖奧古斯丁（saint Augustin）[1]、是其作用者之一——它允許在同一理論整體中思考死亡及永生、婚姻制度及進入真理的條件。但也有一種可以稱之為「實踐面」的一體化，它將不同的存在藝

術重整集中於自我的解碼、純淨化的步驟及對抗色慾的戰鬥。這麼一來，在性操守的問題化核心，不再是快感及其使用的美學，而是慾望和其純淨化的詮釋學。

此一變化將是一整個系列轉化效果。在此一轉化的初期，甚至就在基督宗教的發展之前，我們可以看到道德學家、哲學家及醫生的思維在紀元之後前兩個世紀所作的見証。

I.　　Aurelius Augustinus（354-430），羅馬帝國末期北非的柏柏爾人，早期天主教神學家、哲學家，曾任大公教會在阿爾及利亞城市安納巴的前身希波（Hippo Regius）的主教。

原書註 ─────────────────────────────

1.　　多弗，《希臘的同性戀》，頁 247。

引用文獻索引 [*]

【編輯說明】

- 本索引依循傅柯原書索引格式呈現，並按各條作者姓氏字母排序，列出所有引用之書目、文獻、典籍原文名稱及版本。作者姓氏皆附上本書中的中文譯名。
- 本書中高度引用，即於原書索引中出現三次（含）以上之書目，另附中文書名翻譯。
- 各項書目資料後方之章節標註，為該書目引用出現於本書之章節段落。
- 謹供讀者查證參考，特此說明。

****

ANTIPHON（安提封）

Discours, texte établi et traduit par L. Gernet, Collection des universités de France (C.U.F.).

　　第 1 章第 3 節。

APULÉE（阿普萊）

Les Métamorphoses, traduction par P. Grimal, Paris, Gallimard, La Pléiade, 1963.

　　導論第 2 節。

*　　我在此向紹爾舒華圖書館（Bibliothèque du Saulchoir）及其館長致謝。對於本書的實現及校準，我要感謝妮可（Nicole）與路易・艾弗哈爾德（Louis Évrard），以及海倫・蒙薩可雷（Hélène Monsacré），他們的協助非常地珍貴。

ARÉTÉE DE CAPPADOCE（阿瑞提）

Traité des signes, des causes et de la cure des maladies aiguës et chroniques, texte dans le *Corpus Medicorum Graecorum*, II, Berlin, 1958; traduction par L. Renaud, Paris, 1834.

導論第 2 節。

ARISTOPHANE（亞里斯多芬）

Les Acharniens, texte établi par V. Coulon et traduit par H. Van Daele (C.U.F.).

第 4 章第 1 節。

L'Assemblée des femmes, texte établi par V. Coulon et traduit par H. Van Daele (C.U.F.).

第 4 章第 3 節。

Les Cavaliers, texte établi par V. Coulon et traduit par H. Van Daele (C.U.F.).

第 4 章第 3 節。

Les Thesmophories, texte établi par V. Coulon et traduit par H. Van Daele (C.U.F.).

導論第 2 節，第 4 章第 1 節。

ARISTOTE（亞里斯多德）

De l'âme, texte établi par A. Jannone, traduit et annoté par E. Barbotin (C.U.F.).

第 1 章第 1 節，第 2 章第 4 節。

Éthique à Eudème, texte et traduction par H. Rackham (Loeb classical Library).

第 1 章第 1 節。

Éthique à Nicomaque《尼各馬可倫理學》, texte et traduction par H. Rackham (Loeb classical Library) ; traduction française par R.-A. Gauthier et J.-Y. Jolif, Louvain-Paris, 1970.

第 1 章第 1 節，第 1 章第 2-3 節，第 1 章第 4 節，第 3 章第 3 節。.

De la génération des animaux《論動物的生殖》, texte et traduction par P. Louis (C.U.F.).

第 1 章第 1 節，第 1 章第 2 節，第 2 章第 3 節，第 2 章第 3 節，第 2 章第 4 節。

De la génération et de la corruption, texte et traduction par Ch. Mugler (C.U.F.)

第 2 章第 4 節。

Histoire des animaux《動物學》, texte et traduction par P. Louis (C.U.F.).

第 1 章第 1 節，第 1 章第 2 節。

Les Parties des animaux, texte et traduction par P. Louis (C.U.F.).

第 1 章第 1 節。

Politique《政治學》, texte et traduction par H. Rackham (Loeb classical Library).

導論第 2 節，第 1 章第 4 節，第 2 章第 1 節，第 2 章第 3 節，第 3 章第 3 節，第 4 章第 3 節。

Rhétorique, texte et traduction par J. Voilquin et J. Capelle, Paris, 1944.

第 1 章第 2 節，第 4 章第 2 節，

PSEUDO-ARISTOTE（傳亞里斯多德作）

Économique, texte et traduction par A. Wartelle (C.U.F.).

第 3 章第 3 節。

Problèmes《問題集》, texte et traduction pai W. S. Hett (Loeb classical Library).

第 1 章第 1 節，第 2 章第 2 節，第 2 章第 3 節，第 2 章第 4 節。

Sur la stérilité, texte et traduction par P Louis, t. III de l'Histoire des animaux (C.U.F.).

第 1 章第 1 節，第 3 章第 1 節。

AUBENQUE, P.（歐本克）

La Prudence chez Aristote, Paris, P.U.F., 1963.

第 1 章第 2 節。

AUGUSTIN, saint（聖・奧古斯丁）

Confessions, texte établi par M. Skutella et traduit par E. Trehorel et G. Bouisson, in *Œuvres*, t. XIII, Paris, 1962.

第 1 章第 1 節。

AULU-GELLE（奧魯・哲爾）

Nuits attiques, texte et traduction par R. Macache (C.U.F.).

第 2 章第 4 節。

BOSWELL, J. （包斯威爾）

Christianity, Social Tolerance, and Homosexuality, Chicago, 1980.

　　第 5 章。

BRISSON, L. （布里森）

Article « Éros » du Dictionnaire des mythologies, Paris, Flammarion, 1981.

　　第 5 章。

BUFFIÈRE, F. （布菲艾爾）

Éros adolescent. La pédérastie dans la Grèce antique《青少男愛慾》, Paris, Les
Belles Lettres, 1980.

　　第 4 章第 1 節，第 4 章第 3 節。

CLÉMENT D'ALEXANDRIE （克萊蒙·達列桑德里）

Le Pédagogue, texte et traduction par M. Harl, Paris, Éd. du Cerf, 1960.

　　第 2 章第 4 節。

DAUVERGNE, H. （多維涅）

Les Forçats, Paris, 1841.

　　導論第 2 節。

DÉMOSTHÈNE （狄摩士田）

Contre Nééra, texte et traduction par L. Gernet (C.U.F.).

　　第 3 章第 1 節。

Eroticos《愛慾論》, texte établi et traduit par R. Clavaud (C.U.F.).

　　第 1 章第 2 節，第 4 章第 2 節。

DIOCLÈS （狄奧克里斯）

Du Régime《論飲食作息控制》, in ORIBASE, *Collection médicale*, t. III, texte établi et
traduit par U. Bussemaker et Ch. Daremberg, Paris, 1858.

　　第 2 章第 2 節，第 2 章第 3 節。

DIOGÈNE LAËRCE（戴奧真尼‧萊爾斯）

Vie des Philosophes《哲學家傳記》, texte et traduction par R. D. Hicks (Loeb classical Library) ; traduction française par R. Genaille, Paris, Garnier-Flammarion, 1965.

第 1 章第 1 節，第 1 章第 2 節，第 1 章第 3 節，第 1 章第 4 節，第 2 章第 3 節，第 2 章第 4 節，第 3 章第 1 節，第 4 章第 1 節，第 4 章第 3 節。

DION DE PRUSE（狄安‧德‧普魯士）

Discours, texte et traduction par J. W. Cohoon (Loeb classical Library).

導論第 2 節，第 1 章第 1 節。

DOVER, K. J.（多弗）

« *Classical Greek Attitudes to Sexual Behaviour* », *Arethusa*, 6, 1973.

第 1 章序論。

Greek Popular Morality in the Time of Plato and Aristotle, Oxford, 1974.

第 1 章序論，第 1 章第 1 節。

Greek Homosexuality《希臘的同性戀》, Londres, 1978 ; traduction française par S. Saïd : *Homosexualité grecque*, Grenoble, 1982.

第 1 章第 1 節，第 4 章第 1 節，第 4 章第 2 節，第 4 章第 3 節。

DUBY, G.（杜比）

Le Chevalier, la Femme et le Prêtre, Paris, Hachette, 1981.

導論第 2 節。

ÉPICTÈTE（艾皮克特克）

Entretiens, texte et traduction par J. Souilhé (C.U.F.).

導論第 2 節。

ESCHINE（艾斯琴）

Contre Timarque《反提瑪爾克》, texte et traduction par V. Martin et G. de Budé (C.U.F.).

第 4 章第 1 節，第 4 章第 2 節，第 4 章第 3 節。

EURIPIDE（優里皮底）

Ion, texte et traduction par L. Parmentier et H. Grégoire (C.U.F.).
> 第 3 章第 2 節。

Médée, texte et traduction par L. Méridier (C.U.F.).
> 第 3 章第 2 節。

FLANDRIN, J.-L.（弗朗德罕）

Un temps pour embrasser, Paris, Éd. du Seuil, 1983.
> 第 2 章第 2 節。

FRAISSE, J.-Cl.（弗若斯）

Philia, la notion d'amitié dans la philosophie antique, Paris, Vrin, 1974.
> 第 3 章第 3 節，第 4 章第 1 節。

FRANÇOIS DE SALES（弗杭蘇瓦・德・撒耳斯）

Introduction à la vie dévote, texte établi et présenté par Ch. Florisoone (C.U.F.).
> 第 4 章第 1 節。

HADOT, P.（哈寶）

Exercices spirituels et philosophie antique, Paris, « Études augustiniennes », 1981.
> 第 5 章。

HIPPOCRATE（希波克拉特）

L'Ancienne Médecine, texte et traduction par A.-J. Festugière, Paris, 1948 ; New York, 1979.
> 第 2 章第 1 節。

Aphorismes, texte et traduction par W. H. S. Jones (Loeb classical Library).
> 第 2 章第 2 節。

Épidémies, texte et traduction par W. H. S. Jones (Loeb classical Library).
> 第 2 章第 1 節，第 2 章第 3 節。

De la génération, texte et traduction par R. Joly (C.U.F.).
> 第 2 章第 4 節。

Des maladies II, texte et traduction par J. Jouanna (C.U.F.).

　第 2 章第 3 節。

De la nature de l'homme, texte et traduction par W. H. S. Jones (Loeb classical Library).

　第 2 章第 2 節。

Du régime《論飲食作息控制》, texte et traduction par R. Joly (C.U.F.).

　第 2 章第 2 節，第 2 章第 3 節。

Du régime salubre, texte et traduction par W. H. S. Jones (Loeb classical Library).

　第 2 章第 2 節。

Le Serment, texte et traduction par W. H. S. Jones (Loeb classical Library).

　第 1 章第 1 節。

ISOCRATE（依索克拉特）

À Nicoclès, texte et traduction par G. Mathieu et E. Brémond (C.U.F.).

　第 3 章第 3 節。

Nicoclès《尼可克萊斯》, texte et traduction par G. Mathieu et E. Brémond (C.U.F.).

　導論第 2 節，第 1 章第 3 節，第 1 章第 4 節，第 3 章第 1 節，第 3 章第 3 節。

JOLY, H.（亨利・裘利）

Le Renversement platonicien, logos, epistēmē, polis, Paris, Vrin, 1974.

　第 1 章第 4 節，第 4 章第 3 節。

LACEY, W. K.（萊西）

The Family in Classical Greece, Ithaca, 1968.

　第 3 章第 1 節。

LESKI, E.（萊士基）

« Die Zeugungslehre der Antike », Abhandlungen der Akademie der Wissenschaften und Literatur, XIX, Mayence, 1950.

　第 1 章序論。

LUCIEN (PSEUDO-)（［傳］路西安）

Les Amours, texte et traduction par M. D. MacLeod (Loeb classical Library).

　　第 1 章第 1 節。

LYSIAS（里西雅斯）

Sur le meurtre d'Ératosthène, texte et traduction par L Gernet et M. Bizos (C.U.F.).

　　第 3 章第 1 節。

MANULI, P.（曼紐里）

« *Fisiologia e patologia del feminile negli scritti hippocratici* », *Hippocratica*, Paris,
1980.

　　第 1 章第 1 節。

NORTH, H.（諾爾斯）

Sôphrosunê. Self-Knowledge and Self-Restraint in Greek Literature, « Cornell
Studies in Classical Philology », XXXV, Ithaca, 1966.

　　第 1 章第 3 節。

PAUL D'ÉGINE（保羅・戴琴）

Chirurgie, traduction par R. Briau, Paris, 1855.

　　第 2 章第 2 節。

PHILOSTRATE（費洛斯特拉特）

Vie d'Apollonius de Tyane, traduction par P. Grimal, Paris, Gallimard, La Pléiade, 1963.

　　導論第 2 節。

PLATON（柏拉圖）

Alcibiade, texte et traduction par M. Croiset (C.U.F.).

　　第 1 章第 3 節。

Banquet《饗宴篇》, texte et traduction par L. Robin (C.U.F.).

　　導論第 2 節，第 1 章第 1 節，第 1 章第 2 節，第 2 章第 4 節，第 4 章第 1 節，第 4
　　章第 2 節，第 4 章第 3 節，第 5 章。

Charmide, texte et traduction par A. Croiset (C.U.F.).

第 4 章第 1 節。

Euthydème, texte et traduction par L. Méridier (C.U.F.).

第 4 章第 1 節。

Gorgias《高爾吉亞篇》, texte et traduction par A. Croiset (C.U.F.).

第 1 章第 1 節，第 1 章第 2 節，第 1 章第 3 節，第 1 章第 4 節，第 4 章第 1 節。

Lettres, texte et traduction par J. Souilhé (C.U.F.).

第 1 章第 3 節。

Lois《法律篇》, texte et traduction par É. des Places et A. Diès (C.U.F.).

第 1 章第 1 節，第 1 章第 2 節，第 1 章第 3 節，第 1 章第 4 節，第 2 章第 1 節，第 2 章第 3 節，第 2 章第 4 節，第 3 章第 1 節，第 3 章第 3 節，第 4 章第 1 節，第 4 章第 3 節，第 5 章。

Phèdre《費德爾篇》, texte et traduction par L. Robin (C.U.F.).

導論第 2 節，第 1 章第 1 節，第 1 章第 3 節，第 1 章第 4 節，第 4 章第 1 節，第 4 章第 3 節，第 5 章。

Philèbe《菲利伯篇》, texte et traduction par A. Diès (C.U.F.).

第 1 章第 1 節，第 2 章第 4 節。

Politique, texte et traduction par A. Diès (C.U.F.).

第 1 章第 1 節。

Protagoras, texte et traduction par A. Croiset (C.U.F.).

第 1 章第 3 節，第 4 章第 1 節。

République《共和國篇》, texte et traduction par E. Chambry (C.U.F.).

第 1 章第 1 節，第 1 章第 2 節，第 1 章第 3 節，第 1 章第 4 節，第 2 章第 1 節，第 2 章第 3 節，第 4 章第 1 節。

Timée《蒂邁歐篇》, texte et traduction par A. Rivaud (C.U.F.).

第 1 章第 1 節，第 2 章第 1 節，第 2 章第 4 節。

PSEUDO-PLATON（傳柏拉圖作）

Les Rivaux, texte et traduction par J. Souilhé (C.U.F.).

第 2 章第 2 節，第 4 章第 1 節。

PLINE L'ANCIEN（披林）

Histoire naturelle, texte et traduction par J. Beaujeu (C.U.F.).
導論第 2 節。

PLUTARQUE（普魯塔克）

Propos de table, texte et traduction par F. Fuhrmann (C.U.F.)
第 1 章第 2 節。

Vie de Caton le Jeune, texte et traduction par R. Flacelière et E. Chambry (C.U.F.).
導論第 2 節。

Vie de Solon, texte et traduction par E. Chambry, R. Flacelière, M. Juneaux (C.U.F.).
第 3 章第 1 節。

POLYBE（波利比）

Histoires, texte et traduction par R. Weil et Cl. Nicolet (C.U.F.).
第 1 章第 2 節。

POMEROY, S.（潘羅依）

Goddesses, Whores, Wives and Slaves. Women in Classical Antiquity, New York, 1975.
第 3 章第 1 節。

PORPHYRE（波爾費爾）

Vie de Pythagore, texte et traduction par É. des Places (C.U.F.).
第 2 章第 1 節。

ROMILLY, J. De（羅密依）

La Loi dans la pensée grecque des origines à Aristote, Paris, Les Belles Lettres, 1971.
第 1 章第 2 節。

RUFUS D'ÉPHÈSE（艾菲斯的魯夫斯）

Œuvres, texte et traduction par Ch. Daremberg et Ch.-E. Ruelle, Paris, 1878.
第 1 章第 1 節。

SÉNÈQUE LE RHÉTEUR（老塞內克）

Controverses et suasoires, traduction par H. Bornecque, Paris, Garnier, 1932.

　　導論第 2 節。

SMITH, W. D.（史密斯）

« ***The Development of Classical Dietetic Theory* », *Hippocratica***, Paris, 1980.

　　第 2 章第 2 節。

VAN GULIK, R.（高羅佩）

La Vie sexuelle dans la Chine ancienne, traduction française par L. Evrard, Paris, Gallimard. 1971.

　　第 2 章第 4 節，第 3 章第 1 節。

VERNANT, J.-P.（維儂）

Mythe et Pensée chez les Grecs, Paris, Maspero, 1966.

　　第 3 章第 2 節。

XÉNOPHON（贊諾封）

Agésilas《阿吉希拉斯》, texte et traduction par E. C. Marchant (Loeb classical Library) ; traduction française par P. Chambry, Paris, Garnier-Flammarion, 1967.

　　導論第 2 節，第 1 章第 1 節，第 1 章第 2 節。

Anabase《安那巴思》, texte et traduction par C. L. Brownson et O. J. Todd (Loeb classical Library), traduction française par P. Chambry, Paris, 1967.

　　第 1 章第 1 節，第 4 章第 1 節。

Banquet《饗宴篇》, texte et traduction par C. L. Brownson et O. J. Todd (Loeb classical Library) ; traduction française par P. Chambry, Paris, 1967.

　　第 1 章第 1 節，第 1 章第 2 節，第 3 章第 1 節，第 4 章第 1 節，第 4 章第 2 節，第 4 章第 3 節，第 5 章。

Cyropédie《塞流士的教育》, texte et traduction par M. Bizos et É. Delebecque (C.U.F.).

　　第 1 章第 2 節，第 1 章第 3 節，第 1 章第 4 節，第 4 章第 1 節。

Économique《家政學》, texte et traduction par P. Chantraine (C.U.F.).

　　第 1 章第 3 節，第 1 章第 4 節，第 3 章第 1 節，第 3 章第 2 節。

Hiéron《希羅篇》, texte et traduction par E. C. Marchant et G. W. Bowersock (Loeb classical Library) ; traduction française par P. Chambry, Pans, 1967.

第 1 章第 1 節，第 1 章第 2 節，第 3 章第 2 節，第 4 章第 1 節，第 4 章第 3 節。

Mémorables《回憶蘇格拉底》, texte et traduction par E. C. Marchant (Loeb classical Library) ; traduction française par P. Chambry, Paris, 1967.

第 1 章第 1 節，第 1 章第 2 節，第 1 章第 3 節，第 1 章第 4 節，第 2 章第 1 節，第 3 章第 2 節，第 5 章。

La République des Lacédémoniens, traduction française par P. Chambry, Paris, 1967.

第 2 章第 3 節，第 5 章。

近代思想圖書館系列 63

性史：第二卷 快感的使用
Histoire de la sexualité II: L'usage des plaisirs

作者：米歇爾‧傅柯 Michel Foucault
譯者：林志明
主編：湯宗勳
特約編輯：江灝
美術設計：陳恩安
企劃：鄭家謙

董事長：趙政岷│出版者：時報文化出版企業股份有限公司／108019台北市和平西路三段240號1-7樓│發行專線：02-2306-6842│讀者服務專線：0800-231-705；02-2304-7103│讀者服務傳真：02-2304-6858│郵撥：1934-4724 時報文化出版公司／信箱：10899臺北華江橋郵局第99信箱│時報悅讀網：www.readingtimes.com.tw│電子郵箱：new@readingtimes.com.tw│法律顧問：理律法律事務所／陳長文律師、李念祖律師│印刷：絃億印刷有限公司│一版一刷：2024年3月15日│定價：新台幣650元

性史：第二卷 快感的使用／米歇爾‧傅柯（Michel Foucault）著；林志明 譯一一版.--臺北市：時報文化，2024.3；448面；14.8×21×2.75公分.--（近代思想圖書館系列；063）譯自：Histoire de la sexualité II: L'usage des plaisirs│ISBN 978-626-374-916-0（平裝）│1.性學 2.歷史│544.709│113000838

Histoire de la sexualité 2 by Michel FOUCAULT
Copyright © Editions Gallimard, Paris, 1984
Complex Chinese edition © 2024 by China Times Publishing Company
All rights reserved.

ISBN：978-626-374-916-0
Printed in Taiwan